U0589855

终身教育视域下的
社区学院管理研究

吴盛雄◎著

九州出版社
JIUZHOUPRESS

图书在版编目（CIP）数据

终身教育视域下的社区学院管理研究 / 吴盛雄著
. -- 北京 : 九州出版社，2021.5
ISBN 978-7-5225-0094-2

Ⅰ. ①终… Ⅱ. ①吴… Ⅲ. ①社区学院－学校管理－
研究－中国 Ⅳ. ①G648.6

中国版本图书馆CIP数据核字(2021)第108862号

终身教育视域下的社区学院管理研究

作　　者	吴盛雄　著	
责任编辑	赵恒丹	
出版发行	九州出版社	
地　　址	北京市西城区阜外大街甲 35 号（100037）	
发行电话	(010)68992190/3/5/6	
网　　址	www.jiuzhoupress.com	
印　　刷	北京旺都印务有限公司	
开　　本	710 毫米 ×1000 毫米　16 开	
印　　张	16.5	
字　　数	220 千字	
版　　次	2021 年 7 月第 1 版	
印　　次	2021 年 7 月第 1 次印刷	
书　　号	ISBN 978-7-5225-0094-2	
定　　价	78.00 元	

前言

　　社区教育是我国终身教育事业的重要组成部分，也是社区建设的重要内容。近年来，在党和国家的关心重视下，我国社区教育事业蓬勃发展，在服务全民终身学习、推动社会治理创新、弘扬社会主义核心价值观、传承中华优秀传统文化等方面发挥了显著的作用。当前，我国的社区学院主要是依托开放大学（广播电视大学）系统或区域内成人教育机构整合组建，是我国开展社区教育的主渠道、主阵地、生力军，是满足人民群众美好生活需要的重要载体，也是推动学习型社会建设的有力保障。

　　社区学院是学习型社会建设过程中兴起的新型教育机构，其源起和发展是中国特色社会主义改革发展进程中的必然。国家高度重视社区学院的建设和发展，早在 2004 年，教育部出台《关于推进社区教育工作的若干意见》（教职成〔2004〕16 号）指出："要在整合、利用现有教育资源基础上，形成以县（区）社区教育学院为龙头的社区教育网络。"2016 年，出台的《教育部等九部门关于进一步推进社区教育发展的意见》（教职成〔2016〕4 号）明确提出，"县（市、区）社区教育学院负责课程开发、教育示范、业务指导、理论研究等"。进一步明确了社区学院的职责和定位。经过三十多年发展，社区学院已成为助推我国社区教育工作的有力引擎。从研究的视角，通过社区学院研究总结社区教育发展成果，拓展成人教育工作范畴，深化职业教育通道，创建符合我国国情的教育理论体系，有助于全民终身学习的现代教育体系的实现。伴随着终身教育理念的进一步深化，我国社区学院必将朝着多元化方向发展，社区教育工作也必将大放光彩，将更加适应社会需求，满足社会成员多样化的终身学习需求。

同时，我们也清醒地看到，我国社区学院的发展还处于初期阶段，在学界尚存诸多争议。比如对社区学院的功能定位问题，我国社区学院实际上是成人高等教育体制改革和借鉴西方发达国家社区学院成功经验的产物，在发展过程中，因其办学属性和办学定位边界不清，至今在国家层面没有正式文件予以明确。再如社区学校的办学定位，也存在法人地位不明、办学资格不清等问题。诚然，要探索出具有地方特色的社区学院建设模式，可谓任重道远。正是基于社区学院所承载的重要使命和重要作用。作者基于多年一线的实践探索，基于社区教育、老年教育等终身教育工作的视角，从社区学院的功能定位、本质特征入手，进一步阐释社区学院的体系建设、师资队伍、课程开发、活动组织、平台搭建等核心要素，并从社区学院如何深入基层、社区、农村开展社区教育活动和培训等工作进行研究探讨，力求寻找理论与实践的结合点，在实践中体现理论的指导性，在理论中反映实践的操作性，为社区教育工作者提供工作上的借鉴和帮助。

当然，由于本人的理论功底不够深厚，实践的涉及面尚不够广，对问题的理解与把握尚缺乏深度。所以，在社区学院建设中谈及的很多问题只起到"抛砖引玉"，能启发更多的专家和学者思考并商榷，让更多的社区教育工作者参与到社区教育工作的研究和实践中，进一步拓展理论研究的深度与广度，取得更多的实践价值和成果。

吴盛雄

2020 年 8 月于福州

目 录

第一章　社区教育与社区学院

　　20 世纪 80 年代，随着我国改革开放的不断深入和人们生活水平的不断提高，我国社区教育走过了从点到面，从小到大，从自发到自觉的发展历程。社区教育在促进人的全面发展，建设学习型社会，促进社会治理，构建和谐社会中的作用不断凸显，呈现出广阔的发展前景和强大的生命力。社区教育作为一种教育和社区互相结合的产物，具有全民、多元、互动等特征，是一种更加贴近居民生活、满足人终身学习需求的教育。从教育哲学的视角，社区教育的发展始终贯穿着"人本教育"的思想，是一种"为了人，依靠人，发展人"的社区性的教育活动。从教育社会学的视角，社区教育则是教育社会化，社会教育化的一种发展走向和发展定位，是教育地位、教育功能、教育价值的体现和彰显，越来越引起社会各界的重视与关注。

第一节　社区教育概述

一、社区教育概念的界定

（一）社区（community）

　　社区原本是社会学的一个基本概念，德国社会学家滕尼斯（F.Tonnies）在 1887 年出版的《社区与社会》一书中首次使用"社区（Gemeinschaft）"一词，其基本含义是：社区表示由具有共同价值观念的同质人口组成的关系密切、守望相助、富于人情味的社会团体。第一次世界大战之后，美国学者查尔斯·罗密斯（C. P. Loomis）开始进行社区教育研究，将这个词翻译成英语Community，赋予了它更多的地域意义。1936 年，美国社会学家帕克对社区下了新的定义，他认为无论人口分布的方式如何，在人群中都存在着一种竞争式的合作，在生物竞争的基础上产生出来的人口分布，就形成了社会的区位组织，根据区位组织（也就是在地域的基础上）建立起来的社会就是社区。在帕克之后，社会学家对社区的概念进行了不断地探索，虽然各抒己见，但在"社区是人们对其具有归属感和认同感的区域社会"这一点上都有普遍的共识。

在我国，关于"社区"的概念，最早是由费孝通先生用来翻译 Community 一词的，主要指"以地区为范围，人们在地缘基础上结成的互助合作的群体，用以区别在血缘基础上形成的互助合作的亲属群体"。据相关资料，组成社区的基本要素主要包括：一定规模数量的人群、一定的地域空间、一定的组织结构和社区制度、一定的相对完善的生产经营和社区生活服务设施和一定特色的社区文化等。因此，社区已经不仅仅是一个地域概念，而是不同经济收入、不同教育水平、不同社会地位的全体成员的生活共同体，是具有共同利益的全体社区成员的结合。

（二）社区教育

"社区教育"一词最早是源于 20 世纪初由美国教育家杜威所提出的"学校是社会的基础"的教育思想。伴随着社会化大生产的发展，现代意义上的社区教育陆续兴起，并不断发展壮大，它是与社区民众的利益和社区发展的需要紧密相连接的，在社区范围内，以社区全体成员为教育对象的，"旨在建设和发展社区，消除社区的社会问题，全面提高社区成员的素质和生活质量为目的的教育综合体"。现代的社区教育有别于传统的学校教育、职业教育和成人教育，是一种区域规定性的教育，是社会一体化的新型的教育模式，是在一定的区域内利用各种教育资源，开展的旨在提高社区全体成员整体素质和生活质量，服务于区域经济建设和社会发展的教育活动，具有"全员、全程、全方位等显著的特点"。

新时代我国的主要矛盾已经转化为人民日益增长的美好生活需要和不平衡不充分发展之间的矛盾。人民的美好生活强调人的发展是全面、均衡、协调、可持续的，是相伴终身的。人们基本的物质需求得到满足之后，必然需要得到精神生活的满足，个人品德的培育、见识的增长、才能的提升、知识的累积、体质的加强等等，这些社区成员综合素质整体性的和谐发展，可以通过社区教育这一途径得到实现。社区教育的开展正是契合了当今社会人们的现实需求，社区教育既是促进公民全面发展的重要途径，又是推动社会发展和进步的积极因素，是实现终身教育的重要形式和建立学习化社会的基础，是提升社区综合竞争力的重要指标。

二、社区教育的特征

社区教育的内涵和外延随着社会的发展而不断丰富，综合以上社区教育内涵与定义的描述，社区教育的基本特征主要表现在以下几个方面：

（一）区域性

所谓区域性，是指社区教育是以社区为基本单位，面向社区成员，为提高社区成员整体素质，满足社区发展需要而进行的教育。一方面，社区教育基于本社区内的社会问题开展活动。社区教育活动内容、形式的选择是与社区居民和社区的需要密切相关的。另一方面，社区教育开展受到所在社区的区域条件的制约。由于社区地理位置、人文环境、经济社会发展水平各异，社区教育的发展水平也不尽相同，社区教育的发展目标、教学内容、组织形式和运行模式都具有明显的区域特色。

（二）"三全"性

所谓"三全"是指全员、全程、全面，这是区别于其他各类教育的最基本的特点。"全员"性，即社区教育的服务对象是不分年龄、不分性别、不分职业的所有社区成员。它强调尊重每一个社区居民的受教育权利，关注每个人的学习需求，通过教育教学活动，提高社区全体成员的整体素质，增进社区成员身心健康，进而提高全民的生活质量。"全程"性，即社区教育可以为每个个体一生中任何阶段的学习需求提供教育服务。"全面"性，即社区教育根据社区发展需要、社区成员生活和工作需要，提供德育、就业、文化等多方面多角度的教育。社区教育的全员、全程性决定了社区教育的全面性，而社区教育内容的广泛性是全面性的具体表现。

（三）多样性

多样性的具体表现，一是载体选择丰富。开展社区教育可以以学校为载体，但绝不仅仅局限于学校。它可以以社区学校或社区文化中心为依托，可以利用网络，也可以通过主题活动、体验学习、创办大讲坛，或是通过展板、画报等方式来实施社区教育，还可以读本课程开发来引导居民自主学习。二是学习和教育在时间和空间上弹性大。社区教育属于非正规的教育，培养规格和学习内容随社会需求结构的变化而自行调节。三是采用灵活多样的教学手段。教学手段的多样性是由社区教育目标的多元化与内容的广泛性决定的。四是教师来源的多样化。社区教育是面向社区成员的教育，社区内人人是学员，人人也可以是教员。

（四）整合性

所谓整合性具体表现为两个方面，一是在管理方面，社区教育活动是一项涉及社区内多个职能部门支持的社会性系统工程，如教育、科技、文化、卫生、民政、财政、人社、精神文明等部门以及工会、妇联、团委等社团组织都负有社区教育的责任，社区教育的有序开展需要各部门和各社会组织的共同关心、积极配合。二是在资源开发利用方面，社区教育的开展有赖于社区资源的开发与利用。一方面，应依托各类教育机构、教育资源、教育力量的整体协调，形成合力；另一方面，也需要社区内党政机关、社会团体、企事业单位的支持，共驻共建。

三、社区教育与相关概念的界定辨析

（一）社区教育与学校教育

学校教育是最早也是现今为止社会上最多的教育教学模式，通过学校这个固有的专业教学场所，向参加受教育的各年龄段的人群进行由浅入深、由少增多、由泛转精的知识传授。学校教育是各类教育模式的基础，同时也是社区教育的基石，社区教育快速发展的关键点就是通过社区学校和社区学院作为阵地来开展教育活动。同时，社区教育还是学校教育的补充，尤其在青少年德育、养成教育等方面，社区教育发挥着不可替代的作用。虽然社区教育与学校教育联系密切，但是仍然存在着明显的区别。

1. 教育目标，学校教育的基本目标是提高受教育者的全面素质，为受教育者未来的学习和工作做准备，而社区教育的目标不但包括提高受教育者的基本素质，还包括满足居民精神文化需求、提高社区居民生活质量和发展社区等。

2. 教育对象，一般来说，学校教育对象的群体是固定的，通常是针对某一年龄段的人群进行教育，而社区教育的对象则更加广泛，所有的教育活动都是面向社区内各个年龄段的全体居民。

3. 教育形式，学校教育有比较统一和固定的作息时间和固定的教学地点，而社区教育的时间更为灵活，主要是利用人们的闲暇和空余时间来开展活动，对于出席率也没有严格的规定，教学场所也不仅限于学校，社区的每一个场所就都可以成为社区教育的阵地。

4. 教师队伍构成，学校教师都是专职教师，是受过专门教育和训练并具备《教师法》规定教师资格条件的人，而社区教育的教师队伍则由专职、兼职、志愿者组成，目前不仅包括学校教师，还包括社区其他人士，如政府工作人员、企业家、社会人士等，在资格准入、专业技能方面还没有明确要求。

成人教育、职业教育都是依托学校形式来教学的教育类型，具有学校教育的所有特征，可是在实践中，却还是有人会把社区教育看作是成人教育或者职业教育。事实上，社区教育与成人教育、职业教育的确存在着天然交叉的关系。

社区教育是面向全体居民的教育，其中，社区成人的教育和社区居民的职业培训是社区教育的重点，特别是针对成人的非学历短期职业技能培训，目前已经成为城镇化背景下社区教育的主要任务。鉴于在社区开展零散的职业培训固有的弊端，如非专业的教育机构，以及对社会实际工作经验缺乏专业性的引导等等，社区教育在技能培训等方面需要其他教育资源的支持，此时，各级成人学校与职业学校便成为了实现社区成人职业培训的良好平台，为社区教育的开展做出了突出的贡献。尤其是成人教育，它的发展为社区教育、终身教育奠定了坚实的实践基础，正如保罗·郎格朗所说："倘若我们没有得益于成人教育……那么，与终身教育有关的思想毫无疑问是不可能产生的。"但这并不意味着社区教育与成人教育、职业教育概念可以混同，除了成人教育与职业教育是学校教育外，它们之间还有着其他的明显差别。

首先，从教育类型上看，成人教育、职业教育是以学历教育为主的正规教育；而社区教育是社会化的大教育，是非学历、非正规教育。

其次，从可替代性上看，成人教育、职业教育与社区教育不能相互替代。成人学校与职业学校面向社区开展教育培训只是其教育功能向社会的一种延伸，而不是它的主要教学业务；而成人学校、职业学校也仅是社区教育开展社区成人教育活动的平台之一，像针对成人的社会文化生活教育一般并不会依托成人学校、职业学校来完成。

再次，从价值取向上看，成人教育与职业教育的目的是要帮助受教育者获得劳动的机会，或能够胜任所从事着的劳动，具有强烈地功利性指向；而社区教育具有全程、全员、全方位的特征，它包含了从幼儿教育到老年教育，从文化教育到职业教育的所有安排，其目的性更为广泛，同时兼具了功利性与非功利性两种取向。

（二）社区教育与终身教育、终身学习

终身教育思想源于20世纪60年代，是由联合国教科文组织成人教育局长保罗·郎格朗1965年正式提出的，此后世界各国纷纷响应，逐步开始推行终身教育计划，目前，终身教育作为革新现代教育理念的旗帜已经深入人心。一般认为，终身教育是指贯穿于人的一生的教育，它的宗旨是打破传统封闭式教育模式，提倡开放性教育制度，主张教育社会化、民主化，强调人们通过终身教育可以获得更多的生存技能和更广阔的生存空间，实现全面、自由发展的教育理想。自20世纪80年代末开始，"终身学习"这一术语的使用变得越来越普遍，甚至取代了"终身教育"。这两个术语的本质是一致的，只是理解上有不同的侧重，"终身教育"着眼于教育客体，侧重创造学习的条件，建立各种教育机构，意在提供各类教育机会，建构受教育的体系；而"终身学习"则着眼于教育主体，强调个人学习权和发展权的实现，学习的范围更大于教育，不仅局限于教育机构内，还存在于生活中。这两种解释与人们对社区教育的认识十分相似，因此在社区教育研究中，很多人常常将终身学习、终身教育简单等同于社区教育。事实上，二者的确存在着紧密的联系，社区教育"全员、全程、全方位"的特征与"促进人的全面发展"的目的与终身教育理念完全吻合，它是满足人们终身学习需要的基本单位，是全民实现终身学习和教育社会一体化目标的必然依托。但若将二者简单等同起来，实在有失偏颇。

首先，社区教育只是终身教育体系的一个组成单元。终身教育体系包括正规教育，也包括非正规教育和非正式教育，它是基于各种教育形式、并超越各种形式之上的整合、协调与互动。所谓正规教育，是指各级各类学历教育；非正规教育，则包括青少年校外教育、成人校外继续教育、职业证书培训、老年教育等等；非正式教育，则主要指的是通过非正式形式进行的教育，比如通过各种媒体、图书馆、展会、展板等方式使人们受到的影响和教育。从属性来看，社区教育是一种集非正规、非正式教育形式为一体的教育类型，它虽然面向社区的全体成员，但它并不担负着正规学校教育的职能，它只负责青少年的校外教育、成人的非学历教育等等。因此，我们把社区教育与包含着国民教育体系的终身教育简单等同起来并不准确。

其次，终身教育是一种理念和思想，说到底它强调的是个体通过终身不断学习达到自我发展和完善；而社区教育是一种社会教育行为，是促进社区居民终身学习的实践层面，是利用各种教育资源为学习者提供良好的外部学习条件以帮助其实现终身发展的具体操作。对于二者来说，终身教育是从更高的更宏观的理论认识层面指导着社区教育的发展。再次，终身教育侧重强调个体的发展，或者个人学习权、发展权的实现；而社区教育活动不仅是要赋权，还要真真切切地为构建和谐社区以及社区的发展而服务，比如维护社区居民安定团结等等。可见，社区教育并不完全是终身教育的具体化，二者不能简单混同。

（三）社区教育与学习型社会

学习型社会是民族文化素养和精神文明程度极高的理想社会，它注重人人学习、时时学习、处处学习的良好社会风气的形成。众所周知，学习型社会是社区教育的目标之一，社区教育是实现学习型社会的重要途径与手段。在概念上二者并不容易混淆，但是在实际工作中，创建学习型社会工作与社区教育工作常常会出现边界不清的状况。

首先，社区教育是创建学习型社会的重要抓手，它与学习型社会建设密切相关。创建学习型组织是建设学习型社会的重要载体，在社区中创建大批包括学习型政府机关、学习型企业、学习型学校、学习型医院、学习型居委会、学习型家庭在内的学习型组织是学习型社会形成的重要基础与支撑。一方面，社区的教育化，最终将产生学习型社区，而学习型社区又是一种重要的学习型组织，这是构成学习型社会的基本单元和基础。另一方面，社区教育具有极强的开放性。它强调各驻区单位的沟通，尤其是各类教育资源向社会的开放，正因为各类机构（如博物馆、文化馆、体育中心等）向市民的开放，所以形成了社区的教育文化中心，而这些学习型中心也正是学习型社会的基本细胞。

其次，创建学习型单位不应属于社区教育工作范畴。学习型组织是社区教育工作的重点，但不是社区内所有学习型组织创建都要依托社区教育。有些地区直接将建设学习型组织工作与社区教育工作合二为一，直接将社区教育领导小组改名为学习型城市促进小组，承担社区内学习型单位、学习型社区、学习型家庭等建设工作。这种做法有着明显的认识错误。严格来讲，社区居民在其所在的单位受到的教育影响并不能称为社区教育。社区教育发展与单位体制的衰弱与功能弱化是直接相关，一般来说，只有当人们的所在单位不能向其提供教育服务时或提供的服务不能满足其学习需求时，社区教育才开始发挥作用。也就是说只有这些机构或单位的成员回到社区、作为一名社区人的时候所接受到的由社区提供的教育服务，才属于社区教育范畴。当然这里所讲的"回到社区"，并不是一种区位的变化，而是强调单位功能的转移。从这个意义上讲，单位或企业自身面向本单位员工所开展的教育学习活动，都不能称之为社区教育，而应看作是单位内部的交流活动。因此，将学习型单位的建设工作笼统的纳入社区教育工作显然是不准确的。综上，社区教育是建设学习型社会、开展终身教育的主要阵地，但只是实现学习型社会的途径和手段之一，而不是唯一。

四、关于社区教育内涵与外延的再认识

通过以上分析，我们对社区教育的概念已经有了基本的领会，但仍需要对内涵进行一个更为深刻的理解和分析，这也是进一步解读社区教育管理的基础和前提。结合以往的研究观点和实践探索的经验，笔者认为应从以下几个方面来把握：

第一，社区成员的学习需求与社区的发展需求是开展社区教育的出发点与落脚点。社区教育的目的是要提高社区成员素质及生活质量，促进区域经济社会发展。

第二，社区教育在消除社会问题、创建良好密切的社区关系方面发挥着重要意义。社区教育为居民提供了交流与沟通的平台，通过共同学习促进了居民交往，通过鼓励"居民的教育居民办"，使居民在得益于参与式的社区生活的同时逐渐愿意承担责任，促进其成为会关心的"社区人"，负责任的"社会人"。

第三，社区教育是一项面向全体公民的公共事业，具有公益性和非强迫性，它强调公民的自主参与。

第四，社区教育是一种非正规、非正式的教育类型，它的含义和方式应该比正规教育更加宽泛。它不是简单为社区的民众在社区内提供几门课程，而是更注重通过任意形式的交流给居民身心带来的教育影响。它是形式多样的、全

方位的、多向的、互为影响的，不仅包括面对面的传道解惑，也包括社会环境对人的影响等等。也就是说，不能简单把社区教育等同于提供专门的知识技能培训，即使是社区内的宣传画板也同样属于社区教育。

第五，社区教育需要社区及社区成员单位的支持。社区成员的学习需求具有多元化、多层次的特征，要满足人们的学习需求，必须利用开发社区内的一切教育设施及资源，因此社区教育需要全社会的参与。

基于上述认识，笔者对社区教育做出如下界定：社区教育是指在一定区域内利用各类教育资源，开展的内容广泛、形式多样、非正规的全民性教育活动，其根本目的在于提高社区成员素质和生活质量，改善社区成员交往关系，促进区域经济和社会的良性发展。

另外，在这一定义中，还需要对"一定区域内"加以说明，虽然我国城市社区行政区划的定位是改组后的"居民委员会辖区"，但是在社区教育实践中，我们一般把社区教育重点定位在区、街道和居委会三级，居委会一级虽然是社区教育工作的重点，但社区教育发展一般由区一级统一进行规划。

第二节　社区教育管理

一、社区教育管理的内涵本质

（一）社区教育管理的含义

马克思曾经说过："一切规模较大的直接社会劳动或共同劳动，都或多或少的需要指挥，以协调个人的活动，并执行生产总体的运动——不同于这一总体的独立器官的运动——所产生的各种一般职能。一个单独的提琴手是自己指挥自己，一个乐队就需要一个乐队指挥。"这说明，"管理是人类在社会生活中特有的一种现象，也是人类社会得以生存与发展的重要条件之一"。

管理是指管理者依据一定的原理和方法，引导他人去行动，将有限的资源得以协调和合理配置，从而使人们高效率地完成既定目标的过程。管理是要通过计划、组织、指挥、协调、控制等方式，设计并且维持一种良好的环境，以实现预定目标的行为。管理的范围十分广泛，人们将其应用于社区教育领域，就构成了社区教育管理活动。

所谓社区教育管理，是指有权管理社区教育的部门或组织，运用一定的原理和方法，在遵循社区教育自身的规律和社会发展规律的前提下，为实现社区教育目标所进行的一系列组织、协调活动。社区教育管理伴随着社区教育活动的产生而产生，它为社区教育活动服务，其目的归根结底是为了促进社区教育事业的发展创造条件。

（二）社区教育管理的主体

从发展现状来看，目前政府部门、社区学校、驻区单位、民间组织都已经或多或少的参与到了社区教育管理当中，由于这四类主体所具备的社会资源、社会性质、行为特征并不相同，具体的参与方式也有所不同。

1. 政府部门

社区教育是由政府倡导、政策部署才得以兴起并发展起来的，政府部门在社区教育工作中始终发挥着主导作用。目前，承担我国社区教育管理工作的组织是社区教育委员会，而社区教育委员会正是由政府部门来统领的，主要包括各级政府和职能部门。具体情况是：中央层面由教育部职成司负责全国社区教育工作的宏观指导；各省、直辖市由人民政府和教育厅（局），或和其他委办局共同负责落实中央的战略部署与规划，领导和开展本省市的社区教育工作；各区由区政府和区教育局，或其他委办局共同负责协调处理本地区各项社区教育事宜。

2. 社区教育机构

社区学院与社区学校是开展社区教育的重要载体之一，是开展社区教育的主要阵地，包括社区学院、社区学校和市民学习中心等。其中的社区学院不仅是社区教育的办学主体，同时也参与社区教育的管理工作。目前我国社区教育管理组织形式主要有两种：社区教育委员会与各级各类的社区学院或社区教育培训中心。前者主要负责管理协调，后者则是提供教育服务和业务管理与指导。也就是说，我国社区教育管理主要采用"统筹—协调—参与"与"统筹—服务—指导"相结合的运行方式。因此，大部分地区将社区教育办公室设在了社区教育中心或社区学院，具体工作直接受区教育局领导，负责全区社区教育的业务指导和具体活动的组织、管理与开展。

3. 驻区单位

在社区中，除了政府以外，驻区单位，尤其是驻区企业所拥有的资源是最为丰富的。虽然，企业的功利性取向与社区教育的公益性不能完全适应，但随着社区建设的推进，越来越多的企事业单位开始与社区建立了共驻共建的合作关系。比如，有的医院会组建医疗服务队，阶段性的到社区进行健康宣讲活动；有的博物馆会在纪念日到各社区举办历史展等。总体来看，驻区单位参与社区教育管理的方式主要有以下几种：提供师资、提供资金、提供基地、提供课程和提供岗位。

4. 民间组织

目前，在社区教育管理活动中，民间组织是一支不忽视的力量。所谓民间组织，通常是指政府以外、为实现社会公益或互益目的的非营利性组织。比如利用非国有资产举办的从事非营利性社会服务活动的社会组织，像民办的医院、福利院、敬老院、研究院（所）、文化馆（站）、体育场（馆）等等。还有一些自愿结成的非营利性社会组织，像行业协会、商会、基金会等等。我国目前有一些全国性的社区教育社会团体比较活跃，比如中国成人教育协会社区教育专业委员会、社区青年协作组织、环渤海社区教育协作组织、长三角社区教育论坛等，这些社会团体通过培训、研讨、科研等方式，为各地实验区的成果交流提供了平台，是教育行政部门的参谋和助手。地方性社区教育民间组织也有很多，都是由公民们根据自愿原则组成的，大都以推广书画、文艺、音乐、体育健身的休闲娱乐项目为主，是提供社区教育办学的重要力量。综上，"党政统筹领导，教育部门主管，有关部门配合，社会积极支持，社区自主活动，群众广泛参与"的管理体制已经有了雏形，但是总体来看，目前我国社区教育管理的主体仍然是政府及教育行政部门。

二、社区教育管理的基本组织形式

社区教育委员会是各种社区教育管理组织的典型代表，它产生最早且发展最快，目前已经成为我国各地社区教育实验区与示范区普遍选择的组织形式。社区教育委员会最早出现在上海，1986 年在上海市普陀区真如中学庆祝第二届教师节之际，真如地区的工厂、商店、部队、机关等十几个单位领导到校祝贺，并提出厂校挂钩的建议，正是在这一创造性、导向性意见的推动下，全国第一个社区教育委员会的雏形在真如镇人民政府的支持下在真如中学得以成立。（当时称为"学校社会教育委员会"）随后这一管理组织体制在全国各地得到推广，并不断地发展成熟。如今，虽然各地社区教育管理组织形式的名称有所不同，如"社区教育委员会""社区教育工作委员会""社区教育工作指导委员会""学习型社会建设指导委员会""学区管理委员会""联办、联教、联管委员会"等，但是均采用了"委员会制"这种形式。按决策方式分，国家行政体制可分为首长制与委员会制两大类。所谓首长制是指组织的决策权及其责任赋予行政首长承担的行政体制。而委员会制是指组织的决策权及其责任赋予委员会议集体承担的行政体制，具体来说，它是以集体领导的形式来行使其最高行政权，各委员不但职权相同，并且进行集体议事，决议是以投票结果来做出的，而且实行集体负责。委员会制具有首长制所无法取代的优点，能集思广益，吸引众人参与决策，利于发挥集体的智慧和力量，有效地防止组织内部决策的独断专行，从而提高决策的民主性。社区教育属于大教育的范畴，社区教育的健康发展必然需要社会各部门和各群体的共同努力。"委员会制"的优势则适应了社区教育发展的需要，它为多元主体参与治理社区教育提供了可能。

（一）社区教育管理的基本特征

1.社区教育管理的核心在于协调

首先，社区教育需要社区内各类学习资源的支持，这就要求社区教育管理不断协调社区内政府、教育机构、非教育机构、个人等各方的关系、系统整合相关要素，使社区中的教育资源能够得以开发、利用、盘活和共享。其次，我国现行体制中"上面千根线，下面一根针"的弊端直接决定了社区教育由政府多个部门共同管理的客观现实。比如，民政部、宣传部、文明办、人社部、组织部、司法部、妇联分别从社区建设、构建学习型城市、建设文明城市、提供劳动技能培训、促进居民就业、提供干部培训、加强法制教育、创建学习型家庭不同的角度切入社区教育，对其进行管理。如不将多个管理主体加以整合、协调，必然会各自为政，进而阻碍社区教育的健康发展。可见，协调是社区教育管理的本质特征和首要任务。

2. 社区教育管理的工作范围比较广泛

社区教育在办学主体与正规教育有很大不同，它不仅仅由单一的学校办学，还由社区直接办学。目前，社区教育教学活动一方面由街道负责开展，另一方面由社区学院、学校主办。与这种办学体制相联系，社区教育构建了"垂直隶属型和横向协调型管理体制"，既要对社区主体承办的教育活动进行行政管理，又要对社区学院进行相应的业务主导，工作面比较广泛。

3. 社区教育管理的方式具有民主管理倾向

社区教育管理的重要理念是以人为本，在实践中，鼓励"居民教育居民办"。目前很多民众组成了各类社会团体，积极和政府机构相配合，开展了各类与社区教育相关的公益活动。虽然，宏观来看，政府行政仍然在社区教育管理中占有主导地位，但在基层管理的第一线，社会团体已经成为社区教育管理的一个重要力量，民主管理和自主自律的特征在微观管理层面开始日益突显。

三、社区教育管理的创新

社区教育是一项涉及居民群众学习利益诉求的社会事业，社区教育管理是社会管理的重要组成部分。社会管理创新的理念，不仅对社区教育管理创新提出了新的更高要求，也对社区教育管理创新指明了基本思路与发展路径。

（一）社区教育管理理念创新

1. 要树立多元主体的理念。政府、社会、市场都是推动一个国家、地区经济社会发展的主要力量，又是互相平等的主体。要从历史上单纯重视政府作用、单纯采取行政管理、轻视社会主体作用、排斥市场取向的传统思想束缚中解放出来，树立多元主体的理念，从一元独进向多元协同管理转变，这是适应时代要求、与时俱进的理念创新。社区教育管理，要改变过去单一行政管理的状况，首先就要在思想上把管理者与被管理者看作相互平等的主体，树立群众是真正的英雄的思想，居民是社区教育真正的主人，要尊重居民群众的首创精神，相互平等尊重，确立共同愿景，努力实现共同目标。

2. 树立公共治理的理念。新公共管理理论认为，治理是政治国家与公民社会的合作，政府与非政府的合作，公共机构与私人机构的合作。治理是一个上下互动的管理过程，它主要通过良性互动、合作协商等方式，实施对公共事务的管理。治理所拥有的管理机制，主要不是依靠单一政府的权威，而是多元主体合作的权威；其权力向度是多元的、相互的，而不是单一的和自上而下的。社区教育原本就带有较大的自治色彩，是居民群众自发参加、自主管理、群体享受的事情，因此，在社区教育中，引进治理的理念，既有现实的民众基础，又有很好的发展前景。治理当然包含管理的意涵，但治理是在主体之间平等尊重理念指导下所实施的行为，只要居民群众真正发动起来，集思广益，献计献策，就能开创社区教育的新局面。

3. 树立社区教育主体性发展的理念。根据科学发展观的精神，以人为本，就是以民为本、以发展为本，居民是社区发展的中心，社区发展的主体，社区发展的目的。社区教育原本就是群众性、平民化的教育事业，为了居民，依靠居民，成果惠及居民。只有切实提高居民的认知度、认同度、参与度，居民广泛发动起来了，参与到社区教育中来了，居民的智慧力量贡献给社区教育，把社区教育办成为居民满意的教育，社区教育才能实现其可持续发展。没有居民积极主动的参与，社区教育也就成了无源之水、无本之木。

4. 树立管理即服务的理念。领导就是服务，管理也是服务，服务居民是社区教育的根本宗旨和目的。发展社区教育是为了居民，居民自己的事情，要支持居民自己来管，而不是只靠自上而下、自外而内的管控。政府也好，教育及相关部门也罢，办好社区教育，从本质上讲，并不是一个恩赐，而是一种服务，一种服务惠民。如果居民不能从社区教育服务中得到实实在在的素质提高、学习快乐、精神享受，社区教育就是南辕北辙、本末倒置。

（二）社区教育管理体制的创新

在我国的历史文化和社会背景下，传统的管理理念往往把政府视作唯一的主体，带有较大程度的行政指令色彩，具有自上而下管制的内涵，而被管理者则是政府的附属，两者在管理中的地位和价值存在着不言而喻的不平等。随着社会主义市场经济体制的日趋完善，随着我国政治体制改革的日益深化，政府行政管理必须与社会自我调节、居民自治良性互动，社区管理与单位管理有机结合，综合运用多种管理手段，逐步形成管理与服务融合、有序和活力统一的多元治理、共建共享的新思路、新模式。我国的社区教育，经过三十多年的实验探索，业已形成"政府统筹领导，教育部门主管，有关部门配合，社会积极支持，社区自主活动，群众广泛参与"的管理体制与运行机制的新格局，为社区教育管理改革创新奠定了制度基础。要深化社区教育管理体制改革创新，下一步要着力研究解决的问题是，政府作为社区教育的领导主体，如何创新执政的理念与方式，从直接管理、具体管理中解放出来，着力培育并发挥社会组织、自治组织作用；社会、社区要成为一个主体，如何改变目前组织化程度以及素质均不够高的现状，提高参与管理的素质与能力，从配角变成主角，从而取得与主体地位相称的话语权；社区教育本质上是一项公益性事业，而市场则是以营利为目的的私益性行为，但公益并不等于无偿或免费，如何在公益性和私益性之间找到恰当的结合点，适度引进市场机制，促进社区教育的可持续发展；如何进一步从制度体系、政策法规方面，明确规范政府、社会、市场几个主体的权利义务与职责功能，都需要假以时日予以解决。管理不是控制，但也不是不要管理。在体制改革、社会转型的过程中，许多社会成员从"单位人"变成"社区人"，经历了或正在经历着"依附—游离—组织"的变化过程，管理和秩序是必要的。但管理的理念与价值观需要变革更新，在平等尊重引导的观念指导下，帮助与支持人的发展。特别在城市、城镇化迅速推进过程中，更要通过社区教育的管理与服务，把农民转化为市民，进而做一个符合时代要求的现代公民。

（三）创新社区教育管理载体

实现教育惠民根本宗旨坚持重心向下，推进社区自治、居民主体的社区教育发展。社区自治，这是我国基层民主政治改革的一项重要内容。社区自治的本质特征，主要不是依靠政府的直接管理与干预，而是依靠居民及其组织的力量，自主解决自己的问题；居民组织起来，民主选出代表，自信、自立、自律，带领居民发展；调动居民积极性创造性，运用居民喜闻乐见的形式与途径，化解社会矛盾，解决社会问题，建设社会文明，促进社会和谐，社区教育的发展必将融入社区建设和社会治理，通过不断创新管理载体，最终实现居民参与自己精神家园的建设。

第三节　社区教育与社区学院

一、社区教育的发展演变

（一）社区教育发展的萌芽起始阶段（20世纪80年代至90年代）

我国城市社区教育起始于80年代初期，它是伴随着国家改革开放和现代化建设的发展进程，为适应社区居民的精神文化和教育学习的需求应运而生。

首先是在一些沿海发达地区城市，以青少年学生为对象，以校外德育为内容，以社区为阵地，总结原有学校教育、家庭教育、社会教育相结合经验的基础上，借鉴国外社区教育经验，从国内不同地域的实际出发，通过试点逐步发展起来的。当时开展社区教育的起因是学校教育需要社会、社区支持。一方面是由于学校教育经费短缺，需要社会各界多渠道筹资支持教育，改善办学条件。

一方面是学校德育需要社会支持，动员校外的社会力量，关心学生的健康成长，优化育人环境，学校与社区形成教育合力，这是我国社区教育形成的雏形。

1993年是我国社区教育视角转换的一年，社区教育开始进入规范状态，同时体现多样性和创造性。社区教育开始从单纯的青少年学校社区教育转向大教育观念的社区教育，出现了一批以提升全民终身素质为目的的社区教育机构和组织，社区教育被赋予了新的内涵、新的时代背景和新的发展任务，社区教育的对象、目的、内容等诸方面都发生了新的变化。"把社区教育和社区发展结合起来，把社区教育与教育管理体制改革结合起来，把学校教育与社区参与结合起来"的社区发展新思路得到了普遍认同，在此基础上，1994年，上海成立了我国第一所社区学院——金山社区学院。

（二）社区教育的实验探索阶段（1999年—2009年）

进入20世纪90年代后期，随着社会主义市场经济体制的建立，我国工业化、城市化进程的明显加快，以及构建我国终身教育体系目标的提出，社区教育问题逐步受到党和政府的极大关注。在广大城市发展的过程中，出现了许多亟待解决的问题，诸如不断膨胀的城市人口、农村剩余劳动力不断涌入城市。特别是进入21世纪我国大部分城市将步入老龄化社会；不合理的城市布局与窘迫的生存环境；人际关系的隔阂与淡化等一系列城市社会问题，如果仅仅依赖协调管理性的社区组织形式以及学校来解决上述问题是远远不够的。

1999年，国务院批转教育部《面向21世纪教育振兴行动计划》，提出"开展社区教育实验工作，逐步建立和完善终身教育体系，努力提高全民素质"。为落实行动计划，2000年4月，教育部职业与成人教育司下发《关于在部分地区开展社区教育实验工作的通知》，明确了开展社区教育实验的目的和要求。2001年11月，教育部召开"全国社区教育实验工作经验交流会"，下发了《教育部关于确定全国社区教育实验区名单的通知》，确定了28个全国社区教育实验区，明确了社区教育实验工作的目标，任务和相关政策、措施。为贯彻中央及教育部的精神，北京、天津、上海、江苏、浙江、福建、山东、四川、重庆等省（自治区、直辖市）相继出台了促进社区教育发展的有关文件，在全国成立了 110 多个省级社区教育实验区，各实验区的社区教育开始步入有计划，有目标，积极发展的轨道。

2004 年 12 月，教育部下发了《关于推进社区教育工作的若干意见》，进一步明确了社区教育工作的指导思想、原则、目标、主要任务和措施保障，提出了社区教育发展的具体意见。自此，各地社区教育有了较为迅速的发展与提升。

从 2001—2007 年，教育部先后四次确定了 114 个"全国社区教育实验区"，覆盖了全国绝大多数的省（直辖市，自治区）；各地又先后批准了 400 多个"省级社区教育实验区"，形成了"以京、津、沪等大城市为龙头，东部沿海发达地区为主干，中西部地区为重点"的梯级发展格局。2007 年，教育部下发《关于推进全国社区教育示范区的通知》，随后确定了 34 个"全国社区教育实验区"。通过社区教育实验，各地积极探索建立社区教育管理体制和运行机制，成立终身教育协调组织，2005 年福建省人大还出台《福建终身教育促进条例》成为大陆地区第一部终身教育地方性法规；全国各地也积极整合社区内外各类教育资源，健全社区教育的培训网络，壮大社区教育队伍，开展多样化的教育活动，创建学习型组织，积累了比较丰富的经验，社区教育实验区已成为社区教育的先行和骨干力量。

在这一阶段，社区教育已经从城市向发达地区的农村扩展，从东部地区向中西部地区延伸，呈现出"城市引领、城乡一体"的发展态势。社区教育已成为提高社区居民的整体素质和生活质量的重要抓手，成为和谐社区建设的重要途径，为构建终身教育体系，逐步形成学习型社会奠定了基础。

（三）社区教育的深化发展阶段（2010 年至今）

进入 21 世纪后，特别是 2010 年以来，我国社区教育发展进入新阶段，在发展形态、治理结构、运行机制、途径载体等方面出现了许多新变化，呈现出从传统社区教育向现代社区教育转型发展的新态势。"互联网+"、慕课、移动学习、学习卡、草根智慧等教育新形态的出现，更加速了社区教育形态、方式、结构的演变，给现代社区教育发展带来了新的机遇与挑战。

发展阶段的社区教育实验为社区教育的开展积累了宝贵的经验，也带动了社区教育理论研究的开展，在理论研究与实践探索的双重推动下，我国社区教育政策步入完善阶段。这一阶段社区教育政策最重要的任务即是推进社区教育制度化发展，建立社区教育发展新体系。2010年，教育部在浙江杭州召开全国社区教育实验工作座谈会，会议总结了过去十年来社区教育取得的成效与经验；并在下发的《成人职业教育培训推进计划》中提出要"组织实施社区教育计划"推进社区教育改革创新。委托中国成人教育协会对30多个全国社区教育示范区进行督查，依托中央电大成立教育部社区教育研究培训中心，加强对全国社区教育的推进与研究。2011年国务院办公厅印发的《社区服务体系建设规划（2011—2015年）》政策中指出，应健全新型社区管理和服务体系，强化社区服务体系和信息化建设，明确社区教育服务的目标与内容。同年由中国成人教育协会社区教育专业委员会下发的《全国"十二五"推进数字化学习社区建设规划》中明晰了新型社区——数字化学习社区的建设情况，并明确了其发展目标。2012年《教育部关工委2012年工作要点》中指出了社区教育发展的新模式，即积极构建学校、家庭和社会协作的教育网络，实现家庭教育和社区教育相结合的教育形式。2016年教育部等九部门《关于进一步推进社区教育发展的意见》中指明要加强社区教育实验区、示范区建设，推进社区教育规范化、制度化发展，明确提出到2020年时，要基本形成具有我国特色的、在社区上具有不同特点的、教育资源能开放和共享的、方便社区居民的社区教育体系。2016年10月，国务院办公厅印发《老年教育发展规划（2016—2020年）》。从此，各级政府推动力度明显加大，全国26个省级人民政府（教育厅）下发了本地区老年教育发展规划。全国特别是中西部地区逐步发动起来。社会教育已经形成以大中城市和发达地区普遍开展、东部地区创新驱动、中西部地区较快发展、呈梯度推进的基本格局。城乡社区居民参与面不断扩大，获得感普遍增强，社会影响日趋彰显。

党的十九大报告指出"办好继续教育，加快建设学习型社会，大力提高国民素质"。2019年2月，中共中央、国务院印发《中国教育现代化2035》，提出"扩大社区教育资源供给，加快发展城乡社区老年教育，推动各类学习型组织建设"，2019年10月，十九届四中全会通过了《中共中央关于坚持和完善中国特色社会主义制度推进国家治理体系和治理能力现代化若干重大问题的决定》，就教育改革发展提出了"构建服务全民终身学习的教育体系"的战略任务。这些都为新时代社区教育发展指明了前进方向。

在国家和各级政府的领导推动下，在各级教育行政部门的悉心指导下，我国社区教育呈现加速发展的态势，在新时期，社区教育主要呈现如下几个明显特点，一是创建学习型社会的大背景下，对发展社区教育的重要性认识越来越强；二是不同类型的社区教育实验与示范规模逐渐扩大，社区教育活动区域和内容覆盖面不断拓展；三是社区教育发展态势由中心城市向中小城市和乡村扩散；四是社区教育资源建设越来越贴近社区居民的学习需求；五是信息化技术在社区教育中的应用推广日益增强。

二、社区学院是开展社区教育的主阵地

（一）社区学院是社区教育办学实体

当前，我国社区教育的发展，主要靠行政领导者重视、政府行为的推动。社会各界对社区教育的认识还有很大差距，开展社区教育尚缺乏共同的法制规范的制导。因而，社区教育的生存与发展的基础还不牢靠，社区教育力量尚未得到真正发动，社区教育资源未得到充分的开发与利用。开展社区教育必须有办学实体，而以成人高校为依托的社区学院是有效推进社区教育的主要载体。社区学院作为区域性社区教育的牵头单位，立足社区、面向社区、服务社区，融学历教育与非学历教育、职业技能教育与休闲文化教育，各界委托项目教育与居民自治教育为一体，成为一种新型的与我国现行中高等教育体制不同的社区教育办学实体。从当前我国各地社区学院的办学实践看，社区学院一般具有以下基本职能：

协助政府有关部门做好社区教育的规划，协调、统筹各类教育资源的使用；广泛开展适应不同类型人群需要的教育培训；指导街道、乡镇社区教育中心或

分校、市民学校开展社区教育活动，提供教育培训方案、课件；指导各部门、各单位开展学习型组织创建活动；负责组织本社区干部、教师的培训；创办社区教育网站，构建网络教育平台；宣传终身学习思想等。在具体的办学职能上，有专家主张实行"超市式"办学，社区学院"集教育、社会、文化、休闲活动于一体"，社区学院应具有三种功能：教育服务功能——开展为社区和社区人服务的普通教育、职业教育、社会教育等，全面承担社区所需的教育任务；文化建设功能——是社区文化活动的中心，社区精神文明建设的载体，促进社区文明建设；开发研究功能——积极承担社区的项目开发、咨询和研究任务，推进社区经济和社会发展。

笔者以为，社区学院处于实践阶段必须突出主业。我国大中城市的区一级行政区域，经济发达地区的县（市）级行政区域，原有的成人教育和文化体育活动组织体系普遍比较发达，工会、共青团、妇联、科协、党校等系统的教育培训，网络完整、健全，老年大学招生火爆，各类群众性团体、协会活动也丰富多彩，新设立的社区学院事实上是不可能将它们都"整合"到自己名下的。当前，社区学院办学必须突出教育培训这一主业，"文化建设""社区开发"等功能只有在社区学院发展壮大、条件成熟以后才有可能涉足。就教育培训来说，在成人高校基础上组建的社区学院要突破自我封闭状态，真正走向社区，加强横向联系，积极开发适应社会经济发展，符合社区居民需求的培训项目，把培训这一主业做大做强，这才符合发展社区教育的宗旨，也切合社区学院初创时期所能承担的基本职能。

（二）社区学院是开展社区教育的"龙头"和基地

终身教育、学习化社会的观念还远未在市民头脑中形成。在这种情况下，社区教育的管理必须由政府来统筹，发挥政府的行政职能，推动社区教育的健康发展。但是对各级政府来说，目前社区教育毕竟是"软任务"，没有"硬指标"。各级政府经费支持各类学校教育已感力不从心，很难投入大量经费用于社区教育。另外，社区教育对象涉及社区内的各行各业、方方面面，社区教育内容包罗万象。因此，社区教育的管理，没有社区内各界人士的广泛参与是不可能实现的。在政府统筹下，发挥社区学院的"龙头"作用，加强对区域内社区教育资源的统筹管理和资源整合，组建社区教育委员会，行使社区教育管理职能，依据社区教育的有关政策法规实施管理，并负有法律责任，负责沟通协调社区内的各教育机构和教育资源，为社区成员提供有效的教育服务。落实社区教育相关计划、指令、措施，推进社区教育办学工作。因此，社区学院必须由政府主导主办的，以促进和满足社区建设和社会发展需求的，以辖区内全体社会成员为主要对象，具有区域性、综合性、职业性特点。要做好社区教育工作，必须充分发挥社区学院的龙头和骨干作用，逐步将社区学院建设成为集学历教育、非学历教育、社会文化生活教育为一体社区教育基地，同时又是社区成员终身学习的中心。社区学院面对的是各方、各界的呈立体式的教育需求。因此，兼具多种职能和角色成为其独有的特色。

第二章　社区学院概述

第一节　社区学院的内含与功能

一、社区学院的基本含义

（一）社区学院概念的界定

社区学院这个名词早在改革开放之初，就已传入我国。人们对它的性质、功能、特征时有所闻。1994 年，时任国务院副总理的李岚清做出我们也可试办社区学院的批示，特别是在 1996 年夏，纽约美中教育基金会刊发了《在中国计划和开发社区学院》文章以来。社区学院的概念开始在中国的教育界，特别是在地方教育领域中风行开来。社区学院的开发和试办已经成为推动中国进行高等教育改革、普及和发展高中后教育的一个参考方向，但对其概念的定义有六种不同的观点。

一是国外的观点。国外对社区学院并无明确的界定，各国、甚至各个国家内部对社区学院的称谓各自不同。例如，在美国社区学院有初级学院、技术学院等称谓；在澳大利亚，则称之为城市学院和地区学院；在丹麦、爱尔兰等也有各种类型不同名称的社区学院。尽管称谓不同，但各种不同名称的社区学院，都是面向社区、以服务于所在社区为主要导向的，并且包括多种类型的教育——其中主要是两年制的中学后教育。如曾子达在《加拿大社区学院》指出"产生于 50 年代后期的加拿大社区学院是中学后教育的一部分"。毛澹然在《美国社区学院》亦提出"美国初级学院……主要办学目的是为了使本社区没有机会和能力到外地高等学校求学的青年，在中学毕业以后接受 1—2 年高等教育"等。据此，在本研究把国外社区学院界定为设立于社区的、由地方教育行政机构认可并接受其督导的，主要为所在社区成员提供高等教育、职业技术教育或社会性的文化生活教育等方面服务的教育、培训实体类短期大学的统称。

二是新型成人高等教育说。按照北京市教委在《关于加快北京市区县社区学院试点工作意见》对社区学院的定性来看，社区学院的性质是"区县举办的一所集高等职业教育、成人高等学历教育、继续教育、广播电视等远距离教育、职业资格培训、紧缺人才培训、转岗培训、各种短期培训以及社会文化生活教育等多种功能于一体的新型成人高等学校。建立社区学院，是利用现有成人高等教育资源加以改造，发挥它在改革与发展成人教育中的龙头作用。社区学院是一种高层次、开放式、综合性的区域成人教育模式"。北京的学者多采纳该观点，笔者认为"新型"的"新"字就新在试办成人高等职业教育的基础上向职前和职后高等职业教育的拓展上。

三是以高等职业教育为主说。国内有部分学者认为，社区学院系指大城市区县政府主办，经省市教育主管部门批准，满足社区政治经济建设和社会发展需求，以辖区青年学生和成人为主要对象，以高等职业技术教育为主，同时承担社区成人高等学历教育、远距离教育、大学后继续教育、职业教育与资格培训、岗位培训以及社会文化生活教育等教育职能的高等教育机构。也是实施社区教育的龙头和重要载体。

四是社区高等教育机构说。上海的学者认为社区学院是由所在地政府主办、教育部门主管、依托普通高校、以社会力量为主体的，实行董事会领导下学院自主办学、服务于社区发展需要的社区高等教育机构。该观点与上述"高等职业教育说"的观点基本相同，但"所在地政府"的界定不明确，出现了区级和街道两级社区学院的混乱。"以社会力量"为主又易同民办高等教育相混。

五是地方性职业技术学院说。自 20 世纪 80 年代初期以来，各大中城市举办的短期职业大学，或高等专科学校、职业技术学院等，不论我们对这种高等教育如何命名，从其职能、培养目标看，都带有社区学院成分，可视为中国社区学院的"雏形"。如：1980 年首先在南京建立的金陵职业大学。

六是街道里弄大学。一些大城市在一些社区成立了以街道或居委会为主体上挂高等院校成立的社区学院。如上海浦东潍坊社区学院，是潍坊街道与高校合办的，其职能以相当于中等程度的非学历教育为主，形式有培训班、专业班、系列讲座等，招生对象为街道工作者、下岗人员、社区居民、农民工等，名为社区学院，实为一所社区学校。该说导致人们对社区学院这一名称产生误解，将社区学院与街道里弄大学画了等号，影响了社区学院的形象。

目前国内学者对社区学院的概念尚无明确的界定，比较有代表性的看法主要有以下几种。

①上海市金山社区学院院长杨应裕教授认为社区学院是具有社区特征的，集整合教育、社会、文化、休闲活动于一体的新型高等教育机构。

②北京师范大学厉以贤教授则指出社区学院既是终身学习、终身教育的实体，也是社区教育的实体。

③浙江师范大学的刘尧教授将社区学院定义为由地方政府主办，社区各方参与，以推进社区物质文明、精神文明和政治文明建设和提高社区成员整体素质为根本宗旨的多功能教育机构。

综合各家之言，在本书中笔者将社区学院的概念界定为由政府主办的，受地方教育行政机构主管与督导，满足社区建设和社会发展需求的，以辖区内全体社会成员为主要对象，是集学历教育、非学历教育、社会文化生活教育为一体，具有区域性、综合性、职业性特点的教育机构的统称。

（二）厘清社区学院与社区教育的关系

社区学院是实施社区教育的龙头，是开展社区教育的重要载体。但社区学院开展的教育并不完全等同于社区教育。主要区别有四：

1. 社区学院是教师和受教育者在特定的环境下进行的正规的、有系统的、有标准要求和交互式教学的组织形式，教师和学习者在授、学过程中都经努力实现和达到特定的标准。而社区教育则是对社区居民进行的一般性普及教育，旨在原有水平上的提高，其标准是不确定的，混淆两者会导致降低教学标准和要求的后果。如美国的社区学院开始阶段只注重教育的普及和一般化，而忽视了对教育标准的审核和规范，从而造成质量的降低，一度引起社会舆论的诟病和对社区学院存在的必要性的争论，其影响延续至今。在20世纪80年代中期，美国社区学院开始注重学分的评定和认可。注重评审课程质量，并向四年制课程靠近和衔接。对办学宗旨的确定，对课程学分的评定，以及对教学质量的评估和审核，使得社区学院能与四年制高教衔接，推动和促进了职业技术教育，带动和扩大了成人教育和继续教育，并以正规教育的标准开发了基本技能补习教育，从而得到了社会的认可。

2.社区学院开展的教育绝大成分还是学历补偿教育或高中后教育，是高等教育的组成部分，其标准和要求应该向高等教育看齐和靠拢。而社区教育是提高全体社区成员素质和生活质量以及实现社区发展的一种社区性的教育活动过程，所以社区教育不属于高等教育，只是社区学院的一项重要教育职能。

3.社区学院开展的教育有特定的环境和特定的教育水准。而社区教育要求社区成员共同参与和制定适合社区成员文化水平的教学计划，是一种非正式的适应性教育，其标准不是特定的而是灵活的、因人而异的，环境也无须特定，而是随机的和因地制宜的。

4.社区学院开展的教育以正式教育为主，有明确的教学目标，有固定的教学内容，有统一教学标准和要求。而社区教育则没有。

因此，以社区学院正规教育为主导并兼顾社区教育，应是我国当前社区学院发展的主流。

二、社区学院的实践与分类

自1994年第一所社区学院——上海金山社区学院成立以来，我国社区学院作为一种新型的办学模式在上海、北京和天津等地发展很快，对组建形式进行了实践，社区学院的功能在扩大，认识在深入。组建社区学院形式多种多样，目前，我国组建社区学院的形式主要有以下四种：

（一）"归并式"。依托或者将区域内同层次的成人高校如广播电视大学、业余大学、教育学院、职工大学等合并，并将职工中专、职工教育培训中心、成人中专等机构纳入其中，组建成人教育一体化社区学院。如福建南安市社区学院、北京市朝阳社区学院。

（二）"联合式"。以区域内普通高校为主体，以该普通高校的优势学科、专业为依托，利用区域内相关成人学校的办学资源，通过联合的形式，举办特色化的社区学院。如上海市金山社区学院。

（三）"网络式"。以区域内合并优化的成人高校为主体。以成人中等职教机构为补充，以企事业单位、社会团体教育资源为共建体，由董事会领导，校务委员会负责管理，紧密结合和适当协作相交融，组建网络化社区学院。如北京市中关村社区学院。

（四）"统筹式"。以区域内的国家级或省部级职业中专或普通中专和成人教育中心合并组建中职与高职衔接的、职业教育与成人教育统筹融合的教育集团化的社区学院。如天津市南开社区学院，新华社区学院等。

三、社区学院的主要功能

社区学院为社区居民提供各类学历教育和多层次、多类型的非学历教育。社区学院面向社区、服务社区，以社区内成人为主要教育对象，通过居民在社区学院的学习来培育社区精神、激发社区活力、培养社区人才、开展社区活动、整合社区资源、维护社区尊荣、传承社区文化。简言之，社区学院主要具有教育办学功能、交流与咨询服务功能、文化服务功能和学习型社会构建功能。

（一）教育办学

教育办学功能主要体现在为有学习需求的社区居民开展学历教育以及各类职业技能培训、人文素质教育等非学历教育，培养出区域经济社会发展需要的人才，办学规格有学历教育与非学历教育。在学历教育中，社区学院大多是以成人教育中心或广播电视大学为依托而组建成立的，因为社区学院的施教对象主要以成人为主，因此他在成人教育中占有绝对优势，其学历教育的办学功能可有效发挥。社区学院实施的学历教育主要有成人大专教育、成人自考、函授、夜大学和远程教育等，为需要在学历上提升的成人提供上升通道。在非学历教育中，既包括各类技术技能培训，也包括各类休闲文化教育，还包括青少年补习教育、亲子教育等活动，非学历教育相对学历教育来说，形式更加多样化，教学实施更加便捷，是社区学院发展的一个重要办学功能。

（二）交流与咨询服务

交流与咨询服务功能是指社区学院可利用这个组织平台，开展社区各项事务的交流与研讨。社区居民通过对社区各项事务开展的观点的交流与研讨，通过学习和反思，使其认知和关心社区，凝聚社区意识；除组织社区事务研讨外，社区学院还可以提供生活、法律等方面的咨询与服务。社区学院通过聘请相关专家学者与居民面对面的交流与互动，为社区居民提供相关问题的免费咨询服务。

（三）文化服务

文化服务功能是为提高社区全体成员整体素质和生活质量，为社区市民提供多种形式、持续不断的学习和教育机会。社区学院利用社区丰富的资源，举办各种展览、表演、讲座、比赛等文娱、体育活动，整体提升社区居民的素质与生活品质。学院可根据需求向外聘请相关的教师，或在社区内寻找有特长的志愿者，开办形体健美、交谊舞、日常交际英语、插花艺术、钩线编织、书法绘画、剪纸画画等一系列生活休闲类培训，也可根据日常生活需要，聘请医生专家开展生活健康讲座、组织演讲、知识竞赛等知识普及活动，这样既丰富社区居民的生活、陶冶了情操，又提升了社区的整体素质，同时也是社区居民生活的健康向导。

（四）学习型社会构建

学习型社会构建功能，是通过社区学院开展各类教育活动、咨询和文化活动，达到社会上形成处处能学习、人人爱学习的良好社会风尚与精神追求。这是社区学院的核心功能。终身学习视角下的社区学院发展，必定为学习型社会构建提供坚实的基础。社区学院的各项教育活动的开展、咨询和文化娱乐活动的开展都以构建学习型社会为终极目标，无论从人才培养还是社区居民素质提升，无论从社区经济发展，还是社区精神文明建设，都为学习型社会构建做出努力与贡献。

根据以上四个功能的分析，社区学院功能较多，但这并不代表一所社区学院需要具备这些所有的功能，也不代表要同等发挥这些功能。各社区学院要按照分类特色发展的原则，根据自身办学理念与发展水平，将办学功能定位达到最优化，且这个功能并不是一成不变的，要在发展特色的基础上不断调整和完善。

四、对社区学院的内涵认识

社区学院是社区教育的重要基地，是社区中等和高等职业教育、学历继续教育的主要实施机构。对它的认识，由于起步较晚，看法不统一，认识还有待深化。我们可以从三个层面去把握：

（一）第一层面——基本层面

其内涵属性包括四个基本内容方面：

1.社区学院对象主体是社区中的全体成员，以正规教育后社会成员为主，兼顾学龄前教育。

2.社区学院的目标是适应社区需求，满足社区成员的学习需要，促进社区的持续发展和社区成员素质的不断提高。

3.社区学院的管理是针对社区内教育资源的开发、利用、盘活与共享。

4.社区学院的组织是社区教育管理组织与实体机构的协同作用使社区成为学习化社区。

（二）第二层面——操作层面

通过社区学院或社区学习中心、社区教育中心等实体机构，组织社区学习教育活动。其涵盖内容包括：

1. 社区学院的性质与任务——其基本属性是以实施成人高等教育为主的实体组织，基本任务在于直接组织（吸引）社区成员的社区学习活动，为其提供教育服务。

2. 社区学院的管理体制—隶属于社区教育委员会或有关主管部门的领导与管理；内部事务则由各界人士组成的董事会或校务委员会领导或管理。

3. 社区学院的教育职能—实施两类教育：一种正规的学历继续教育；另一种是非正规形式的补偿教育、文化娱乐教育、继续教育和岗位培训。

4. 社区学院的教学内容—- 按教育分类为5B类教育或有关规定开设相应的学历教育课程，或根据"需要什么，学习什么；学习什么，用什么"的原则开设灵活多样的非学历教育课程。

5. 社区学院的教育经费—社区学院教育属公益性的教育、非营利教育，其教育经费主要来源：一是区县政府投资为主；二是中央和省市政府提供的必要援助；三是社区提供的经费赞助；四是学习者提供的必要学习经费。

6. 社区学院的师资—主要依靠专职教师队伍为主，社区专业技术人员也志愿者兼职为辅。

（三）第三层面—自然层面

社区教育中的一些非教育系统在开展各种形式的社区活动中，所自然产生的潜移默化的教育影响。自然层面是一种潜在的隐性的社会教育，它们是现代社区教育内涵的必要组成。

从以上三个层面上逐步揭示社区学院的内涵，既能使我们正确地把握现代社区教育的本质点的主项及相关项，又能有效地加深对社区学院的理解。

第二节　国外社区学院的历程与现状

一、美国社区学院

（一）美国社区学院概述

美国社区学院（community college）是自 19 世纪末以来广泛分布于美国各地的、兼具正规教育与非正规教育特点的以地方办学为中心实施学历教育、职业教育和社区教育等具有多功能综合性的高等教育机构。美国社区学院的源起于 19 世纪末，首先，一八六二年通过"墨里尔法案"（Morrill Act），又被称为"捐地法案"，此法案提供每州三万英亩土地，成立学院开展农业和技艺教育，提供劳工阶级子女就读高等教育机会，将高等教育机构扩充到先前无法进入大学的非裔美国人，希望促进教育的民主化和公平化。其次，由芝加哥大学校长威廉·雷尼·哈珀（Willlam，Rainey Harper）所提出，主张高中可将其课程延伸至大学前两年，以协助其调适尚未成熟的个性，并借此了解自己是否适合作专业学术研究，或以获取工作上所需之职业技能为满足，同时，为使家庭经济困难或不愿意出外求学的青年，能有机会接受教育，于是创设初级学院，揭开了社区学院的序幕。美国社区学院的产生和发展既能保障国家建设所需的各级人才的培养，又使不同类型和不同层次的高等教育机构布局和资源配置更为合理。

美国社区学院以其独有的教学管理制度、灵活多样的学习方式、低廉的学费和毕业生的高就业率而深受民众喜爱。美国的社区学院最高可授予文、理科副学士文凭，一般学制两年。社区学院一般设在社区区域的中心地区，大约 90% 以上的美国公民在离家 25 英里半径之内就有一所社区学院，办学规模一般为 2 至 4 万人，其主要办学职能是为所在社区居民提供高等教育、职业技术教育和社会性的文化生活教育等方面的服务。从 1901 年美国在伊利诺伊州首先成立第一所公立的杰利特初级学院（Joliet Junior College）至今，美国共有 1500

余所社区学院，其中乡村社区学院约占 50%，公立社区学院约占 90%，将近1100 多万学生就读，即约有美国 44% 的大学生在社区学院就读。美国的社区学院规模、数量的激增昭示其在美国高等教育办学领域中取得了巨大的成功。由此可见，美国社区学院在其发展进程中依据其所处的客观历史环境，不断地调整、发展和完善自身的办学职能和办学形式，以关心社区生活、提高社区文化以及发展社区经济为宗旨，突显其教育的民主平等精神。辉煌的办学成就和创新的教育模式使社区学院成为美国乃至世界的教育典范。

（二）美国社区学院的发展阶段：

1. 初级学院塑形期（1860 年到 20 世纪初）

从 1860 年到 20 世纪初，美国的社会经济迅猛发展使得美国的高等教育面临着前所未有的机遇与挑战。芝加哥大学校长哈珀认为高中应该提供一些毕业后的课程，以满足高中毕业生的升学需求。他把芝加哥大学分为"学术学院"（Academic College）和"大学学院"（University College）两部分，前者属于大学初级阶段，主要为学生后一阶段的发展培养做准备性工作。当时他便将芝加哥大学的次级部门称为初级学院。1907 年加州的《凯米乃提法案》（Caminetti Act），是第一个授权高中提供学院课程的法案，也允许提供职业课程。因此，有许多的初级学院与高中相互合作，利用高中的设备、师资，并与高中同在一个教育委员会的管理系统。从 1900 年芝加哥大学颁发首批副学士学位起，截至1918 年，美国 74 所单独设立的初级学院中，有 20% 颁发了副学士学位。至此，副学士学位（协士学位）在美国的学位机构构成要素和结构层次中仍然占有一席之地。

2. 初级学院发展期（1930 年到 1950 年）从 1930 年到 1950 年间，美国初级学院虽历经 30 年代经济大萧条和二战的劫难却在此期间获得了较快的发展。主要是经济大萧条后，地方民众的教育需求增加，希望以教育来提升民众的就业能力，并创造新的发展契机。在此新形势下，初级学院的办学职能也逐渐地由初始期的转学教育向职业教育发生过渡。随着美国初级学院的发展与逐步完善，其时一些初级学院的校长，包括诸如利奥那多·库斯、沃尔特·伊尔斯、和杜克·坎贝尔等许多教育家主张把初级学院更名为包括提供职业教育在内的更大范围教育的社区学院。1950 年，总统高等教育委员会发表了一份旨在肯定社区学院对美国民主制度建设方面做出重大贡献的名为《对于美国民主的高等教育》的报告，呼吁全美各地应建立起适应地方经济和社会发展需要的初级学院。初级学院也从高中阶段伸展性教育而逐渐地成为包含有职业教育、社区服务等功能的相对独立的初级学院，转学教育虽仍为其主要功能，但职业教育也在此基础上初具规模。由此，社区学院开始正式替代初级学院的名称。

3. 社区学院全面发展阶段（1950 年至 1980 年）美国社区学院在 20 世纪 50 年代至 80 年代得到了长足的发展，此期美国的科技发展迅速、经济增长较快，同时联邦政府也建立了诸多国家学生借贷金等资助学生进入高校学习的计划，这使得具备开放录取、费用低廉等优惠特征的社区学院成为大批有色人种青年和贫困青年的首选。此时期的社区学院终于和中学分开，有属于自己独立的校园和行政管理系统，此时期最明显的特征是社区学院不断地扩展规模、增加数量，学生数也大幅成长。

4. 综合性社区学院发展期（1980 年至今）由于社区学院的快速扩张，导致当初社区教育功能发挥受限，社区学院原来以转学课程居多，此阶段的转学课程学生减少，主要原因是：高中毕业生减少、大学扩招、学生的兴趣转移、年长学生与妇女学生增加。受到这些因素影响，社区学院开始调整办学策略，针对非学历教育学生，研究扩展其课程和服务方案，使得社区学院成为真正成为面对所有社区人士教育需求的综合社区学院。同时社区学院面对信息化社会的来临，也开始从事教学手段和方式的革新，采取更为弹性的教学设计，提升社区学院的社会服务能力等，以满足社区居民终身学习需求。综言之，美国社区学院挣脱传统教育结构束缚，强调高等教育的普遍可得性。其办学形式灵活多样，功能更加齐全，服务也更加全面，社区学院在美国高等教育结构中扮演重要角色并成为美国的最佳特色。林慧贞（1999）认为，美国社区学院的质变，包括：课程设计从零星改革到整合转型；从校园本位、社区本位到学习者本位，俨然已从教学典范走向学习典范。因此，社区学院比其他机构更隶属于终身学习的组织。

（三）美国社区学院的基本特征

1. 办学职能多样化

转学教育（transfer education）是美国社区学院最重要的办学职能之一。社区学院在大学新生入学后给他们讲授相当于四年制大学一、二年级的课程以提高学生的文化知识水平。学生在修完两年的课业后既可直接就业，也可进入四年制大学继续进行三、四年级的课业的学习，其社区学院的课业成绩为四年制大学所承认。转学教育既减轻了大学的教学、经费、住宿等方面的压力，又为大学高年级和社会输送了大批的优秀学生。职业教育职能毫无疑问是美国社区学院最主要的职能，美国学者柯恩和伊格奈希就曾强调："毫无疑问，社区学院最主要的职能是培养劳动者，并且这一职能得到了充裕的资金支持"。社区学院的学生多为生计考虑以获得职业资格证书、学成就业为其目的。美国社区学院未来委员会曾对社区学院做出评价："在整个这些年代，全国的社区学院已经适应了学生的要求和市场的需求。迅速而创造性地适应教育任务的不断变化是它们与众不同的特色。"社会及社区内多样化的教育需求是社区学院得以不断拓展职能、发展壮大的源泉和动力。

2. 办学手段多元化

社区学院办学手段多样化主要体现在学院分布、生源结构、课程设置与教学、学生学习管理等几个方面。在美国不仅在城市地区有社区学院，在农村和贫困地区亦有社区学院，为当地居民提供就近入学的机会。社区学院的生源结构是美国高校中最为复杂和丰富的，这种复杂和丰富性充分体现在学生年龄的跨度较大，学生入学时的文化程度差异，学生来源地域扩散，学生来源覆盖不同种族不同群体和不同阶层。社区学院入学学费低廉也是吸引广大学生来此就读的一个不可忽视的重要因素。社区学院的课程设置与教学主要体现在其课程目标设置的综合职业性，课程内容设置的市场性，课程实施的地域性等方面。2009年4月，美国社区学院协会召开的第89届年会进一步明确社区学院课程设置要突出种类多样性，尽可能满足各类学生的兴趣和需求，从社会经济的实际需要出发，在课程的目标体系、学习方式等方面给学生提供多样化的选择。课程内容的市场开放性。课程内容的设置如何才能与时俱进是课程改革的核心问题，适应经济发展、专业技能和培训被认为是社区学院应完成的教学任务和教学目标，据此，社区学院面向市场，采取市场化的运作方式。社区学院为适应众多学生复杂、多元的需要专门为学生设置可供其选择的广泛和弹性的课程和学科。在教学方法上，社区学院根据入学学生家庭背景和文化背景的差异程度而采取两种教学方法：其一是传统的班级授课制；其二是运用现代化教学媒体。在学制管理方面，采取选修制和学分制来管理学生的学习。授课时间上，有全日制、半日制或夜修班等。

3. 服务面向定位区域化

社区学院服务面向定位区域化集中体现在以下方面：与社区密切合作。一是学院的董事会或校务管理委员会成员都来自从社区居民；二是学院各专业指导委员会成员均来自当地企业、政府机关中的行业专家、技术骨干或者管理人员；三是社区学院课程设置要突出种类多样性，尽可能满足各类学生的兴趣和需求外，为了吸引当地居民来学习和参加文化活动，学院的场地和活动设施均向当地居民免费开放。促进城乡均衡发展。社区学院通过培养及开发社区人力资源，奠定社区经济基础，促进社区发展。随着当地经济富裕和文化生活品位的提升，人才不致外流，也不会向都市集中，解决偏远地区人才缺乏的现象。这样使得城乡差距缩小，并且缓解了城市的人口和就业压力，获得城乡的均衡发展。照顾弱势团体，保持民族平等。民族平等是人类文明发展的客观要求，是体现社会文明状态的一重要标志，也体现了民主和人权的平等。美国社区学院最重要在于实践教育民主化与教育机会均等的理想，透过开放入学和低学费政策，社区学院吸纳了不同种族、阶级、性别的民众就读。虽然它偏重职业教育训练，但是强调社区为社会重建的起点，其原则是提供乡村地区、偏远地区高中毕业生接近高等教育的机会。在美国社区学院中少数民族占全体学生比例超过47%，比一般大学少数民族学生只占15%的比例超出甚多，可见美国社区学院在促进各族团结、保持民族平等方面起到了重大作用。

二、加拿大社区学院（Community College in Canada）

（一）加拿大社区学院概述

加拿大社区学院的产生有着特定的社会和经济背景。一是人口增长和社会旺盛的高等教育需求；二是工业化和科技进步需要更多的专业人员进行技术或管理工作；三是劳动力在知识、技术、素质上竞争促使职业和成人继续教育向多样化和深层次发展；四是高等教育制度必须适应现代社区的实际需要，灵活有效地利用各种有利资源。1957 年 4 月，附属于阿尔伯塔大学的里夫伯利兹初级学院建立，经批准后于次年秋季开始招生。正是由于社会进步与经济变革的推动，加拿大社区学院在 20 世纪 90 年代获得了快速的发展。20 世纪 90 年代初在加拿大符合社区学院标准的公共教育机构大约为 140 个，其中魁北克省有 45 个、安大略省 25 个、不列颠哥伦比亚省 15 个、阿尔伯塔 6 个、爱德华王子岛 1 个、纽芬兰省 6 个、育空地区 1 个、西北地区 2 个；新不伦瑞克省和新斯科舍省各有 1 个社区学院，但分别有 9 和 18 个校园。至 21 世纪初期，加拿大共有社区学院 206 所，占全国高等教育机构的 60% 以上，且规模各异，平均每所学院约有 5000 名全日制学生和 15000 名业余学生，全国社区学院共有 296600 名全日制学生和 149100 名非全日制学生。凭借着办学效益突出和服务质量优良的社区学院，加拿大高等教育的入学率迅速跃居世界前列，高等教育大众化水平进一步提高，为国家经济和社会发展提供了坚实的人力资源支持和保障。

（二）加拿大社区学院基本特征：

1. 立足社区，服务地方

加拿大社区学院实行的是省政府任命的院董事会领导下的院长负责制，社区学院设有董事会，其成员包括社区领导、工矿企业代表、学院的院长和教师、学生、行政管理人员的代表等，他们都是社区的知名人士，能够代表社区的利益，反映社区的要求。它们的社区属性或地方化特点反映在其课程的综合性、学生的多样性、毕业生的就业及其专业化的服务及专业活动上。首先它们为本地学生、老年市民、教养所犯人设置的特别课程，允许每所学院发挥自身的特点、优势，按照自己的方式对待它的服务对象，而不是简单地把技术学院的一套内容全盘照搬过来。其次面向社区是因为有些学院经费全部或部分地来自当地税收。再次面向社区还表现在学院的管理上，多数学院有管理委员会，其成员不论是选举产生还是由政府指定，都代表当地的或地区的利益。

2. 为社区经济和社会发展服务

加拿大社区学院属于公办学校，特别强调为社区经济和社会发展服务，不同于大学偏重于基础理论学科，而是注重应用。主要专业设置有：艺术类，包括广告设计、装潢工业、造型等；商科类，包括商业管理、国际贸易等；健康科，包括牙科、护士，眼镜制作、生物技术等；工程技术科，包括计算机应用、供电技术、机械工程、通信工程、电气技术、土木工程、防火工程等。从学科设置来看，是很强调职业性与应用的。这种职业性与应用性是以社区经济发展为目的来考虑的。另外教学模式上，教师讲授的重点不是原理和概念，而是实际当中会出现的细节问题。以计算机的学习为例，老师根本不讲述计算机的发展历史及其复杂的工作原理，而是直接教授如何进行文字和数据操作，如何用计算机来处理各种信息，如何利用计算机提高学习和工作效率。实践证明，他们培养的学生受到了用人单位的欢迎，就业成功率一直保持着较高的水平。

3. 办学模式多样

加拿大社区学院采取多层次、多规格，多形式、多功能的办学模式。既有全日制的学历教育，也有短期培训；既招收应届毕业生，也招收成人和在职人员。同时社区学院不管申请者原有的文化程度如何，不管他们正规教育情况如何，他们都可以尝试选择社区学院的某些课程。

4. 教学为主，不要求科研

加拿大社区学院老师的根本任务是课堂教学，学校不要求老师从事学术研究，不要求教师每年发表多少论文，更不以发表论文的数量和刊物的档次来评价教学质量的优劣。他们认为，如果以培养本科生和研究生的方式来培养职业技术学院的学生，将使教师的精力转向基础研究，将前人的发明创造成果束之高阁，使学生的注意力转到考证和记忆，而不是应用和创造。流行于欧美的"学生中心论"认为，学生是教学活动的中心，教学要以学生的心理特点为前提，以学生的需要和兴趣为基础，教学要适合学生的发展水平和个人需要。从这种观点出发，教师的工作业绩评估取决于学校对学生进行的反馈意见表，即学生学习效果的有效性。如果学生对教师的教学效果提出强烈意见，任课教师随时有可能被学校解雇。

5. 校企合作，共育人才

加拿大每个省和地方的教育管理机构都把社区学院发展的指导工作交给由工商业著名人士所组成的顾问委员会或董事会负责。这样就产生了企业家决定教学方向而教育家贯彻教学任务的教育模式。与企业界的良好合作使得学生可以在课堂、企业和实验室交替学习。社区学院与所在地区及工矿企业、经济部门联系密切，当地相关专业高级人才在开设相关专业中起重要作用。这样使教学与实践紧密结合，为学生创造了理论与经验相结合的机会，提高了他们的实际工作能力，又为学生就业创造了条件。

6. 面向国际，走向世界

加拿大社区学院具有国际化办学的视野和眼光，面向世界各地学生，积极开展国际间的交流与合作。加拿大的社区学院都设有国际交流合作项目部，负责招收留学生和访问学者，同时还派遣教师或技术人员去国外讲学或培训，而且为经济界、商界牵线搭桥，促进国际间的经济合作或贸易发展。

三、丹麦民众高等学校（Folk High School in Denmark）

（一）丹麦民众高等学校简介

丹麦是世界上最早成立民众高等学校的国家，并且其制度纷纷为其他国家所仿效。19世纪时，丹麦在葛龙维思想的影响下，于1844年，在罗登创立了第一所民众高等学校。在第二次世界大战前几年，丹麦约有三分之一的农村和小城镇居民进过民众高等学校，虽然当时学校的实际数量没有21世纪初多，但入学人数却达到了高峰。而直到 1864 年普丹战争，丹麦战败丧失了五分之四土地，国家一片生灵涂炭、濒于灭亡的地步，由于有志之士呼吁发动，才造成了 1864 年之后，民众高等学校蓬勃发展的现象。丹麦成立民众高等学校的时代背景主要有战争的影响、民族精神的觉醒、政治与经济的发展、社会改造的需要。

（二）丹麦民众高等学校主要经历发展阶段

1. 初创阶段（1844 年至 1864 年）1844 年 11 月 7 日在北石勒苏益格（NorthernSlesvig）——日德兰境边的罗亭村（Sodding）成立了丹麦的第一所 Folk High Schools，即民众高等学校。民众高等学校的重点是"终身学习"，通过历史、国语、唱歌等核心科目来培养学生的道德和精神文明，致力于精神的觉醒。教学的主要对象是农民居民。在课程设置上，学校开设的主要课程有丹麦语、丹麦文学、几何学、绘画、土地测量、德语、瑞典语、自然科学、唱歌和体育等。学制为两年，每半年为一学程。课程多数都在漫长的冬季里开设，这一点过去和现在一样，因为冬季里土地冻结，人们很难或根本无法耕作。有的民众高等学校还在夏季举办三个月的补习班；有些在冬季学习时只招收男生的学校夏季也招收女生。

2. 发展阶段（1865 年至 19 世纪末）丹麦民众高等学校的大发展是在 1864 年之后，这时期有三所著名的学校：施洛特创办的阿斯高民众高等学校、诺加（JensNorregaard）和巴哥（ChristofferBaago）创办的德斯脱勒（Testrup）民众高等学校、德理尔开办的尔开特（Vallekilde）民众高等学校。特别值得指出的是施洛特创办的阿斯高民众高等学校促进了丹麦民众高等学校的深度（完善方向）和广度（国际方向）的发展，并成为迄今为止丹麦最负盛名、规模最大的民众高等学校。民众高等学校数量从 1950 年的 2 所发展到了 1901 年的 73 所，学生数量也从 46 人增加到了 7360 人。这段时期是丹麦民众高等学校发展的黄金期，在国际成人教育领域产生了广泛的影响。

3. 规模化阶段（20 世纪初至 20 世纪 70 年代）尽管经过了二次世界大战的摧残和磨难，但是丹麦的民众高等学校在战后依旧得到了持续的发展，学校数量由 73 所发展到了 84 所，学生数量由 7361 人增加到了 9864 人，同时参与短期课程的学生有 42000 人。由此可见，社会的巨变和战火的洗礼，不仅没有扼杀农民学习的积极性，反而民众高等学校在一定程度上也引起了城市工人和市民的兴趣，学习热情高涨，学习人数剧增。丹麦民众高等学校在此阶段呈现出规模化的发展态势。

4. 民众高等学校的学生参与度较之从前有所减少，但是在新的历史条件下，丹麦民众高等学校在坚持"为民众教育、为民众启蒙"办学宗旨的前提下，纷纷采取适应和引导社会发展的新举措，在师生构成、课程设置等方面呈现出了多样化、国际化的发展态势。首先是教师和学生来自世界各地，呈现出了国际化的构成格局。其次是课程设置也体现出了国际化，从仅开设丹麦本土研究的课程开始开设全球视角课程，如：世界能源危机；人类安全问题；自然资源管理等。

（三）丹麦民众高等学校基本特征

1. 注重精神熏陶和启迪心灵

丹麦创办民众高等学校目的在于引导个人和社会发展道德和精神文明，致力于民众精神的觉醒。早期的丹麦民众高等学校强调向广大公民，尤其是文化水平不高的广大农民提供普通文化教育。它是格隆维倡导丹麦民族精神和民族文化的结果。民众高等学校的目的主要在唤醒民众的民族意识，引导民众的生活，培养民众团结、爱国的精神，训练适应现代生产和社会生活的能力。

2. 课程设置广泛，学习资源丰富

民众高等学校不仅开设丹麦语、文学等普通文化补习课程，而且满足社区居民的补偿教育的需要，开设了大量科学技术补习课程。多元化的课程学习内容为社区居民提供了丰富的学习资源。正是由于丹麦的民众高等学校既注意提高广大农民的普通文化水平，又注重提高广大农民的农业科学技术素质，为丹麦成为农牧业高度发达的国家提供了必要的人才基础。

3. 提倡"生活教育"，强调终身学习

教育内容上以丹麦的传统文化为主，教育方法上注重演讲、讨论、谈话以及"活的语言"的运用。

4. 自愿入学，师生共同管理学校

丹麦民众高等学校没有入学门槛、没有考核、不发文凭，学习以自愿和兴趣为导向。在学校管理方面实行民办公助，学校是私立的，但国家给予资助，师生共同管理学校，师生关系上强调民主、平等、和谐。学校实现了去行政化，在发展中各具特色，各有千秋。

5. 面向社区，服务社区

丹麦民众高等学校的主要任务是服务于社区政治经济发展，提高居民的文化素养，扩展心灵视野。丹麦民众高等学校俨然是社区教育资源中心，提供社区民众继续教育的机会，并因应社区民众的不同需求，提供各种长、短期课程，践行葛龙维的教育理念，注重生活的互动，并以通识教育启迪生命的成长，且提升社区民众的生活内涵，更进而借由各种活动的实施，促进民众情感交流，导引社区意识的凝聚与归属感，以促进社区的发展。

总之，丹麦民众高等学校通过对民众的启导和精神的激发，实践了民众的终身学习，提高了民众的综合素养，进而达到了推动社会经济和政治发展的根本目的。现在它开始为来自世界各地的青年学生创造一个自由交流、相互理解的文化平台，促进了世界各国的学生在开放的环境上更好地沟通和交流。

四、德国民众高等学校（Folk High School in Germany）

（一）德国民众高等学校简介

丹麦民众高等学校运动之后传到瑞典、挪威、芬兰等国，最后在德国获得了巨大成功，杰舍克指出，德国民众高等学校的理念缘起可以推至十九世纪的德国，但当时并未获得立法与预算的支持；直到第一次世界大战之后，才真正出现民众高等学校。第二次世界大战结束后，德国的民众高等学校进入了黄金发展期。目前德国民众高等学校是德国规模最大、地位最高的、享誉全球的成人教育或终身教育机构。从丹麦引进创立至今有将近一百年的历史，目前已经有五千多所（含分校），其蓬勃发展和卓越成就使德国职业教育、技能训练等迈入了世界一流水平，也促使德国社会进入了终身学习的时代。

（二）德国民众高等学校主要经历了一下几个发展阶段

第一阶段：奠基时期（19世纪初—1871年），此时期主要来自丹麦（Grundting）、瑞士裴斯塔洛齐（Pestalozzi）、德国赫德（Herder）、费希特（Fichte）等人的教育理念影响，德国的成人教育开始萌芽，成立了工人教育与工人协会，民众教育开始得到国家的关注。

第二阶段：发展时期（1871—1918年），此时期成立了民众教育推广协会；英国大学推广教育传入德国，尤其是受到丹麦家庭式民众高等学校的影响于1905年在亭勒弗特（Tinglefft）建立第一所家庭式民众高等学校，并且职业教育与技术教育开始出现。

第三阶段：扩充时期（1919—1933年）德国在第一次世界大战战败后。在1919年成立了"魏玛共和国"，并在魏玛宪法第148条中首次明定"全民教育制度包括民众高等学校，应由国家、各邦与各乡镇政府来共同推动"。此时期德国的民众高等学校进入了快速发展期，仅在1919年就有139所民众高等学校成立。第四阶段：停滞时期（1934—1945年）1934年纳粹上台至第二次世界大战结束是德国民众高等学校发展的停滞期。此期间，大量的民众高等学校被解散，这段时期民众高等学校发展处于停滞或倒退状态。

第五阶段：再发展时期（1945—1990年），二次大战之后，一直到1990年两德统一，是属于民众高等学校再发展阶段。此时期国家和地方政府先后颁布了一系列的法规或法案，德国的民众高等院校发展进入了有法可依、规范发展时期。1953年"德意志民众高等学校联盟"（Deutscher Volkshochschul-Verband，DVV）成立；1970年代起继续教育法陆续在各邦通过；在一九七二年联邦政府立法，赋予个人参与成人教育活动的财政补助及假期；1990年两德统一后，德东新邦亦陆续通过各邦的继续/成人教育法。

第六阶段：终身学习时期（1990至今），自1990年以来，民众高等学校已经遍布德国的每个社区，为社区居民提供世界一流水准的终身教育，已经成为推动德国经济和社会发展的重要力量。目前全德约有一千所民众高等学校，以及四千一百个民众高等学校教育中心（分校），每年约提供五十万个课程给社会大众，同时每年约有一千万民众到此参与学习，由此可知，德国已经迈入终身学习的时代。

（三）德国民众高等学校基本特征

本书综合我国台湾学者黄宁与冯朝霖等的论述，将德国民众高等学校的基本特征与功能归纳如下：

德国民众高等学校基本特征：

1.国家财政普遍资助。民众高等学校为德国整体公共教育体系不可或缺的部分，其经营负责的主体为各地方政府或社团法人，但不论公、私营皆隶属于各邦民众高等学校协会，并获得政府财政的补助。

2.学校分布广泛。民众高等学校广泛设立于德国境内，全德五千多所（校本部与分校机构）民众高等学校，为人民提供了普及的终身教育场所。

3.开放性的入学原则。不分性别、年龄、职业、党派、宗教信仰、国籍的入学方式有助于各阶层民众参与继续教育，以达到提升整体社会素质的目标。

4."超政党性"与"超宗教性"。德国民众高等学校亦即采"政党/宗教"中立原则的民众教育机构。

5."乡土性"与"地方性"。德国民众高等学校为德国第一线的民众教育之所，广泛设立于德国境内，而国家居于辅助性原则，提供必要的经费支持，但是尊重地方的个别发展。

6."法制化"特征明显。各邦"法制化"的成人教育法保障了民众高等学校的发展与经费支助来源，奠定了民众高等学校持续发展的基础。

7.硬件设施完备。德国民众高等学校各校皆有独立的硬件空间设施。

8.要对象，它提供的课程丰富多样，包括区域经济与社会发展需要课程、学历标准课程、国家职业证书考试辅导课程、地方特色课程等。

9.兼职教师为主，专职教师为辅。德国民众高等学校的教师大部分是兼职教师，专职教师只占少数部分。

第三节 我国社区学院的历程与现状

一、我国社区学院发展的历程与现状

（一）孕育期（20世纪80年代）

20世纪80年代以来，我国经济快速发展、产业结构不断调整，社会迫切需要大批既掌握了专业技术理论又能进行现场操作技能的高级应用型人才。我国一些大城市的高中教育普及率的逐步提高使越来越多的高中毕业生希望能够升入高等学府接受高等教育，高等教育的旺盛需求和普通高校趋于饱和而无力承担任务的现状使一些大城市纷纷效仿国外通过建立起社区学院来缓解当地高等教育日益突出的供需矛盾。在这种背景下，我国各省市政府机构在推进社区建设和社区教育方面做了许多基础性的准备性工作，并将社区服务作为改革和提高人民物质生活质量的重要手段，这样为社区学院创立提供了良好的基础。

（二）萌芽发展期（20世纪90年代）

20世纪90年代，资本和技术密集型产业伴随着我国产业结构改革调整而大量涌现，社会对专业型人才的需要亦在以金融信息等为主导的新兴第三产业的发展过程中较过去有所变化。在此背景下，我国高等教育显现出与其时社会经济等不相适应的问题，而使高等教育的发展面临着严峻的挑战。社区学院的出现和发展为我国高等教育寻求新的突破点和发展点提供了新的转机。

1. 上海市社区学院的探索与实践

1993年，上海市成人高校工作会议首次提出筹备和组建社区学院，在全国率先进行了社区学院建设的试点和探索。1994年，经上海市政府批准，将上海石油化工总厂职工大学改建为金山社区学院，这是全国第一个挂牌成立的社区学院。1996年，经上海市政府同意，长宁区政府通过整合区域内各类成人教育资源后，成立长宁区社区学院。1998年，上海市教委制订并下发了《关于印发〈关于推进本市社区学院建设的意见〉、〈上海市社区学院设置暂行办法〉的通知》。对社区学院建设提出了明确要求、标准和审批程序。到 2000 年，上海市市政府又先后批准了 6 所社区学院，即南市大同社区学院、闸北行健社区学院、宝山行知社区学院、杨浦同济社区学院、静安社区学院、普陀社区学院等。2006 年 1 月，上海市委、市政府颁布了《关于推进学习型社会建设的指导意见》。在此期间，徐汇、卢湾、奉贤、浦东、松江、嘉定 6 个区相继由各自的区政府批准成立了社区学院。2007 年，在上海召开推进学习型城市建设大会之后，又有虹口、南汇、闵行、青浦、崇明、金山 6 个区县建立了社区学院。2007 年 12 月 6 日，上海市教委和文明委办公室联合发文《关于推进本市社区学院建设的指导意见》（沪教委终〔2007〕18 号），明确了社区学院建设的指导思想、组建原则、主要功能、业务指导，加强社区学院的领导，保障对社区学院的投入，加强社区学院的师资队伍建设，提高社区学院的信息化水平，积极探索社区学院运行机制共 9 个问题，有力地推动了社区学院的发展。至 2008 年，上海市 19 个区县都建立了社区学院。

2. 北京市社区学院的探索与实践

北京市是从 1994 年开始进行社区学院教育教学活动试点的。为了规范和指导试点活动，北京市委、市政府下发了《关于进一步改革和发展成人教育的若干意见》，《意见》中提出"城区社区教育的重点是发展各种形式的职业教育。社区成人教育要在地区业余大学、电大工作站、电视中专、成人中专、自考基础上，联合各类职业学校、民办学校，发展成为具有中等职业教育、高中学历教育、大学基础教育、继续教育、社会文化和生活教育功能齐全的新型成人社区教育"。1996 年 6 月，全国第三次教育工作会议上，江泽民同志强调指出要"根据需要和可能，采取多种形式积极发展高等教育，特别是社区性的高等职业教育，扩大现有普通高校和成人高校的招生规模，尽可能满足人民群众接受高等教育的要求。"1999 年教育部在其颁发的《面向 21 世纪教育振兴行动计划》中提出："到 2010 年，基本建立起终身学习体系。"国务院也在批准教育部的《面向 21 世纪教育振兴行动计划》中明确做出指示："开展社区教育的实验工作，逐步建立和完善终身教育体系，努力提高全民素质。"1999 年 4 月，朝阳区区委组织部批复朝阳社区学院党委成立。1999年9月8日，朝阳社区学院正式挂牌成立。这是1995年经朝阳区政府申请、1996年北京市教委批准、北京市第一家试办的社区学院。2000年1月，北京市教委批准石景山社区学院试点。同年6月西城社区学院宣布成立。此后至2002年10月北京市8个城区全部在地区成人高校基础上建立了社区学院。由此，北京市城区社区学院的成人高考招生在此基础上都有了大幅度的增长。此外，各社区学院还不同程度地开展举办了电大开放教育的专本科学历教育。除学历教育外，各社区学院在社会文化生活和非学历教育等方面也在尝试着拓展新领域而逐渐地成为区域终身教育和学习的场所。

3. 福建省社区学院的探索

2001年，福建电大与福州鼓楼区华大街道成立了福建省第一所社区学校——鼓楼华大社区学校，2002年福建电大与鼓楼区教育局联合成全省首家社区学院鼓楼社区学院，开展学历和非学历继续教育的探索与实践，开创了电大系统参与社区教育的先河；

在这个时期，社区学院主要是在我国沿海先进地方城市开始试办。这些社区学院的建立促进了区域教育资源的整合和优化，调动了区、县的办学积极性，为地方经济发展提供了人才服务，为学习型社区的建设提供了支持与保障。同时也为了下一步建设和发展社区学院提供了开拓性的思路和经验。

（三）深化发展期（2000年至今）

进入21世纪以来，我国各地开始积极创建社区学院，尤其是在华东地区社区学院获得了极大的发展。比如在福建省，在94个市、县、区中共有84家社区学院已经建立，占90%。其中福州、漳州、莆田、三明、宁德、龙岩、南平、厦门市所属的市、县、区均已经建立社区学院或社区教育指导中心。福建省社区学院的建立和发展，对于全省社区教育的推进起到了关键性的作用。而浙江省全省成立80多个社区学院，截至目前，浙江省已经拥有17个国家级社区教育示范区和试验区，名列全国首位。

在我国台湾地区，自20世纪90年代中期以来。基于社区发展与全民终身学习的需要，在民间教改团体的倡导与推动下，各县市地区陆续成立了社区大学。2002 年我国台湾地区公布实施"终身学习法"，将社区大学明确定义为终身学习机构。至 2005 年我国台湾地区共成立 71 所社区大学，其中北部 31 所，中部 22 所，南部 10 所，东部 7 所，金门 1 所。我国台湾地区社区大学的设立多采用地方政府委托"依法登记"的"财团法人"或"公益社团法人"来办理。社区大学蓬勃发展除显示出社区民众对终身学习的殷切需求外，社区大学还提供了社区总体营造的延续与扩充场域，借由社区大学所提供的社区终身学习环境，让民众学习关怀社区、达到社会重建的工作。目前在我国社区学院的建立和发展已经成为地方政府构筑终身学习体系，建立学习型社会的主要途径和平台，随着终身学习理念的贯彻和有关政策的实施，社区学院必将发挥着更大的引领和支撑作用。

二、我国社区学院建设现状

从 20 世纪 90 年代开始，我国较发达的东部沿海地区的一些市、区、县率先进入了小康后社会。随着其社会生产力的迅速发展、经济结构的调整、文化需求的提升和城镇化发展战略的实施，教育资源的第三次（有的地方是第四次）重组被许多地区提上了议事日程。组建社区学院开始列入了市、区、县的工作日程。在珠江三角洲地区、长江三角洲地区和京津及环渤海湾地区较早地出现了冠以社区学院名称或不冠该名称但实质上是社区学院的一些教育实体。1994 年，时任国务院副总理李岚清在访问美国时，特别参观和考察了在芝加哥市郊的杜培郡社区学院，这种扎根社区、服务社区的高等教育模式引起了国家领导极大的兴趣和关注，回国后他马上召集会议，向北京市有部门关领导做出在北京市开始"试办社区学院"的指示。1994 年，我国第一所社区学院——金山社区学院在上海正式挂牌成立，标志着社区学院这一新兴的教育机构在我国的正式起步。1996 年 7 月，北京市教育委员会批复：同意朝阳区"以区属职工大学为基础组建社区大学"，开展社区大学试点工作（京教成〔1996〕032 号）。

1999 年 9 月，北京市朝阳区社区学院正式挂牌成立。这是从 1995 年开始筹建，1996 年批准的北京市首家社区学院。

在《教育部 2001 年工作要点》的通知（教政法〔2001〕1 号 2001 年 1 月 4 日）中指出：要根据各地实际，采取更加开放、灵活、多样的发展模式继续积极发展高等教育。鼓励发展高等职业教育和社区学院，使高等教育逐步向有条件的地级城市延伸，并与区域经济和社会发展相适应。到 2008 年底，上海的 19 个县区均建立了社区学院。20 世纪 90 年代中期以来，我国许多省、市。尤其是经济较发达省域和地区市开始筹建社区学院，如北京、天津、江苏、浙江、福建等地都相继成立了社区学院，较好地适应了我国社区体制的改革和社区建设的发展与需要，并取得了较好的社会效益。在我国台湾地区，自 1998 年第一所社区大学——文山社区大学成立以来，至今已有百余所社区大学设立，遍布于台湾本岛社区及离岛的金门社区。经过网上搜索和调查统计，至 2021 年 12 月，全国不含港澳台共成立社区教育指导机构（社区大学）300 多个、社区学院 1500 多家。

三、我国社区学院建立的主要类型

（一）开大（电大）模式

电大模式是指依托地市电大建立的社区大学，向下覆盖县（市）级的社区学院，街道（乡镇）社区学校，形成四级社区教育网络和社区教育工作机制。

自 2006 年以来，浙江广播电视大学把大力发展社区教育作为服务社会和服务政府的重要任务纳入学校发展规划，省电大专门成立了社区教育专业机构，研究电视大学如何为构建和谐社会，创建学习型社区和开展社区教育多做贡献，并得到了各电大分校的积极响应。近年来，继杭州电大成立社区大学后，又有温州电大、金华电大、台州电大、萧山电大等成立一批社区大学或社区学院，基本形成了地市级电大有社区大学，县级电大建社区学院的组织架构。如温州社区大学全市建成 11 所县级社区学院、122 所社区学校、138 所社区分校。为服务学习型社会，实现全民学习、终身学习的目标，2009 年温州电大启动"一个平台、三个网站"建设。着手整合了现有社区教育网，新建老年教育网和农民教育网，搭建全民终身学习的平台。加强社区教育队伍建设和理论研究，全面实施社区教育队伍素质提升工程，推进社区教育和终身教育的探索力度。

地市级电大挂牌成立社区大学是开放大学积极参与社区教育的有益尝试。开放大学作为国家举办远程高等教育的重要载体，在构建学习型社会中发挥了系统办学的优势和整合资源的优势。据统计，长三角地区的"开大（电大）"模式社区学院发展势头良好，开放大学开展社区教育的目的性更加明确，并且总结和提炼了宝贵的经验和思路。

（二）成校模式

成校模式主要是指依托由区域性成人教育学校、乡镇文技校、成人教育中心、教师进修学院和相关机构组建、整合而成的社区学院。如在武汉市的武昌区社区（教育）学院就是在武昌区成人中等专业学校基础上成立的，拥有杨园街分校、徐家棚街分校、新河街分校、积玉桥街分校、中华路街分校、黄鹤楼街分校、紫阳街分校、白沙洲街分校、粮道街分校、首义路街分校等 15 家分校，武昌区社区（教育）学院实行院务委员会领导下的院长负责制。院务委员会成员主要由政府、教育界、科技界和街道有关人士组成。浙江省宁波市以及下辖的区、市（县）也是以成校模式为主建立社区学院。

（三）厂校模式

厂校模式是指为了适应企业职工大学转型和社区发展需要，突破传统教育的围墙，成立即服务于企业又服务于社区的社区学院。目前我国以这类模式成立的社区学院数量较少。上海市金山社区学院就是在上海石化总厂职工大学基础上改建创办的。学院以"立足社区，服务社区"为宗旨，把教育定位在最大限度地满足社区一切教育需求，重在培养社区需要的各类中、高级人才。它主要以高等职业技术教育、岗位职业资格证书教育、继续教育及基础教育为主，兼顾其他类型层次的成人教育。在学历教育方面，大力延展学历层次，设立本科（专升本）—专科—中专，以适应社区居民不同层次的需求；扩大专业覆盖面，从偏重石化工科专业扩大到涉及文理各科的 20 多个专业。在非学历教育方面，学院广开渠道进行职前、职后教育，在岗、下岗培训，继续工程教育，证书教育，专业技能培训和教师进修。在办学体制上充分有效利用石化高专的一切资源，依托企业与社区，实行条块结合的机制改革。学院肩负既为石化总公司，又为地区提供教育服务的双重任务后，得到石化总公司的办学经费投入，又得到区政府政策和资金支持。

（四）多元模式

这种社区学院的建立模式往往是由地方人民政府主办，教育局主管，实行董事会领导下自主办学的教育实体。比如杭州市下城区社区学院、杭州市拱墅区社区学院。另外在我国加入 WTO 后，国外的一些社区大学（学院）开始筹划在我国的东部经济和社会发展水平较高的大城市的城乡接合部地区建立新型的中外合作办学的社区学院或社区学院的分部。

第三章　我国社区学院的办学与管理

　　我国社区学院发展已有三十多年历史，主要承担人才培养教育与社会服务功能，已经成为实施和推广终身教育的主体，但无论是基于宏观还是微观的视角，其发展还任重而道远，面临着诸多困难和问题。目前我国建立的社区学院大都是区域内成人教育机构的资源重组，这种重组虽然在一定程度上盘活了区域内教育资源，调动了地方政府办学的积极性，但也应该看到，这种模式组建的社区学院往往是一个结构松散的拼盘，必然存在方方面面的问题。如在管理体制上，社区学院由于本身不具备独立的法人资格，组成单位各自仍保留着独立法人地位，这种相对独立的办学，在招生、教学管理、人员调配、资金、教学设备等方面都会有各自为政的现象，导致效益低下，所以这种资源重组事实上只是形式的组合而没有达到实质性的融合。如何将社区学院内部各类教育形式在终身教育的框架内实现真正的融合，形成合力，是社区学院面临的一个现实问题，也是当前社区学院发展的一个主要目标。

第一节　社区学院的管理体制

一、我国社区学院的管理体制

　　社区学院的良好发展离不开一套完善的领导管理体制，理顺社区学院的内外部关系与领导管理体制对社区学院的可持续发展尤为重要。当前，我国社区教育由自发的形式逐步走向有组织状态，业界形成的"政府统筹领导，教育部门主管，有关部门配合，社会积极参与，社区自主活动，群众广泛参与"的社区教育管理体制基本形成共识。在城市，一般以区政府或者街道办事处（镇政府）为主体；在农村，则以乡镇为主体，联合社会多方力量共同参与对社区教育的管理。在社区教育发展过程中，形成了两类基本的社区教育管理组织形式，一类是社区教育管理委员会，另一类是各级各类的社区学院（学校）或社区教育培训中心。社区教育管理委员会的主要功能是管理协调，而社区学院的主要功能主要是提供教育服务，并在纵向的组织体系之间具有业务管理和业务指导职能。

（一）社区教育委员会

作为社区学院的外部管理体制，社区教育委员会是将教育置于一定区域的社会、政治、经济、文化背景中，在"全社会都要关心关注教育"的思想指导下，动员、组织、协调社会各界支持、关心社区教育工作，优化教育环境，促进本地区的经济、文化、文明同步发展的一种政府或民间组织团体。

社区教育管理委员会的组织机构一般由地方政府主管领导任主任，区域内相关政府部门领导组织、宣传、人事、民政、妇联、卫健等、高等院校、科研院所的专家学者、企事业单位代表和社区内热心教育事业的人士任委员，原则上凡参加单位的负责人都是社区教育委员会的委员。社区教育管理委员会设立办事机构——社区教育办公室，该办公室一般设在教育局，委员会是管理社区学院的决策机构。

社区教育管理委员会一般设主任一名，副主任若干名，秘书长一名，其人选在社区教育委员会上协调产生。社区学院应有一名校级领导出任常务副主任，另聘名誉主任一名，顾问三至五名。社区教育委员会实行委员办公制。委员会定期召开议事会议，主要是研究社区教育问题，听取学校工作汇报，议订双向服务内容，反馈社会信息，帮助解决学校办学中的具体困难。

街道（镇）社区教育委员会以街道行政区域为中心，是我国城市社区教育最基本的组织形式。街道（镇）有关职能科室和辖区内的企事业单位、商店、学校等方面的代表担任委员会成员，街道（镇）社教科或文教室为委员会的办事机构。

社区教育委员会为该区域社区教育的决策机构，其主要职责是：

（1）制定社区教育方针、制度。

（2）制定社区教育规划、确定社区教育的重大事项安排。

（3）检查、评估社区教育服务。

（4）统筹和协调社区教育各方力量，整合社区教育资源，其办公室则为执行机构，处理日常协调管理工作。

这种地域型管理体制，由政府机构出面牵头，以行政力量为主导，因此具有明显的行政属性，且具有以下主要特点：

第一，权威性高。由于社区党政领导直接参与决策、规划与统筹协调，因而都有明显的行政性权威和较强的影响力。

第二，统筹性强。由于是按行政区划建构社区教育委员会，因而社区教育成为全社区各单位，各部门的共同责任。社区教育委员会可以有效统筹社区内的教育资源和力量，使其合理组合，充分发挥资源效应，创造良好的教育环境。

第三，覆盖面广。地域型社区教育委员会覆盖了社区内各种各类社区教育模式，有利于总体规划和组织，有利于学习型社区的建设。

地域性社区教育委员会，属于比较典型的中介性协调管理体制，在组织关系上，既有"指挥—服从"行政指令性的一面，又有沟通，协调社会指导性的一面，从而构成中介统筹关系。

（二）社区学院（社区教育指导中心）

我国社区学院的组织架构由一个教育委员会和一个校务委员会组成。教育委员会由政府教育主管部门，教育行政单位、社区、社区单位的领导或者相关人员，还有群众代表组成，其职能是把握办学方向，调控教学内容，协调教学资源和引导群众参与。在教育委员会之下是学院管理实体，及院务委员会，包括院长及行政管理，各教研组合群众文体队伍的负责人，这层面非常重要。社区学院的内部管理体制一般是实行院长负责制，院长作为学院管理工作的核心，主要职责有全面主持学院教育教学等日常管理工作，组织实施各项教育项目规划和改革方案制订，学院内部组织机构设置方案和基本管理规章制度；提请聘用学院中层管理人员，教职工的人事任免。各行政管理和教研组参与具体教育教学，直接与办学方向，教学质量相关，也是社区学院的核心。此外，社区学院内部应有完善部门设置，按照精简高效的原则设置职能部门，及时调整、拆减职责交叉、分工不明的部门。可考虑实行一岗多职制，即根据管理人员工作量的饱和程度和工作的相关性确定其职责。例如让负责教学质量管理工作的人员兼任学籍管理和部分考务管理的工作等。精简高效的层级管理、部门负责的管理体制可以充分挖掘教职工的潜在能力，再加之合理的人事制度与分配制度，将极大地调动社区学院教职员工的工作积极性，从而推动学院内部各项工作的顺利开展。

二、我国社区学院现有办学管理模式

社区学院的办学管理模式一般是指为了巩固基层政权，提高居民的综合素质，社区内各级各类教育的统一整合，运作机制和工作策略。我国社区学院由于兴办时间不长，国家还没有统一标准，基本上是各地根据自身条件，尝试性地开展办学管理，因此在办学类型和管理模式上也呈现出多样性和动态变化的特点，归纳起来主要有以下几种。

（一）以学校为主兼顾社区的辐射型

辐射型办学管理模式是以学校为主体（中心），协同所在社区单位和学生家庭联合组成的社区教育办学管理模式。这是一种横向沟通的组织网络，相互之间不存在"指挥—服从"行政指令性组织关系，属于开放性教育、社会化中介服务组织。这种办学管理模式主要有如下二种组织管理形式。

1. 以学校教育为主体的社区教育委员会体制。这种体制以学校为主体，多渠道，多形式向社会辐射，社会各界通过这个组织形式参与学校办学，形成"学校—社会"双方服务的办学协调管理机制。社会各界人士参与学校办学管理，为学校反馈社会信息，协调教育资源，提供教育活动基础，筹措教育经费，改善办学条件；学校为社会提供教育服务，从而实现"学校—社会"双向的服务。

2. "学校—家庭—社会"三结合的办学管理模式。这是一种以学校为主体架构起来的以"学校—家庭—社会"教育合力为目标的社会性教育中介服务组织。学校利用社区优势，完善了德育工作网络，青少年保护网络和社会实践网络以及小学生休闲教育网络，优化了教育大环境；学校家庭教育，为提高家教质量提供教育服务。并组织学生参与社区服务，开展社会实践活动，宣传社区卫生，参与公益劳动，为需要帮助的人排忧解难等，从而促进了"学校—家庭—社会"教育的横向沟通，互相融合为一体，提高了学校的教育质量与办学效益。

（二）董事会领导下的自主型

学院董事会是适应新时期办学体制改革发展而产生的一种办学管理模式。它的基本作用在于扩大学校面向社会自主办学的权力。这是一种政府、社会参与、学校自主办学的模式。学院实行董事会领导下的院长负责制。董事会正副董事长和董事，由教育局和县（市、区）以及社区各方代表担任，校长由董事会聘任，全面负责学院工作。这种办学管理模式既有纵向行政指令性功能，又有横向沟通协调功能，能充分发挥区域内各社会名流的名人效应，有效促进教育社会化的发展，发挥社区学院在社区发展中的教育功能与作用。

（三）以社区学院为载体的实体性

这一办学模式是通过社区成员终身学习的需求而建立起来的社区教育自主办学管理模式。它有两种组合形式，一种是正规形式的社区学院，另一种是非正规形式的社区学校、社区教育中心或者社区学习中心，社区培训中心等。这种以社区学院为载体的实体型办学管理模式的主要特点是：在教育对象上以社区成员为主要对象，在教育时间上延续社区成员的终身，在教育空间上全方位覆盖社区所有成员的学习需求，实现自主管理和弹性管理。目前，我国已形成社区学院—社区学校—社区教学点（学习中心）三级办学管理体系。这种办学模式对我国社区教育的发展以及建设学习型社会，构建终身教育体系具有十分重要的意义。

（四）依托开大（电大）型

利用开放大学（广播电视大学）的系统办学和现代信息技术优势开展社区教育，已成为构建终身教育体系的生力军。近年来，国内大多数开放大学（广播电视大学）采取"一套人马，两块牌子"，在原有机构上，加挂社区教育指导中心、社区大学（社区学院）的牌子；采取系统办学管理的模式，延伸电大教育。这一做法是有效整合教育资源，融合区域内高等教育、成人教育、职业教育为一体的新型教育模式，它融合学历教育、非学历教育，职业技能培训，终身教育支持服务等多种形式，以社区成人（在职或转岗从业人员）为主要培训对象，可以提供本专科学历和多层次，多类型，多样化的非学历继续教育培训和社会休闲教育。是一种新型的社区教育办学模式。

第二节　社区学院的办学与条件

社区学院办学必须具备一些基础的软硬件条件，包括办学宗旨，管理机构，规章制度，办学资金，校舍和场地，教学设施设备、教职人员、教学管理人员、课程与教材等等。

社区学院不同于一般普通教育常规建制学校，他的特点是提升社区居民文明素质为目标，授课对象广泛，教学方式灵活，与社区结合紧密。因此对办学条件的要求，除了具备一般学校必需的之外，还要有一些特殊的条件。

一、管理制度

社区学院的管理制度是社区学院建设的重要组成部分。它涉及社区学院管理领域中的机构设置、各管理层级的隶属关系和权限划分，以及管理工作中的主要方面、环节等具体制度。主要包括社区学院组织管理制度，社区学院工作运行制度、社区学院的常规管理制度等几个方面。

2000 年，教育部职业教育与成人教育司开始在全国开展社区教育实验区实践探索。在实验区的探索过程中，形成了许多社区教育工作运行制度，如社区学院设置的规章制度，社区教育教学管理制度、队伍建设管理制度、经费投入制度、职业资格证书制度、成果认定制度等。当然，在全国各地推进社区教育的实践中，还形成许多其他的具体制度，对社区学院的科学，规范管理起了重要作用。但也应清醒认识到，由于我国社区学院缺乏顶层上的合理设计，很多管理制度的建设在公信度等层面还需要向法律法规层次加上提升。

二、法制建设

教育部等国家各相关部门应该加快推动社区学院的法制化工作，建立健全社区学院建设与管理的相关法律法规，营造依法治校、依法治教的环境与氛围。目前我国的社区学院尚未获得政府的正式法人身份，这关系到社区学院的定位、办学理念与管理制度的确立、经费和设施等资源的取得、社会的认同、以及师资的配备和培养等面临许多亟待解决的困境。我国社区学院的发展迫切需要法律法规的支持，唯有完善的法制才能保证社区学院实现持续健康发展。比如美国 1862 年的《莫里尔法案》(The Morrill Act) 为美国社区学院的建立和发展明确了法制身份，1907 年加州议会通过全美第一个有关发展初级社区学院的法案《凯弥乃堤法案》(Caminetti Act)，这个法案明确规定该州社区学院课程即转学课程，1960 年加州通过的《加州高等教育总体规划》在美国历史上第一次通过法律形式明确社区学院在高等教育体系中的合法地位。在联邦政府，1963 年通过的《高等教育设备法》和《职业教育法》都允许社区学院有权获得自联邦的一定比例的拨款。正因为这些法律法规提供了良好的法律制度保障，美国的社区学院创造了世界教育史上的辉煌。学前我国应尽快出台社区学院相关的设置与管理办法，包括社区学院的命名、属性、设立的条件、申办及审批程序、办学思想与功能定位、目标与任务、招生对象、教师队伍、设备设施、学历与学籍管理等方面的规定，整合和规范各社区学院的设置与运作。

三、评估体系

社区学院发展评估是社区学院发展过程中不可缺少的质量监控环节，通过科学评估社区学院的发展状态、方向以及水平，可以使评估对象了解其定位是否准确、目标和任务是否实现、特色是否鲜明以及明晰发展的差距和不足等等，促进其办学效率和效能的提高；对于地方政府来说，可以更准确了解社区学院的教育贡献和努力目标；对于社会来说，可以使社区学院的状况和发展中出现的问题公开化与透明化，便于社会的监督和获得的更大的支持。可见，没有科学的社区学院发展评估，就不可能让社区学院、政府和社会全面掌握和了解相关的办学信息反馈，也不可能实现对社区学院发展进行有效的监督和控制。鉴于目前只有少数文献涉及我国社区学院发展相关影响因素的探讨，并且普遍缺乏实证研究基础，尤其是对于社区学院发展评估研究系统性缺失。因此，有关部门和学者要着手研究对社区学院发展评估课题，提炼出影响社区学院发展关键因素并发掘因素间关系结构，建立科学可行的综合评估指标体系，构建动态评估模型和研究系统评估方法，以检验社区学院改革与发展的情况，找出存在问题和难点，为加快我国社区学院的发展提供决策参考和规划依据。

四、经费筹措

由于我国社区学院没有明确的教育"地位"，配套经费的落实一直是困扰社区学院进一步发展的主要问题。作为公益性的教育机构，地方政府应该给予全额的经费补贴，但是地方政府在支付法律法规规定的国民教育系列机构的经费后，往往可支配的财政资源是十分有限。因此，这就决定了社区学院必须多渠道筹措经费，整合财力资源。"五个一点"模式是目前社区学院比较妥善解决办学经费的办法，即采取"政府下拨一点、社会捐赠一点、企业赞助一点、社区学院筹措一点、学员上交一点"办法，面向社会，面向市场，使政府的财政补贴与多渠道筹措相结合，逐步实现办学经费来源渠道的多元化。

首先，要突出以政府投入为主体，将社区教育经费列入各级财政预算，先进的地方可以保证地方政府财政按照常住人口年人均不低于 2 元的标准拨付社区教育专项经费，保证社区学院正常运营经费的稳定来源。

其次，广泛吸纳社会捐赠，要与社会基金组织和民间团体密切联系和接触，通过社区学院这个平台推动其参与社区教育和文化活动，缓解财力和人力困难；其次设立企业冠名的项目或讲堂，鼓励企业通过参与社区学院的活动，宣传企业，提升企业形象。

再次，采取无偿教育和有偿教育并举的方式筹集经费，比如在高等学历教育、职业技能教育、生活艺能教育均可以适当收取学费，弥补经费的不足。另外还可以针对不同层级学习需求采取差异性收费，或者挖掘校友资源、区域事业单位资源，助力社区学院的发展。

五、师资队伍

社区学院办学的成败涉及师资、课程、教学、环境等因素，其中师资是关键。在明晰的功能定位和发展思想指导下，根据成人居民的终身学习要求、学习特性境等，探索社区学院教师职责与特质，培养一支高素质的、能掌握成人学习特性、适应社区学院教学需要的师资队伍是社区学院建设与发展的核心任务之一。台湾学者张有碧（2000）针对社区学院教师提出如下职责与特质：

（1）互惠性及合作性：学校与参与的民众为学习的合作伙伴。

（2）平等性：教育服务之对象、行业有平等的机会。

（3）发展性：推广服务是以长期、有系统的愿景之永续发展。

（4）建设性：利用学校资源与其学术专长协助社会建设，其目标是个体 与社群的发展。

（5）社区性：其宗旨包含社区发展，而社区广义地包括地域的社区、利益的社区、专业的社区。

（6）跨领域性：社区问题的应对常无法单一特定领域解决，而需要跨科系的合作。

（7）学术性与实务性：即为理论与实务的结合。

（8）整体性：重视整体的教育活动与实践。

基此，首先社区学院应建立一支专、兼职结合的师资队伍。教师聘任应依课程的需要而定，社区学院的生活艺能课程则以具该科专门技能的师资为主，而学术性课程的师资来源除了来自各大专院校的老师外，优秀研究生、民间学者、特殊领域的研究者等也都在考虑内。事实表明，师资队伍来源的多元化不仅使得社区学院的办学效益的明显提高，更为重要的是赋予了社区学院很强的适应力和灵活的办学机制，保证了社区学院课程创新与活力。其次，建立社区学院教师培训机制。要定期有针对性地开展社区学院专、兼职教师培训工作，使得他们能够掌握成人学习特性，在教学过程中能够与成人生活经验相结合，因材施教、有的放矢。同时，还要建立国家和区域的社区学院教师协会，定期研讨和交流本领域的教学经验和成果，开阔社区学院教师的视野和思路，不断提升社区学院教学质量与服务水平。

六、保障设施

场地设施的保障配备是社区学院教育教学顺利开展的基本硬件条件，也是合格实体教育机构设置的基本标准。鉴于我国目前没有社区学院设置标准，建议按照高等职业学校设置标准（国家教育部教发〔2000〕41号文）对社区学院硬件建设做出规定，即设置社区学院，须有与学校的学科门类、规模相适应的土地和校舍，以保证教学、实践环节和师生生活、体育锻炼与学校长远发展的需要。建校初期，生均教学、实验、行政用房建筑面积不得低于20平方米；校园占地面积一般应在150亩左右（此为参考标准）。在此基础上，敦促地方政府把对社区学院的硬件建设纳入区级总体规划，使社区学院的硬件建设逐步完善，为社区学院在新的历史时期的创新和发展打下坚实的基础。

第三节 社区学院的办学运行机制

一、办学定位

明晰的发展指导思想和功能定位是社区学院运行的前提和基础。社区学院面向社区、服务社区，以社区内成人居民为主要教育对象，通过社区学院的学习来植根社区精神、认同社区特色、激发社区活力、培养社区人才、连结社区活动、整合社区资源、维护社区尊荣、传承社区文化。作为一种新型的高等教育机构要从社会全局的角度确定自己的位置和功能。从办学类型定位来看，应为终身学习型成人高等学校；从办学性质来看，应该界定为成人高等学校的发展空间和发展形式、途径，即由成人学历教育理念主导逐渐向终身教育为主导延伸的发展定位；从办学功能来看，在关注社区居民发展生存能力的同时，更应关注如何维护教育公正和关怀社会弱势群体，关注社区居民多元发展需求，满足人们智力的、情感的、社会的以及精神存在等方面的需求，以实现社会和谐共处。社区学院要兼顾正式大学的高等教育内涵与非正式教育的学习需求，要成为区域内成人高等学历教育的重要载体、区域内职业技能培训的整合平台、区域内居民终身学习的指导和实践中心；社区学院办学特色的定位应与社区经济社会状况紧密联系，如处于工业发展区的社区学院，应重点发展工科类专业，形成鲜明的地域特色；处于农业实验区的社区学院，办学特色就应充分发挥农科类专业的特色，为社区内农业产业服务。我国社区学院要以科学发展观为基本指导思想，要从狭隘的学校教育观转向学校、社会、家庭多方面教育协调发展的立体教育理念，从实施终身教育、发展学习型社会的理念来传播社区学院的办学理念，使社会深刻理解社区学院有别于传统的学校教育体系，社区学院致力于开放地给每一位社区居民提供学习机会，提升每个家庭文化水平，提高社区居民整体素质与文化生活品质。

二、理顺管理体制

社区学院管理体制是继承与发展的产物，是对传统管理体制的改革、创新和发展，要体现对"终身教育、终身学习"的战略、策略的运用与思考，它是推动社区学院可持续发展的基础。在学院宏观管理上，"政府主办、教育部门主管、有关部门配合、社会支持、群众参与"是目前县（市、区）社区学院比较理想的管理模式。在学院内部管理上，实行党委领导下的校（院）长负责制。我国《高等教育法》第三十九条明确规定："国家举办的高等学校实行中国共产党高等学校基层委员会领导下的校长负责制。中国共产党高等学校基层委员会按照中国共产党章程和有关规定，统一领导学校工作，支持校长独立负责地行使职权。校长的领导职责主要是：执行中国共产党的路线、方针、政策。坚持社会主义办学方向。领导学校的思想政治工作和德育工作，讨论决定学校内部组织机构的设置和内部组织负责人的人选，讨论决定学校的改革、发展和基本管理制度等重大事项，保证以培养人才为中心的各项任务的完成。"社区学院须以《高等教育法》规定的领导体制为准，即实行党委领导下的校（院）长负责制。另外社区学院理事会制度亦是结合国情的社区学院管理体制创新探索。比如北京朝阳社区学院在成立之初就成立了理事会，制定了理事会章程。为便于统筹协调社区的各类资源，由区长出任理事长，由政府部门、区域院校、科研院所、企业团体、热心教育事业的专家学者以及社会知名人士出任理事。实践中，一方面，社区学院实行由党委领导下的校长负责制；另一方面，学院积极借鉴企（事）业法人治理结构，发扬民主管理的优势，尊重理事会的意见，促进民主管理、民主决策的形成与发展。学院定期召开理事会，主动向理事单位汇报沟通改革发展的大事，并得到理事单位的大力支持。学院规划的制订、办学目标和方向的坚守、专业与课程的设置、文化建设等重大问题的决策，都融入了理事的智慧、胆识和经验。由此可见，在"政府主办、教育部门主管、有关部门配合、社会支持、群众参与"宏观指导下，实行党委领导下的校长负责制，同时发挥理事会的作用，这是我国社区学院坚持改革、动态改革、持续改革行之有效的管理体制。

三、教学模式

美国学者乔伊斯威尔所著《教学模式》一书认为："教学模式是构成课程、选择教材、指导在教室和其他环境下教学活动的一种计划或典型。"我国学者认为教学模式是正确反映教学客观规律、有效指导教学实践的教学行为范型。所谓"教学行为范型"，是指在一定的教学思想或理论指导下，所建立的比较典型、稳定的课堂结构框架和教学活动程序。它源于教学实践，又反过来指导教学实践，是影响教学质量的重要因素之一。创新与改革传统成人教育教学模式是"授之以渔"的需要，传统的成人教育观念认为教师是掌握知识、占用知识、传递知识的人，是知识的垄断者和传播者，课堂基本是教师的"一统天下"，而以学生为本的建构主义理论认为，学习是个体主动建构和重构知识，以个体的经验为基础，在社会交互作用中来实现的。在学习过程中，相对于成年学员，社区学院教师应当是一个协助者、引导者和促进者，而不是知识的灌输者。教学应以促进学生建构良好的认知结构为目的，以启发学生自主建构认识结构为主要策略，以师生互动、生生互动为主要学习环境，充分发挥学生的个性与自主性，实现从"授之以鱼"向"授之以渔"的转变，唤醒学生自主学习意识、教会学生"学会学习"。社区学院教学模式的创新过程是树立以人为本理念、改革传统教学模式的过程。成人学员学习具有较强的自我意识（独立的人格、较强的自我意识是生理、心理成熟的标志）、较强的理解能力（成人学生因承担着一定的社会和家庭责任，具有一定的社会阅历、生活经验，他们是在已有的知识和经验基础上进行学习）、较明确的学习目的（成人学生大多数有自己的工作，为获得自身发展，及时"充电"、更新知识的愿望强烈）等特点，所以社区学院教学模式改革要坚持以成人学习需求为导向，以学生为根本，以为调研为手段，不断根据现代教育思想及变化形势和成人学生的多样性和对于教育需求的多层次性，尝试进行"实践导向，形式多元"和"柔性契合，动态优化"的教学模式改革。学院教师应积极探索自主式、合作式、讨论式、案例式、模块式、体验式等教学实践，满足学生的个性化学习需求，培养具有终身学习能力的应用型人才。

四、课程规划

随着我国经济结构的调整和增长方式的转变以及科学技术的快速发展，以成人为主要教育对象的社区学院课程规划和课程内容应有相应的调整与变化。社区学院课程设置是指学院所安排的课程范围、内容和特征，它们包括必修课、限制选修课和任意选修课等。诺尔斯在他的《成人教育学》关于课程设计的论述中认为，应该研究成人身心发展、社会地位、责任、作用、学习动机和学习需要以及可用的学习时间等，这些均不同于青少年学生。诺尔斯认为成人教育课程设计原则是尊重成人学习的自主性、融化经验并向经验学习、成人课程选择要与人生发展阶段相适应、要提高处理问题的能力。从目前我国社区学院课程设置和教学内容来看，大部分课程还未能满足社会经济环境和成人学习特点对它提出的要求，主要表现为：定位不明确，缺乏核心特色课程；课程设置区域性特征不够明显，缺乏针对性和实用性；社区教育课程趋同化严重，缺乏系统性和科学性。

鉴于此，社区学院在课程设置方面要联系社会实际和尊重成人教学规律，对课程设置和教学内容进行创新，才能进一步增强社区学院可持续发展的核心竞争力。首先，合理定位，明确培养目标，科学设置课程。如我国台湾的社区大学培养目标非常明确的，即培养现代公民，促进公民的终身学习，因此课程设置在很多方面与正规大学存在明显差异。台湾社区大学的课程一般分为三类：学术课程、社团课程和生活艺能课程，且每一类课程都有明确的设置目标、教学内容以及考核方式。我国社区学院在发展初期应该对自身今后的发展进行科学的定位，制定详细的培养目标，并根据培养目标来科学、系统地设置课程。其次，针对区域经济和社会发展的需求，开发区域特色课程。我国社区学院的课程设置要在加强市场调研和产学合作基础上，规范课程开发流程，根据当地企业和社区居民的需求开设一些带有地方特色的课程，而且这类课程要在所有的课程中达到一定的比例。最后，立足社区，打造社区品牌课程。社区学院要获得可持续发展的后劲，就必须挖掘社区教育需求的空白点，分发挥社区学院在师资和知识储备上的优势，在满足居民休闲教育的基础上，打造一批系统的、科学的，且具知识含量的社区品牌课程。

五、规章制度

社区学院规章制度是学院组织对其内部各类成员的一种办事规定或行为规范。有效的规章制度起到了规范社区学院各项工作、确保教育教学活动顺利进行，它是为学院发展提供了重要保障。社区学院规章制度包括：

一是基本管理制度：社区学院章程、党建、行政管理制度（含会议管理制度）、教学质量评估委员会工作条例、职业道德规范 、工会、教代会管理制度、财务管理制度、信息安全管理制度、安全保卫、后勤管理服务制度、文件、印章、档案管理制度等 。这些制度明晰了学院办学的方向和定位，确保了学院管理的高效与公正。

二是业务管理制度：教学、教务管理制度（含学生、考务工作制度）、科研管理制度、招生、职业培训及合作办学制度、各部门工作职能及岗位职责、评聘管理制度、薪酬福利管理制度、教职工进修管理制度、绩效考核管理制度等。这些制度确保了教学、科研、招生以及人事管理等业务活动的有序和规范。优质的规章制度具有普适性、公平性、科学性、简明性、人文性和持久性。

总之，学院规章制度是学院精神的转化器、激发器和推进器。通过认识导向、情感陶冶、人文关怀特别是行为规范，给师生提供优质的文化心理氛围和正确的行为模式；整合学院组织体系，促进学院运转协调有序；传递学院文化信息，塑造学院个性形象。

六、文化建设

社区学院文化是指学院在发展历程中，全体教职工与学生创造和积淀并共同遵循的理想信念、价值观念、历史传统、道德规范和行为准则，以及体现上述内容的各种物质载体和行为方式。社区学院文化是物质、制度、行为、精神几个层面文化的集合，即具有良好的学习工作环境、完备的学习工作制度和激励措施、良好的行为习惯，具有实现共同愿景、促进自我成长的育人环境与氛围。社区学院文化是外置于校风校貌、内置于教职员工心灵中的以价值观为核心的一种意识形态。它具有导向作用、约束作用、凝聚作用、融合作用和辐射作用，是构成社区学院核心竞争力的最重要部分。社区学院文化建设的实践主要体现在物质文化、制度文化、行为文化和精神文化层面。

一是物质文化建设。即从以下方面进行建设：学院标识，包括名称、标志、标准字、标准色等；学院外貌、自然环境、建筑风格、办公室和教室的设计与布置方式、绿化美化情况等；学院的文化体育生活设施；学院纪念性建筑；学院文化传播网络。

二是制度文化和行为文化建设。学院的行为文化是对学院的制度文化的完善，而行为文化往往又是以制度文化作为保证的。制度建设前面已经表述，这里着重阐述行为文化建设。它包括管理团队的积极管理行为模式建设，教师的主导性教学行为模式建设，学生的自主性学习行为模式培养。

三是精神文化建设。精神文化是学院文化建设的核心，反映学院使命、目标、价值观、理念的总体精神，是突出学院特点和优势的一种群体精神，是学院文化存在的核心价值所在。精神文化、文化建设的重点表现在明确办学定位、统一办学思想上，它的主要内容包括团队精神、敬业精神、竞争精神、创新精神、服务精神等。它始终展示的是广大教职工蓬勃向上的进取精神、团结协作的团队精神和融入社区的精神风采。不断加强社区学院文化建设是学院既定的长期任务，也是学院得以发展的持久动力。

第四章　社区学院数字化学习平台与资源

随着信息网络日益完善，并以惊人的速度向社会各个方面渗透，数字化技术开始影响并改变着人们的工作、学习和生活，加快社区教育数字化、信息化建设已经是社区学院开展社区教育及信息化建设的重要组成部分。现代信息技术和云计算平台为终身教育体系的构建提供了有力的技术支持，创设新型深度互动的社区教育新模式，数字化学习可以根据社区内不同群体的不同需求，可以因人施教开设实用性的课程，满足不同的群体的个性化学习需求，实现优质社区教育资源的公平普惠和可及性，为城乡社区居民自主学习创建一个"时时可学、处处能学、人人皆学"的网络学习环境。

第一节　城乡数字化学习概述

一、数字化学习的定义及内涵

（一）数字化学习的定义

"数字化学习"又称为网络化学习或 E-learning，是指在教育领域建立互联网平台，学生通过网络进行学习的一种新型学习模式。它以信息技术与课程的整合为核心，满足学习者个体实现问题导向、及时通信及个性化的学习需求，让随时随地的终身学习成为可能。

社区教育数字化学习是数字化学习的下位概念，社区教育作为教育发展到一定阶段出现的新领域和新形态，其内在发展符合教育现代化的要求。综合社区教育的特点与"数字化学习"的含义，作者认为，社区教育数字化学习是教育信息化在社区教育领域中的必然要求。它是指在社区教育的过程中，学习者通过数字化的载体与手段，利用数字化学习资源进行自主或协作学习的一种学习支持服务过程和形式。它涵盖多维度、多层面的含义。从宏观层面来看，社区教育数字化学习是整个社会信息化、网络化学习的有效组成部分，它是在社区教育的过程中，运用现代信息技术，对社区教育的各种信息进行管理，进而达到社区教育信息共享的目的，使社区教育适应信息社会对于教育发展的新趋势、新要求。从微观层面来看，社区教育数字化学习是在普及互联网的过程中，吸收最优质的信息资源，再将之扩散和传播，是基于学习者个体的学习与发展历程，它引起了课程内容、教学方式、师生关系的变化，形成了教学网络化、学习网络化、管理网络化的局面。从另一个角度来看，社区教育数字化学习就是把优质的社区教育资源，通过现代信息手段进一步扩散、外化，使之更加便捷和有利于传播的一种手段与方式。

（二）数字化学习的内涵

社区教育数字化学习作为一种全新的学习方式，因其多元、灵活、开放等特性，逐步成为当前社区教育的一种主流学习方式，并日趋为全国各社区学院所重视，由于其具有信息技术与社区教育的双重属性，也决定了它具有丰富的内涵：

第一，学习者是主体。在数字化学习中，学习者是关键。社区教育数字化学习是一种学习方式，而学习的主体是学习者，学习者主导着数字化学习的过程。学习者的积极性、主动性、创造性决定了数字化学习的效果与质量，也影响着数字化学习的推进进程。

第二，社区性是根本。社区教育的内涵是以社区居民的发展为本，立足点是社区。在社区教育数字化学习中，数字化学习是一种手段，它要服务于社区发展、服务于社区建设、服务于社区内的学习者。数字化学习为社区教育提供新的手段，扩展了社区教育的组织形式和人们学习、生活的社区空间。它具有促进社区和谐发展、提升社区建设与教育水平、增进社区成员间相互沟通与理解的作用。

第三，学习是核心。社区教育数字化学习是学习者以数字化手段接受知识与技能的过程。学习者的学习具有个性化行为和社会性行为的双重属性，学习的内容是获取知识和经验，掌握客观规律来达到个体发展，最终实现自我意识、自我认同和自我超越。

第四，数字化是手段。与传统的学习方式相比较，社区教育数字化学习以数字化为学习手段。区别于传统的学习方式，这种学习手段具有较高的技术含量、较宽的知识承载面，更具灵活性、方便性。

第五，平台与资源是载体。社区教育数字化学习以信息技术为载体和平台，实现信息技术与社区教育的融合。平台和资源是社区教育数字化学习实现的途径与方式，它为实现社区教育数字化学习提供了条件与可能。

二、数字化学习的模式及特点

社区教育数字化学习模式涵盖不同层面、不同维度的内容：从社会宏观角度看，社区教育数字化学习模式是整个社会信息化、网络化学习的组成部分；从教育学微观角度看，社区教育数字化学习模式是个人的学习和发展过程，它引起了课程内容、教学方式、师生关系的变化，形成了教学网络化、学习网络化、管理网络化的局面。因此，社区教育数字化学习模式是在以数字化技术为基础的社区教育中，学习者通过数字化学习平台，利用数字化学习资源进行学习的一种学习支持服务过程和形式。它具有以下特点：

（一）学习对象扩大化

现代社区教育的参与者既有在职人员，也有已退休的老年人。在职人员因为工作繁忙，只能在工作之余学习；而有些老年人因为行动不便，无法到社区教育中心、社区学校参加课堂学习，社区教育数字化学习模式为他们提供了便捷的学习方式和途径。这种学习模式突破了传统社区教育在固定时间、固定场所开展教育教学活动的局限，引导社区成员利用信息网络技术在数字化虚拟环境中学习，为所有人提供了平等的学习机会。

（二）学习内容多样化

在社区教育数字化学习模式中，只要社区居民掌握了基本的上网技巧，就可以在网络空间上随意点击、浏览自己喜欢的内容，进行有选择的学习。网络学习内容不仅丰富，而且能够融入生活、活泼生动、开放新颖；其形式也多种多样，有网络视频课程、电子图书、电子报刊、图片等。数字化学习领域能够涵盖文化科学知识、职业技术培训、家庭教育等多个方面。同时，数字化网络信息平台还为社区居民提供了休闲娱乐资源，如电影、电视剧、电视节目、音乐、舞蹈、绘画、书法、养生、法律、文学等内容。网络的开放性使学习者可以遍访世界范围内的数字资源，可以根据自己的兴趣和需要，将学习内容有机组合。

（三）学习方式个性化

社区教育数字化学习冲破了原有教育中呆板僵化的体制和众多不合理限制，采取灵活的学习方式，使人置身于广泛的学习领域中，拥有广阔的选择机会和余地。社区教育数字化学习模式并非完全按照统一的教材和统一的教学进度安排学习活动，每一位学习者都可以按照自己的学习情况，自主选择学习时间、学习方式；和正规教育相比，突出了社区教育以人为本、休闲为主的教育特色，为社区居民全程参与学习提供了平台，促进了社区教育全民化、现代化、数字化、人性化的发展。

三、社区教育数字化学习方式

社区教育数字化学习方式涵盖不同层面、不同纬度的内容。它突破了传统社区教育在固定时间，固定场所开展教育教学活动的局限，引导社会成员利用信息网络技术在数字化虚拟环境中学习，为所有人提供了平等的学习机会。

（一）交互式学习

推进社区教育数字化学习，关键在于创设吸引学习者的学习方式，让学习者充分享受数字化学习过程的乐趣，增加数字化学习的"黏性"。在组织方式上，可以把具有共同兴趣及学习目的的市民以"学习圈""共同小组"的方式创设虚拟学习环境，利用"虚拟学习社区"进行网上互动。在互动载体上，可以通过网络平台、微信、QQ、手机客户端等方式，不仅使用计算机，也可使用智能手机、iPad等移动设备。在互动形式上，可以开展网上互动学习交流，也可以开展网上自主学习与网下互动学习相结合的办法，实现网上虚拟学习与社区实体化学习的互补，以适应学习者对新的网络通信工具的应用。

（二）移动式学习

移动学习作为一种新型学习方式，呈现出便捷、高效的态势，正在成为社区教育数字化学习新的趋势与选择，让学习者随时随地学习成为可能。近年来，我国移动学习环境和资源建设进展迅速，研究和开发能力不断提高，为开展社区教育数字化学习提供了有力支撑，也为新时期开展社区教育增添了活力。当然，在社区教育中选择移动学习，需要培养和提高社区居民适应移动学习的技术和习惯，同时，也需要兼顾网络学习和移动学习的统一，实现学习者注册、学习、交流、统计、查询等管理方法的协同。

（三）体验式学习

社区教育数字化学习中的体验学习，是一种基于网络的网上、网下相结合的实践学习过程。在体验学习中，学习者既是学习者，也是组织者，体现了学习者的主动性和参与性。一种是基于网络的网上体验学习模式。网络不再是一个简单的学习平台，也是发布平台、展示平台、活动平台等，学习者可以进行网上学习，也可以主动发布自己的作品、学习心得，组织各种讨论等；另一种是基于网络的网下体验学习模式。在这种模式中，既有健全的网络学习平台，也设立了网下体验工作室、实验室等。学习者在参加网上学习的基础上，可参加网下各项体验，网下体验的内容还可以在网上展示、演绎。教育部社区教育研究培训中心推出的 i 实验室项目，就是一个体验学习的数字平台，已经在全国各地建立了多个网上学习平台和网下体验工作室。体验学习，就是让学习者体验"动手动脑""线上线下"的乐趣，给社区教育数字化学习带来新的活力。

四、社区学院数字化学习模式探索

社区学院开展数字化学习主要体现为两种具体模式：数字化学习室模式和数字化学习社区（基地）模式。数字化学习室是社区学院向周边社区开放计算机房，利用本院专业师资为居民提供计算机教学服务，帮助社区居民熟练掌握操作计算机的技能，提高居民的数字化应用能力，学会利用网络资源学习，轻松跨越数字鸿沟。数字化学习社区（基地）是为了将数字化学习方式进一步拓展，使其深入社区，深入居民，以街道为单位建立起数字化学习基地这一实体，满足居民就近学习的需求。两种具体子模式都通过数字化学习服务平台建设，积极整合原有社区教育网络的资源优势，为居民进行数字化学习提供方便。

（一）数字化学习方式建设

数字化学习是一种基于数字化学习资源和网络信息手段的学习模式，与传统模式相比，它具有很多优势。社区学院在前期数字化学习室教学过程中注重对居民学习方式的引导。一是集体学习方式，即利用数字化学习资源进行常规集体教学，通过面授方式，帮助居民掌握数字化学习能力，使用数字化学习资源。二是合作学习，社区学院数字化学习室为居民搭建起学习交流平台，根据居民在社区的自然邻里关系，形成学习网络，互帮互助，共同探讨学习内容和问题。三是个体学习，这是最主要和最常见的数字化学习方式，也是最能突显个人学习能力和学习主动性的一种学习方式，包括面授学习和自学。四是竞赛式学习，为了检验居民学习效果，督促他们继续学习，社区学院可以举办"计算机应用能力竞赛"等培训，竞赛，开展有针对性的教学辅导。使居民学到了计算机操作的知识和技能，证明了自己的学习能力，激发了学习热情，同时也提高了社区学院数字化学习社区建设的知晓率，激励了更多的市民加入终身学习的队伍中。

（二）数字化学习资源建设

资源建设是社区教育数字化学习模式建设的核心，是一个长期积累、不断更新和逐步优化的过程。目前，社区教育数字化学习资源主要表现为数字文献资源（包括电子图书、电子期刊、电子报纸等以文本、图像的形式出现）、课件学习资源（既包括教学视频，也包括电子文稿）、视频学习资源（如影像、动画）。社区学院社区学院必须以市民学习需求为导向，最大限度地挖掘与整合学习资源，共享社会公共资源，开发文化休闲娱乐教育和职业技能提升类资源，为社区居民提供丰富的学习内容和广阔的学习空间。同时，社区学院要做好相应的配套教材资源，以形象、直观形式，呈现相应的教学内容，经过技术处理上传至网上，作为电子教材，配合市民终身学习。

（三）数字化学习环境建设

社区教育数字化学习环境是基础，包括计算机联网与通信、社区教育网站建设和计算机学习终端建设等。社区教育网站和学习平台建设要充分利用好各种丰富的网络资源，将各局域网连接互通、整合、共享，提高使用效率，为学习型社会提供能满足普适需要的支撑技术、学习环境，让人人、时时、处处学习没有障碍。良好的数字化学习环境，线上线下互动的学习方式，不仅使居民能够在计算机互联组成的网络教室中学习，而且还能使居民在家庭网络教室中进行学习，使学习的空间变得更为广阔。

第二节　社区教育数字化学习平台与资源

数字化学习平台与资源建设是实现数字化学习的核心要素，也是社区教育与信息技术深度融合的产物，同时也是创新社区教育载体、加快社区教育发展的必然要求。当前，我国在社区教育数字化学习平台的建设规模、覆盖面上取得了长足发展，但在平台的共享机制、资源的推广应用等方面尚存不足。今后，我们应进一步明确社区教育数字化学习平台建设的目标和方向，从创新社区教育数字化学习平台建设的体制机制、加强数字化资源的开发与建设等方面着手，加快社区教育数字化学习平台建设的进程，促进社区教育的健康、有效和可持续发展。

一、社区教育数字化学习平台建设

数字化学习平台是指在一定区域内利用现代传感技术、数字化信息技术、网络技术及计算机多媒体技术等实施多元化、全方位、广覆盖的学习资源的集成与共享的信息平台[①]。其特点是学习者获取学习信息、学习资源等方便、快速、便捷、高效；其涵盖的内容主要有超容量、适宜各级各类人群学习的多级多层学习资源；提供指导学习者参与学习的诸多学习信息和服务，帮助学习者学习的短信、E-mail、论坛、报名、注册等功能；其服务的范围大至全社会，小至特定区域内的街道与社区。

（一）社区教育数字化学习平台建设的原则

社区教育数字化学习平台有别于一般的社区网站，它提供的满足普适学习需求的支撑技术、学习环境和学习资源，让人人、时时、处处学习没有障碍。它带给人们的不只是获取教育资源的便捷，更重要的是，带给人们有别于传统课堂学习的崭新理念。因此，在建设社区教育数字化学习平台的过程中，要兼顾如下原则：

第一，需求推动。社区教育数字化学习平台建设要建立需求导向原则，平台不是一味地求高求全，而是要结合当地经济社会发展的需要及社区居民的实际学习需求，做好顶层设计，有计划、分步骤地统筹实施，避免因过度建设、重复建设而导致资源浪费。

第二，易于管理。社区教育数字化学习平台面向全体社区居民，涉及面广，需要建立方便管理的信息化学习管理平台，如学员信息登录与统计、学习课程分类和学分统计、学习资源管理与更新、网上测试与统计等。这些平台所实现

---

① 程秀丽、戴心来：《社区教育信息化过程中的问题及对策分析》，载《现代远程教育研究》，2008（1），22—24页。

的管理功能也是当前社区教育所提出的客观要求。

第三，方便学习。为了便于学员进行数字化学习，必须提供便捷的数字化学习平台。例如，在线学习平台，让学员能轻松地在网上学习；交互式实时交流平台，以电子公告牌系统（Bulletin Board System，BBS）、公报栏为界面的专题讨论区组成的网上交流中心，让学员在网上自由发表评论和与他人进行交流，从而形成开放的学习氛围，最终达到对所学内容的重新建构；师生互动教学平台，使教师与学生之间顺利地进行通信，实现网上教学。

第四，强化服务。良好的学习支持服务是一个数字化学习平台得以可持续发展的核心。为此，需要建立平台的跟踪反馈机制，做好在线学习支持服务工作，确保学习过程的通畅无阻。

（二）数字化学习平台的建设思路

1. 系统任务与目标

社区学院教育资源共享平台是一个集学习平台门户网站、管理教学事宜、开展教学通讯、设立学习平台、形成资源中心、进行志愿者交流、统计学习行为等等于一身的综合性平台。它以当代远程技术为教育方式，能有效地综合优秀教学资源，面向所有学者开展学习辅导工作，开辟了一条独具特色的远程教育新道路。

2. 系统功能

在第三章的系统分析的基础上，本节对目标系统的功能模块进行设计。其功能模块示意图如图 4-1 所示。

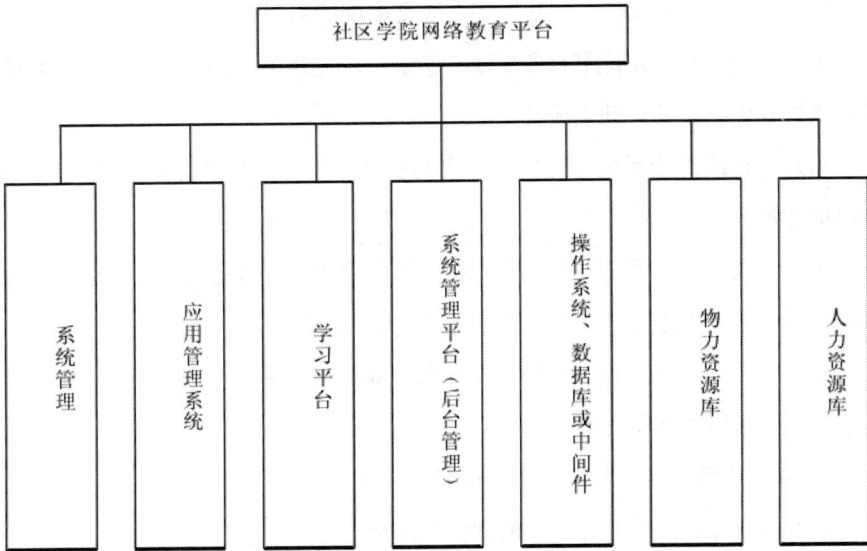

表 4-1 社区学院网络教育平台系统功能图

3. 系统的技术实现

本平台系统技术部分是通过系统总体技术框架设计来实现的，当前众多的系统体系结构中，社区学院网络教育系统采用的三层体系架构，所谓三层架构，就是将目标系统在逻辑上分为三个层次，依次为面向用户的用户表示层，业务处理层，数据访问层。采用三层架构，主要的目的在于，实现各业务的逻辑分层，减小各业务之间、业务内部之间的依赖，从而增强系统各功能模块的独立性，提高其灵活性和适应性。

（三）社区教育数字化学习平台建设的内容

第一，学员信息处理。通过平台，支持市民网上实名制注册，成为平台的认证学员。同时，还可对注册学员进行信息的检索、排序、编辑、管理等。

第二，学习资源管理。能实现对数字化学习资源进行分类、检索、排序等管理工作，也包括对数字化学习资源进行审核。

第三，在线学习管理。负责对学员的网上学习时数、学习积分进行记录和统计，并对学员的学习成绩进行排序。

第四，文献检索系统。提供查找各类文献的搜索引擎。

第五，网上测评及证书打印系统。学员学习完相关内容后，进行网上测试，测试结果随机产生并自动生成证书。

第六，在线讨论系统。支持学习者与教师、学习者与学习者之间实时和非实时的交流。

第七，成果展示系统。在网上直接上传学习成果，设置成果上传审核环节，确保上传成果的先进性，充分体现学习者的学习成果。

第八，导学搜索系统。提供培训学校、培训教师和学习课程等一系列学习信息，方便市民查找学习信息。

（四）社区教育数字化学习平台的整合与共享

1.社区教育数字化学习平台的现状与困难

当前，社区教育数字化学习平台在建设规模、地域覆盖方面已经取得了很大的发展。从应用技术、建设模式上来看，平台处于从 Web 1.0 向 Web 2.0 过渡的阶段，云技术、移动学习等新技术也得到了推广与应用。经过多年的发展，数字化学习平台的应用成熟度更高、更稳定，技术更先进，使用更便捷，功能更加人性化，更具有学习针对性。但同时也应该看到，数字化学习平台在服务学习型社会的有效性、激励学习者的参与性、推向社会的广泛性等方面还存在一定的问题。"数字化鸿沟"和"数字化最后一公里"问题依然严峻，区域间发展不平衡等问题已成为当前制约数字化学习推展的重要瓶颈，也束缚了数字化学习模式的纵深发展。

2.社区教育数字化学习平台的整合与共享

社区教育数字化学习平台已成为社区教育信息与资源的主阵地，它不仅可以实现各种学习资源的整合、各种网络资源的聚集，更成为一个超级资源库。当前，我国各地数字化学习平台建设方兴未艾，但面对社区学习者广泛性、多元化的学习需求变化，优质课程资源的开发和引进逐步成为数字化学习平台建设的一个主要障碍。因此，要以提高社区居民的整体素质和生活质量为目标，充分利用现代化、信息化的网络教学和管理手段，为社区居民搭建一个高质量、大容量、系统化的数字化学习平台和资源共享机制。同时，还要统筹建立平台区域间的共享机制与整合机制，建设平台区域协作组织，进行省域平台一体化设计等，推进数字化学习平台的整合与共享。

二、社区教育数字化学习资源建设

数字化学习资源的开发和利用是影响数字化学习效果的关键因素。随着数字化学习资源在社区教育的建设与服务中所占的比例越来越大，数字化学习资源建设已经成为数字化学习社区建设的一个切入点。

（一）社区教育数字化学习资源的内涵和特征

社区教育数字化学习资源是指经过数字化加工处理，把各种学习内容依据一定的规范编辑，可以在多媒体计算机上或网络环境下运行，供学习者自主、合作学习，且可以实现共享的学习材料。数字化学习资源具有切合实际、即时可信、可用于多层次探究、可操作处理、富有创造性等特点。与使用传统的教科书学习相比，数字化学习资源具有多媒体、超文本、友好交互、虚拟仿真、远程共享等特性。

社区教育数字化学习资源，从内容来看，与一般的学习资源具有同质性，其内容实质上是一致的。但从表现方式来看，它具有形式多样性、资源共享性、双向互动性、功能扩展性、内容再生性等特征。它表现在外在形态上有数字图书、数字课件、数字视频、数字音频、数据文件、数据库等形式。

（二）社区教育数字化学习资源的分类

关于数字化学习资源的分类并没有统一的标准，不同的学者依据不同的角度，产生了多种分类方法，如表4-1所示。

表 4-1 社区教育数字化学习资源分类汇总

分类依据	社区教育数字化学习资源
呈现格式	文本、动画、图像、音频、视频等
资源用途	媒体素材、课件与网络课件、案例、文献资料、试题库网络课程等
承载内容	教学内容、优秀教学案例、演示实验、学习专题、知识背景材料等
表现形式	终身学习网站、网上数据库、数字图书馆、电子书籍、教育网站等
学习结果	记忆性资源、应用性资源、方法性资源等
使用对象	幼儿、学生、中青年、农民、妇女、残疾人、老年人等
学科类型	文化艺术、法律法规、养生保健、心理健康、生活休闲、农业生产等

其中常见的表现形态主要有以下三类：

第一类是数字图书。数字图书是一种电子出版物，是指以数字代码方式，将图、文、声、像等信息储存在磁、光、电介质上，通过计算机或类似设备使用，并能复制发行在大众传播媒体上。其主要类型有电子书籍、电子期刊、电子报纸和软件读物等。随着网络的发展，数字图书的编辑、出版、传播等更加方便、快捷。

第二类是数字型课件。数字型课件是指以文字、图像、声音等数字化形式表现出来的一种教案，既是教师的教学讲义，也是学员的学习资料。它包含电子教案、流媒体型课件、网络型课件等类型。

第三类是数字视频资料。数字视频资料是将教学内容以数字视频获取的方式，通过一定的后期制作形成的可视、可听资料，是一种较为常见的资源形式。传输方式主要是通过电视电缆或宽带局域网再加上机顶盒来完成的，显示形式主要通过电视终端实现，可进行在线检索、浏览、查询和点播等操作，直观又方便。

当然，社区教育数字化学习资源还有其他各种方法，如可分为网上学习资源和网下学习资源、自主型学习资源和教学型学习资源等。

（三）社区教育数字化学习资源的建设与共享

1.数字化学习资源建设方式

数字资源的快速发展离不开灵活多样的资源建设方式的合理运用。目前，社区教育数字化学习资源的来源与建设方式已经呈现出多样化的发展，一般有自建资源、购买资源和共建共享等多种途径。

自建资源就是由主办单位投资、自主建设的特定数字化学习资源。其优势是可以根据自己的需要建设资源，但人力、物力耗费大，利用率不高。

购买资源就是对资源利用通过投资购买来实现。通过外购资源，可以迅速获取特定的数字化资源，且所获取的资源质量均较高。现在很多资源的获得都基于这种途径，尤其是网上的图书资料、音视频资料等，但费用较大，有时较难实现。

共建共享就是通过各方共同投资、共同使用的方法来获得资源。这可以实现人力、财力上的互补，实现资源充分利用的效果。

2. 社区教育数字化资源的共建共享

共建共享是社区教育数字化资源建设可持续、健康、良性发展的新常态。共建共享资源能有效拓宽资源的范围，解决原有资源建设内容陈旧、形式单一、总量不足、重复建设、利用率低等问题。其主要形式有如下几方面：

第一，共同建设，共同使用。基于这一做法，共建的单位越多，成本越低，利用率越高。

第二，一方购买，多方使用。对于一般的网上资源，一方购买后通过局域网连接，大家都可享用。例如，某政府部门购买资源后，可为下属部门共同使用。

第三，多方购买，多方使用。多方购买资源获得使用权后，可分别在各自的本地计算机或服务器上安装资源，独立使用，也可以采取建立资源联盟的方式，实现资源的共建共享。

第三节 数字化学习社区建设

一、数字化学习社区概述

（一）数字化学习社区的概念界定

数字化学习社区是指在特定环境中，市民利用一定的数字化学习资源，以数字化学习方式，开展协作学习的一种新型社区。[①]这里所指的社区是一个虚拟社区，不指特定的行政区划，是社区居民学习的社会空间，区别于学校的学习环境。

（二）数字化学习社区建设的现状思考

开展社区数字化学习、建设数字化学习社区是一个逐步发展的过程。这里既有经济社会发展水平的条件，又有社区教育发展的基础，还有社区居民的信息素养因素。为此，必须坚持因地制宜、因时制宜、逐步推进、有序发展的原则。目前的工作重点是，在社区教育中，提倡运用多种形式开展社区数字化学习，经过一定实践的积累，再创建数字化学习社区。

同时，我们也要看到，由于社区数字化发展水平差异，数字化学习推进存在先后，社区教育发展程度不同，各地发展存在不平衡，这是必须正视的现实。为此，要统筹兼顾，在保持社区数字化学习整体水平的前提下，体现对各类地区的分类指导作用。

二、数字化学习社区建设的机制

首先，政府主导。推进数字化学习社区是一项涉及方方面面的工作，需要建立政府主导、各方共同推进的机制。政府主导包括以下几方面：加强政府对社区教育数字化学习的统筹领导，开展政策引导和制度建设，为数字化学习提

---

① 陈海强：《数字化学习平台建设的现状及发展对策研究》，载《职教论坛》，2010（34），34—38页。

供良好的外部环境；加强体系建设，在政府主导下，依托公共服务体系，在终身教育构架下建立以社区为主体、多方参与共管、面向社区居民的新型社区学习支持服务体系，解决因部门、行业分割造成的学习障碍和资源利用率低等问题；加快数字化学习的资源建设，开发远程培训课程，为学习者提供更加丰富、实用、价格低廉的学习资源；建立健全经费投入机制，加大政府投入力度，形成多元投入机制。

其次，多方配合。数字化学习社区的建设涉及政府、行业、居民等各方面，需要建立多方协调、整合资源的机制。数字化学习的环境建设、数字化学习的推进、社区居民学习的组织、资源的整合等，都涉及政府及其多个部门，不是一个部门就能解决的，需要不同部门之间的通力合作。

最后，居民参与。居民是数字化学习社区建设的主体，居民学习的主体意识直接影响到数字化学习的效果。要建立居民参与、全面发动的机制，居民对数字化学习的知晓度是前提，参与率是基础，满意率是根本，要使居民根据自身的年龄层次、知识结构等综合情况，自主参与学习。

三、数字化学习社区建设的途径与策略

数字化学习社区建设是创新社区教育的有效载体，是提升社区教育品质的重要举措，是社区教育未来发展的重要走向。它有利于消除社区居民的"数字鸿沟"，缩小城乡"知识落差"，满足信息弱势群体获取知识的需求，推动社会成员的开放、远程与灵活学习。

（一）完善数字化学习网络

构建完善的数字化学习网络是数字化学习社区建设的基础。因此，一是要发挥政府的统筹领导作用，把其纳入当地数字化建设规划，推动数字化学习网络的全覆盖；二是强化社会组织的功能与作用，协同推进数字化学习社区建设；三是利用遍布城乡的"线下"社区教育网络体系，推进"线上"数字化学习网络的建设；四是充分发挥数字化学习实验区、示范点的先行引领与辐射带动作

用，让数字化学习深入人心。

（二）丰富数字化学习资源

数字化学习资源是开展数字化学习、满足社区居民学习需求的核心。因此，要加强数字化学习资源库的建设，整合各方资源，通过购买、合作与自建等方式丰富学习资源。要强化资源的深加工、碎片化，增加微课程、微视频的存量，满足移动学习的需求；要加强资源的共建合作力度，挖掘社区自有和周边环境的教育资源，进行整合分类，开发出可供居民学习共享的本土化社区教育资源。

（三）优化数字化学习平台功能

数字化学习强调"以学习者为中心"的人本主义思想，因此，要优化平台的学习功能，满足社区居民多样化和个性化的学习需求。例如，简化注册程序，方便初学者参与；增加互动交流功能，让居民通过该功能，将学习心得或碰到的问题与在线学习者相互交流学习；增强移动学习功能，学习者可利用手机、iPad 等移动终端随时随地观看学习资源等。

（四）推进"线上"与"线下"贯通

数字化学习社区的建设不仅仅是片面的网站建设，而是应该与现实社区相结合，开展形式多样、内容丰富的社区教育活动，推动居民的数字化学习。例如，可以组织开展"终身学习课程进社区"活动，通过专题讲座、社区活动、社区培训等多种形式，鼓励居民参与社区教育，同时将该活动制作成相应资源上传到数字化学习平台，供社会居民共享，实现"线上"与"线下"、现实社区与虚拟社区的互补互动。

（五）培育数字化专业队伍

数字化学习平台管理、维护、运营、推广需要有专门的队伍。为此，要充分发挥政府的组织领导作用，外引内培，加强社区数字化人才队伍配备，同时也可结合采用市场"外包"方式，由第三方公司负责维护；要加强专兼职队伍建设，选聘各社区大学、学院及社区内的技术人员，招募社区热心居民组成平台兼职管理和推广志愿者团队，协同做好数字化学习平台的维护和推广工作。针对社区居民，可采取定期开展数字化学习培训的方式，提高居民参与数字化学习的积极性。

（六）完善管理体制和运行机制

推展数字化学习社区，体制机制是保障。要逐步建立"政府领导统筹、教育部门主管、有关部门配合、社会组织广泛参与"的管理模式，不断完善各级社区教育的管理体制；要加强制度和政策保障，将其纳入各级政府教育发展规划中，制定相关政策，保障数字化学习的可持续进行；要加强运行机制建设，如学分银行和学习成果互认制度、资源整合机制、激励机制等方面的建设，推进数字化学习的深入开展。

四、社区教育数字化学习评价

随着国内社区教育数字化学习模式建设的推广，参与数字化学习的成果认定已成为一种趋势，对居民参与终身学习来说，也是一种全方位、全过程的督促与鼓励。同时，对于社区教育机构来说，也是一种有效的教学反馈形式。数字化学习的评价与认定方式可以促进区域内各教育机构之间的联系和沟通，有利于扩大社区教育数字化学习模式的覆盖范围，实现以全纳视野实现不同机构、不同类型学习成果的互认，促进社区教育的规范化和系统化。

（一）评价与激励

社区教育数字化学习的评价与激励可以优化对学习者学籍信息和学习过程的管理，通过对学习活动进行跟踪、监控和反馈，及时记录、了解学习过程，保证学习评价的全面、客观和公正。同时，激励是推动市民参与数字化学习、调动市民数字化学习热情和兴趣的重要手段。在数字化学习的初级阶段，适当运用激励机制是完全必要的。

（二）探索数字化学习成果记录与认证制度

社区教育数字化学习的学习成果认证制度主要是通过学分银行系统来实现的，即通过数字化的存储、认证、兑换等手段，为社区居民建立个人学习账户，实现个人学习的信息存储。将数字化技术应用到学员的学习评价和认证系统中，通过建立网上学习记录和认证体系，实现学员学籍管理、学习过程管理、导学管理和学习结果管理等，不仅可对学员的学习历程有清晰的记录，使学员得到明确的学习成果反馈，而且方便学员参加各级各类教育培训，使终身学习过程互相衔接和贯通。

第五章　社区学院课程开发与管理

社区学院教育对象的全员性决定了社区学院课程的全面性和多元性。社区学院的课程以满足社区居民学习需求所实施的社区教育教学和学习活动过程的总汇。它门类丰富，内容多样，以社区为主体，以社区居民为本，引领社区教育活动得以顺利开展的途径和手段，是推进社区与居民互动持续发展的关键因素，在社区教育活动中占有重要地位。社区学院课程的定位，内容及设置开发等关系到社区居民受教育的质量和教育内容，也关系到社区学院事业的发展以及社区教育事业的推广。通过对社区学院社区教育课程的研究，将有助于我们进一步加强社区教育的课程体系及课程资源建设，以促进社区教育的科学健康发展。

第一节　社区教育课程的内涵与特征

一、社区教育课程的定义

课程（Curriculum）是学科或教学内容，狭义上指的是某一门具体的学科，比如语文、数学、地理、美术、历史、政治等等，广义上指的是给学习者的身心带来积极变化的所有教学内容或具有特定教育意义的具体教学活动和事物。开发（Development）则是一个动态的过程。《语言大典》对开发这样解释道："使某物从潜力不明、未曾实现或未完全实现的状态变为外显的、部分的或完全实现的状态。"因此，可以这样理解，开发包含着两方面的含义，首先是一个增加数量的过程，从无到有；其次是一个提高利用率的过程，从不完全到完全。就课程开发来说，它是以实现社会、组织和学习者对课程的具体要求为出发点和终极目标，以教育哲学和课程思想为指导，对课程的目标和内容、方式和方法、时间和空间以及所需要的各种人力和物力资源进行整体规划和设计，并在此基础上形成的具体课程文件（如教学计划、教学大纲、学习资料等），并按照所设计的学习活动的一系列程序和程式实施课程，进而对课程结果（包括学习者学习成果和课程设计成果）进行评价的整个过程。

二、社区教育课程的基本特征和基本功能

（一）社区教育课程的基本功能

社区教育体现了教育发展与社区经济社会发展之间的动态平衡，发展社区教育已成为教育改革发展的重要方向和目标，也是推动社会发展的重要途径和手段。在《现代社区教育理论与实验研究》中，陈乃林指出，社区教育应尽可能满足各个不同年龄阶段社区居民的学习需求，促进社区人的全面发展；应尽可能服务于社区的社会事业和经济发展、促进社区的不断进步；应努力传承社区文明、发展社区的文化传统和特色。社区教育的特点和性质决定了社区教育课程不同其他型教育课程。丰富的社区教育课程可以满足不同社区人的不同教育学习需求。对于社区教育课程内涵的理解，笔者比较赞同的观点是：社区教育课程是在社区范围内，以社区和社区居民的互动持续发展为目标，以解决和排除社区发展中存在的问题和社区居民生活中存在的障碍为中心，实施和开展的整合知识和经验、生活和实践的各种教育，它具有满足社区成员学习需求和促进社区稳定和可持续发展的社会功能。

（二）社区教育课程的基本特征

社区教育"全员、全程、全方位"的特点决定了社区教育课程不同于学校课程、国家课程，从社区教育课程目标、课程内容和课程实施等方面来看，对

社区教育的课程开发具有区域性、本土性、多元性、实用性、实践性、开放性等的特征。

1. 区域性

社区教育是为社区发展服务的，应立足于社区的实际。社区教育课程是不同地方根据其社区的发展和对学生发展的特殊要求，并结合区域特点和课程资源设计的课程。同其他领域的课程相对照，社区教育课程特别注重社区自身的需要以及所提供教育的收益来实施课程的开发。社区教育课程一方面重视教育过程，另一方面更加注重对所在社区的直接教育成效和辐射带动作用。社区教育同区域经济和文化发展紧密衔接。社区教育课程的设置要充分研究地方社会历史条件和现实状况，根据社区的经济文化生活的实际情况开设一些小型、多样、针对社区需要的特色专业，体现地域特色，并打破雷同、单一的课程设置，社区教育才能在社区建设中发挥更大的作用。

2. 本土性

社区教育课程开发的主要目的是根据地方的实际需求，满足本社区的发展需要，增进社区居民关注社会、融入社区，提升社区归属感。联合国教科文组织国际 21 世纪教育委员会于 1996 年发表的《教育——财富蕴藏其中》指出"教育应当尊重并提升人的主体性，培养具有主体性的人"。由此，社区教育课程开发必须尊重人的主体地位，必须遵循教育的本质。在社区教育课程的开发与研究中，要充分考虑到教育主体——社区居民的需求，使社区居民积极、主动地参与其中，努力克服课程脱离社区居民生活实际、脱离社会的弊端，充分反映社区不同层次居民的实际需要，充分反映社区发展的现实和要求，同时注重通俗性、知识性和娱乐性。

3. 多元性

提升全社区成员精神文明素质、提高科学文化水平是社区教育义不容辞的责任，既可针对不同年龄段开设学前教育、学龄期的课余培训、青年技能培训、在职员工业余进修、老年人兴趣班等，还可举办各类社会活动。因此社区教育课程内容和形式应涵盖社区生活的方方面面，在课程内容的安排上，既十分关注文化知识的传授、职业技能的培养和文化休闲的教育，又十分强调对社区成员道德的感召、思想的塑造和情感的培育；在教育方法和形式的运用上，既可以采取授课、讲座、研讨、现场教学、电视讲课、网络教育等，也可以采用社区群众喜闻乐见、寓教于乐的表演、竞赛、文娱、考察等形式，以满足社区成员多层次、多样化、多元性的教育需求。社区教育应根据社区居民不同的需求开设课程，这将关系到广大社区居民的生活水平和生产质量的提高，关系到整个社区的发展和社会文明程度的提升。

4. 实用性

社区教育课程开发要重视实用性，所开设的课程应有助于提高社区成员素质和工作生活质量，以实用性为原则设置课程和培训活动，直接满足本区域内不同层次、不同年龄人群的学习需求，使社区教育切实促进社区经济社会发展。从社区教育课程的内容上看，社区教育课程开发不同于国家课程中的课程设置，不刻意追求理论知识的系统性、连贯性和深刻性，也不注重学生认知功能和智力发展，但社区教育特别强调课程内容的实用性和时代性。社区教育课程开发必须充分利用社区课程资源，设计反映社区发展和社会生活现实的课程内容，体现本地区的特色，促进学生了解社会，认识社区，关心社区发展，参与社区生活。因此，社区教育课程内容的设计应突出实用性，通过专题和综合的形式来组织内容，以社区或地方社会生活和社区发展的现实为依据加以系统设计，而不能仍然以学科的形式来设计社区教育课程，否则将有悖于社区教育课程开发的初衷。社区教育课程一定要反映社区的特色，课程内容要充分体现社区发展的实用性，内容应适应社会生活和社区发展，渗透进思想意识、人文理念和价值观念，体现地方或社区的基本知识以及参与社会生活的基本能力。总之，社区教育课程开发要充分体现实用性和社区特色。

5. 实践性

社区教育课程开发的根本目的是提高社区居民的道德情操和提升社区居民的综合素质，培养和发展社区居民适应地方或社区发展需要的基本素质，提升参与社会生活的能力。因此，在社区教育课程开发的实施中，学习者的学习活动方式应是探究式的、实践式的，而不应是接受式的。社区居民通过社区教育学习关于地方和社区的基本知识，研究社区现实问题，探究每个社区成员适应社区发展所需要的基本素质。同时，通过参与社区服务和社区生活等各种活动，在实践中培养社区居民参与社会、认同社会的积极态度和能力。在社区教育课程的开发上，"文化课程、生活艺能课程和社团活动课程"，被认为是一般社区教育课程应有的三种形态。文化课程旨在提升社区居民的文化科学素养，一般以学科和专业学习主题为课程的主要内容，如各类职业培训、计算机、外语、文化科技类讲座、不同层次的学历教育等课程内容，文化课程虽然一般以课堂为课程实施主要场所，但也要求学习者能积极参与思考和讨论。生活艺能课程旨在帮助社区居民提高日常生活水平和质量，帮助社区居民改善各种日常生活技能，它主张在"在做中学"，如家政、理财、法律等生活教育、亲子活动、家庭管理、学业辅导、家庭教育等课程内容。社团活动课程旨在通过各类社会团队的活动，培养社区居民的主动意识和参与社区各项事务的能力，如保健养生教育、绘画、音乐、舞蹈、棋牌、运动、休闲教育等课程内容都属于此类。这些课程形态都反对被动式学习，主张参与性、探究式、实践性的社区教育方式。

6. 开放性

社区教育课程的参与自由度大并具多元化，社区需求和发展大都可以反映在社区教育的学习组织和课程内容中，除社区居民需要的知识技能和通识教育外，教学内容也要为社区的利益服务，同社区实际需求密切关联。实施社区教育课程应注意社区教育对象之间在年龄、教育背景、专业水平、工作经历、业务能力等方面存在的不同和差异性。为此社区教育课程的实施应该是多元的、开放的，具有更大弹性的，使之能体现社区居民的学习特点和学习需求，同时顾及社区居民可持续发展和终身学习的需要，为居民提供更有成效的社区教育和更广阔的学习空间。

第二节　社区学院课程的设置与分类

一、社区学院课程的设置

社区学院的社区教育课程是一种区域性、有组织性的教育活动。这种区域性大教育从时间上看，包括婴幼儿教育、青少年教育、继续教育和终身教育；从空间上看不仅包括学校教育、家庭教育和社会教育，而且将普通教育，成人教育和职业技术教育沟通为一体。

（一）社区学院课程设置的依据

由于社区教育课程一方面并不承担基础教育任务，另一方面，它基本上或主要不属于正规性，制度化教育课程。因此，设置，编制与选择社区教育课程应以学习者的学习需求和社区发展需要为主要依据。

1.社区学院中，社区教育课程的设置必须以社会背景分析为前提。无论选择什么样的课程，最终目的是为了通过教育来提高社区成员素质和促进社区的发展，社会的进步。随着信息时代的到来，学习型社会的兴起，知识在经济与社区发展中的作用日益增强，对教育也提出了新的要求。社区教育课程设置作为课程管理的中心环节，必须综合分析多方面社会背景因素，使其成为选择课程的前提性依据。

2.社区教育课程设置必须以社区条件分析为基础。社区教育是在一定的地域范围内进行的，具有明显的地域性特征。课程设置既要依赖于社区提供的各种教育资源，又会受到社区资源的限制。因此设置切实可行的社区教育课程必须以社区条件分析为基础。

（1）社区教育课程设置要体现社区特色。我国幅员辽阔，各个地区的自然环境、社区资源、社会经济、人口结构存在着很大的差异，因此社区教育课程的规划要以"立足社区，服务社区"为宗旨，从社区实际出发，因地制宜设置具有地方特色的社区教育课程，切忌一窝蜂模仿，采取千篇一律的模式。

（2）社区教育课程设置要充分发挥社区教育资源优势。社区教育资源包括自然环境资源、社区文化物资资源、社区人力资源、社区组织资源。社区学院的课程规划者要对这些资源综合分析，发挥其优势，使其成为社区教育课程的基础条件。

（3）社区学院的课程设置必须以社区发展和人的学习需求为立足点。社区教育是为所在地区的广大社区成员个体素质与生活质量的提高和政治，经济、文化等方面的发展服务的，是实现终身教育和学习型社会的基本途径。社区教育课程作为实现社区教育目标的基本手段，必须立足于人的需求和社区发展来设置、选择和管理，以推动社区教育"全员、全程、全方位"的方向发展。

（二）社区学院课程设置的目标

社区学院课程设置目标是一切社区教育课程活动的起点和归宿，课程目标越是能反映人的发展以及社区发展、科学进步的需求，就越能获得社区成员的广泛接受，也就越能对课程活动有指导作用。根据我国当前社区教育及课程建设的现状和发展趋势，社区教育课程开发的根本目标在于不断满足社区成员各种教育需求，全民提高社区成员的素质和生活质量，以促进社区建设和发展。

（三）社区学院课程设置的原则

1. 就是要为了社区居民、面向社区居民、以社区居民的学习需求为中心，贴近百姓生活，促进社区居民的全面发展，终身发展。

2. 是要面向社区、服务社区、为和谐社区和学习型社区建设服务。

3. 着眼于提高居民文明素质、引导社区居民追求科学、文明、健康、积极向上的生活方式。

4. 要理论联系实际，与地区政治、经济、文化发展相结合，课程设置要有针对性和实用性。

二、社区学院课程设置的分类

（一）社区学院课程的分类体系

社区学院的课程一直是社区教育工作者关心的热点与重点。社区学院的非正规、非正式教育的特性，决定了学院的课程多样性和教学的灵活性。课程内容体系的设计要以社区教育目标为依据。每一个社区学院都应依据本社区学院所属的居民需求和兴趣爱好，设置课程和选择教学方法。社区学院在计划安排设置课程时，要遵循"社区成员需要什么学什么，社区学院则是学员学什么就教什么"的原则。根据国内社区教育发展和课程教材建设情况，社区学院课程可以分为以下几类：

1. 文化科学知识教育类：涵盖有关文化基础知识、现代科学知识、文化学历进修等补偿教育课程，对需要学习文化科学知识的，补习基础教育的社区居民，可以开设数理化、外语、文学、计算机等等课程。

2. 职业技能培训类：这类课程一般属于政府劳动保障等部门的业务范畴。对象大多属于社区弱势群体和外来农民工；包括有关转岗流动人员的求职岗位的职业培训课程；有关在岗，新上岗人员职业技术更新课程；有关各类人员新技术进修需要的课程。

3. 公民素质教育类：这类课程在社区学院的普及度很高，也较能体现社区学院提升居民素质的功能，一般包括有关公民的权利义务意识，文明礼仪、公共文明、有关文化娱乐体育卫生生活教育和邻里和睦等较为广泛的内容。这类课程的一般与政府文明办、宣传、文化等相关业务部门相关。

4. 家政教育与社会休闲类：有关家庭、幼儿、青少年等各类相关教育课程，特别是家庭生活技术（如：烹饪、服装、茶艺、插花、电器维修等），家庭休闲生活教育（书法，音乐、绘画、钓鱼等等）教育课程，这类课程一般没有固定的教材，往往由业务部门干部或者专业领域里的专家能人授课，课程以传播知识，增长见识，全面提升社区居民知识水平为目标。教育教学完全由业务部门掌控，社区学院负责组织管理。

社区学院的教育具有内容宽泛，种类繁多等特点，统一的专业教材不易编写，但各地社区学院的课程设置大同小异，课程基本属于以上几类范畴之内。因此可以按照大类别开发社区学院主要或基本教材，还可以采取数字化课程做相应的补充。

（二）社区学院课程设置安排

社区学院的教育教学对象是一个年龄层次不同，文化基础不同，学习需求不同，学习时间不同的较为松散的群体，很难实施正规教育教学，大多数课程只能采取社区学院自己特有的方式方法，因此在课程安排上，要注意如下几个方面：

1.在课程内容安排上，要尽可能丰富多样，随着人们生活水平的提高，生活方式和思想观念的转变以及休闲时间的增多，人们接受教育不仅仅是工作和职业的需求，而是为了丰富精神文化生活。因此社区教育课程既要满足人们知识更新，学历提升或者转岗上继续教育的需求，还要满足人们政治，文化，休闲生活等方面的需求。

2.在课程难易程度安排上，要兼顾到不同文化层次的人群；社区居民文化层次千差万别，在课程安排上要考虑不同程度，不同水平的社区居民都能找到合适个体需求的课程。

3.在课程学习时间安排上，要灵活，有弹性，能适应各类人员的学习需求。学习时间要考虑到社区教育对象多是成人，他们的工作，生活条件不允许其进行系统学习或制度化学习，在课程设置上可以考虑脱产全日制课程或者不脱产业余课程。

因此，社区学院的课程安排一定要因人而异，分别施教，切忌"一刀切"式的教育。社区学院的教育教学，还要特别注重学习活动，以活动为载体实施教育，扩大学校影响，提高社区学院服务能力。

第三节　社区学院课程的开发与建设

一、社区教育课程建设的要求

社区教育在教育对象和教育内容上需要体现"三全"：一是"全员"，即是以全体社区成员为教育对象；二是"全程"，即指对每一个人从婴幼儿开始直至生命终结，都要持续地、不间断地学习；三是"全面"，即在教育内容上要为满足社区成员各方面的需要服务。以此，社区学院在开发社区教育课程中，要以社区居民的学习需要和学习兴趣为中心，进行课程开发和设计。

（一）课程体系应具序列性

从教育对象看，社区教育是面向社区成员的"全员"教育。社区全体成员构成复杂，在年龄、性别、文化程度、从业状况、生存状态等方面都存在明显差异，而个体间由自身素质、社会存在决定的学习基础、学习心理、学习需求、学习能力等更是千差万别。所以，仅用一套课程来实现社区教育目的，当然是不可能的。社区学院要针对不同人群的学习需求、智能水平，设计出序列化的课程，譬如家庭教育系列课程（父母大讲堂）、劳动群体系列课程（蓝领技工大讲堂）、学龄前儿童系列课程（幼儿大讲堂）、青少年系列课程（"悦读"系列公益讲座）、老年人系列课程等（健康养生大讲堂），以提高社区教育教学的针对性、适用性。

（二）课程内容应具丰富性

从教育内容看，社区教育是覆盖面广的"全方位"教育。社区成员的发展方向各异，学习需求不同；社区的可持续发展也需要方方面面的智能支持。所以，开发出的社区教育项目内容覆盖"思想道德、基础文化、职业技术、艺术休闲"等方面；具体说，要涉及社区民众工作、生活、学习等方面的知识、技能。社区学院的社区教育课程设计从社区居民各类学习需求出发，设计出"美容大讲堂""养生大讲堂""家居设计大讲堂"等内容丰富的课程。

（三）课程难度应具梯次性

从教育进程看，社区教育是贯通社区民众生命历程的"全程"教育。一方面，社区民众不同群体、不同个体的学习基础、学习心理、学习能力、学习条件差别巨大，对知识、技能的接受能力明显不同；另一方面，就个体而言，随着学习的不断进步、智能水平的不断提高，个体的接受能力也会不断提高，学习需求也会不断改变。所以，即使对于同一科目、同一专题，社区教育也应该设计出难度明显不同的课程，以满足不同人群、不同个体的不同学习需求。比如：社区学院可根据《学龄前儿童教育实施方案》的有关要求，针对0—3岁婴幼儿智力发展水平，分别制定了"幼儿大讲堂"教育项目课程建设标准。

（四）课程类型应具多样性

从服务宗旨看，社区教育应为社区民众提供最真诚的教育服务。真诚的教育服务应该根据学习者学习基础、条件、兴趣、愿望、习惯等设计出适宜的教学方式。由于社区民众从业状况、生存状态、生活习惯等存在差异，社区教育必须采用包括脱产式、半脱产式，日校式、夜校式、双休日式、长期式、短训式、讲座式、活动式等在内的多种多样的教学方式。与这些教学方式相配套，社区教育也必须设计出多样化的、适应不同群体不同学习方式的课程类型。社区学院可以从各类企业培训的工种性质差异出发，设计出"在岗培训、轮岗培训、滚动开班、集中培训"等教育模式。

（五）课程评价应具群众性

从教学评价看，社区教育的主要部分属于非规范性教育范畴。其教学主要是满足社区成员终身学习的需求。社区教育实际走的是"市场化"道路——教学水平高，学习有实效，社区教育就兴盛、发展；教学水平低，学习收获少，社区教育便萎缩、停滞。因此，社区教育课程设计一定要重视、尊重社区民众的质量评价，应以社区民众的知晓度、认同度、参与度、满意度作为评价课程质量和成效的基本依据。

二、社区教育课程开发的思路与策略

社区教育的课程必须由社区教育的管理工作者、社区教育的专兼职教师、社区居民共同来开发。一般社区教育课程开发要经过需求调查、整合资源、形成计划、发布信息、课程实施、实效评估、调整后进行下一轮动态开发的程序。如何将课程设计得更合理、更灵活、更贴近社区居民？结合自身实际，笔者认为社区学院开发课程可以形成如下一套基本工作思路。

（一）需求调查，摸清居民学习意向

对社区居民进行社区教育课程学习的需求调查是社区教育课程开发的基础。社区教育课程的开发要符合居民生活、学习、发展的需求，课程的建设才会有生命力，课程的学习才会是有效的。需求调查一般采用对社区不同类别的人群、不同年龄段的人群采用问卷调查、征求意见、社区议事等方式来进行。社区学院要建立了动态开发社区教育的课程制度，每年定期开展对社区居民进行学习需求的调查，了解社区居民的学习意向。比如，福建开放大学开展老年教育。利用福建终身学习在线针对社区老年居民的学习需求调查，选择了 60 岁以下、61—65 岁、65—70 岁和 70 岁以上年龄段的老年人进行了调查，得出各年龄段的调查比例。然后根据调查结果，调查的结果表明，有 70% 以上的老年社区居民有继续学习和提高的愿望，有 34% 的人想学习保健食谱，25% 的人想学习旅游常识，22% 的人想学家常菜烹饪。此外，还有相当多的老年人想学习音乐欣赏、书画、老年交谊舞、健康食谱、金融知识、上网与发电子邮件等。居民学习需求调查，为社区教育课程建设指明了方向，使得社区教育课程建设有了针对性，更容易得到社区居民的积极参与，开设的社区教育课程才能得到社区居民的认同和满意。

（二）形成科学的课程开发机制，制定社区教育课程标准

社区教育课程建设在国内还处于初始阶段，因此，应该组织建立专门的课程开发团队，理想的课程开发团队是"社区学院教师、社区教育管理者、志愿者和社区学习者四方共同参与课程的开发"志愿者应是校外有关专家或有特殊

技能者。这样才能开发出有针对性，有效符合社区学习者需求的课程和内容。要规范课程开发程序，按照不同年龄，不同人群，不同社区，不同职业性质的人们对于社区学习的需求，确立不同的教育目标，教育内容与方式，尽快研究制定出社区大学课程建设标准，使得各门课程建设"有法可依"。

（三）密切结合区域文化和地方经济发展

推动特色课程开发社区教育课程往往是跨专业、跨学科，综合性、整合性强。因此，密切结合区域文化和地方经济发展，推动特色课程开发是社区学院课程建设的重要方向。社区学院可以积极开展社区教育特色实验项目，如"母亲素质工程""以地方文化促进社区教育发展工程""职业技能培训工程"等，专门组织教师团队承担了项目策划、课程开发、课程讲授任务，在这方面做了有益的尝试。

（四）提高职业技能课程开发比重，与行业岗位资格证书培训接轨

社区学院要打造市民终身学习体系，为市民提供学习化生存和发展的平台，在课程建设中职业技能课程的开发应占有重要的比重。但由于职业技能课程带有专业培训的特性，讲座不能满足市民学习需要，所以，目前许多社区学院还没有把它列入社区教育课程或者比重很小。如常州社区大学有职业技能类课程，因为课程内容简单，与市民学习需求的适切度低，选课率很低。但是，作为社区大学的功能，以及今后的发展方向，各行各业都在大力开展行业职业资格证书制度，而这一块教育阵地，目前多为一些民间协会或民间培训机构所占领，其中存在着许多的不规范。从整合优化教育资源的角度，笔者斗胆提出社区大学应该与行业岗位资格证书培训接轨，应积极争取政府和行业的支持与指导，把为各行各业职业岗位资格证书，如会计证，报关员证，营销师证，保育员证等的培训获证作为社区教育的重要内容，符合市民在激烈的市场竞争中再就业的学习需求，为社区解决居民就业问题提供支撑。也使社区教育有系统化的教学成为可能，更能为我国各行各业真正实行职业岗位资格上岗的制度推行，加快基础建设。所以，提高职业技能课程开发比重，与行业岗位资格证书培训接轨应是社区大学课程建设战略性的举措。

（五）整合资源，形成课程计划

社区教育的管理工作者、专兼职教师要根据居民学习意向调查报告，居民议事、征求意见的结果，以及社区教育资源的分析，进行适需对路的社区教育资源整合，并形成社区教育课程计划。比如，福州市社区大学为积极构建福州市 0—6 岁学前教育体系，加强对 0—3 岁婴幼儿教育保育工作的研究和指导，提高 0—3 岁婴幼儿家长及看护人员科学育儿的水平，根据《福州市学龄前儿童教育实施方案》的有关要求，制定了"幼儿大讲堂"0—3 岁教育课程建设标准。

（六）发布信息

实施课程社区教育形成的课程计划要及时向社区居民发布，发布的途径可以通过社区教育网站，可以通过社区居民委员会，可以通过社区教育的志愿者来进行。社区教育课程信息的及时发布，可以帮助社区居民及时了解社区有哪些课程学习内容，学习的地点在哪里，学习的方式怎样，以便做好学习的相关准备，使社区教育课程的实施有较好的效果。

（七）实效评估

动态开发社区教育课程的实效评估是社区教育课程进一步建设、发展的重要环节。根据社区教育课程实效评估的结果，对课程的建设进行进一步的优化调整，不断动态开发新的社区教育课程，使得社区教育课程的建设能根据社区与个人发展的不断需求永远处于一个动态发展过程，始终充满了课程的时代性、生活性。

第六章　社区学院师资队伍的建设与管理

社区学院社区教育教学质量的提升与社区教育队伍建设息息相关。近年，随着数字化学习与社区建设的发展，专兼职社区教育队伍建设显得尤为重要。全国各地也十分重视社区教育师资队伍的专业发展，通过各种方式不断扩充师资力量，并且为社区教育教师的专业发展提供各种学习和培训，然而，相对于学校教育，社区教育发展的历史较短，一些社区教育的专职教师来源于其他中小学教师，但是社区教育专职教师的培养以及继续教育和评价体系尚未建立起来，因此需要通过国家进行顶层设计，统筹管理来建设社区教育体系教师队伍，以促进社区学院教育教学质量的提升和发展。

第一节　社区学院师资队伍的内涵与定位

一、社区学院师资定义与内涵

（一）社区学院师资的定义

"社区学院教师"这一概念，仅从字面或直观理解，可以简单对其定义为：在社区学院从事具体教育教学活动的教育工作者。但当我们深入社区调研或上网浏览社区教育信息及查阅文献时，会注意到诸如"社区教育工作者""社区教育辅导员""社区教育教师"及"社区教师"等一连串的名词，难免让人感到困惑。对此，有必要做一基本的厘定：

第一，"社区教育工作者"和"社区教育教师"是同一内涵的不同表述，"教育工作者"和"教师"是同一含义，都是指履行教育教学职责的专业人员，其中"社区教育工作者"是专门从事社区教育教学活动的专职人员，并不包括志愿者队伍。但从广义来讲，凡是从事社区教育教学活动的人员都属于社区教育教师的范畴，这里就包括了社区学院、社区学校及社区学校教学点这三级社区教育网络中的所有教师，同时还囊括了专职人员、兼职人员及志愿者这三支队伍中的教师。

第二，"社区教育辅导员"一般为教育行政机构从中小学选派的在职教师，属于社区教育工作者队伍中的兼职人员，是由学校推荐，由区教育部门和街道（镇）审批，街道考核聘用后上岗。按照国标的解释，其具体职责是协助组织社区专题教育，开展社区各类学习活动；协助社区学院工作，承担一定的教学任务，以及课程开发和教学组织工作；协调、沟通社区与学校、企事业单位的联系，促进社区教育资源的整合；协助组织社区教育志愿者；研究社区教育理论，培植、总结社区教育成功案例等。

第三，"社区教师"从广义理解，是指在社区中从事教育教学活动的工作者，包括了辖区内正规与非正规的教育机构的所有教师，狭义的理解，是指从事社区教育教学活动的工作者，其含义等同于"社区教育工作者"。本书中采用的是其狭义的定义。厘清了上述这些基本概念之后，笔者将社区学院教师进行如下界定：

1.社区学院教师是以社区居民为教育对象并为社区教育发展服务的教育工作者。

2.社区学院教师队伍是社区教育工作者队伍中的主体部分，承担着社区教育工作的主要任务。

3.社区学院教师角色的多元化，不仅要从事课程的教学，同时还需兼任教学教务的组织和管理工作。

4.社区学院师资来源的多元化，由专职、兼职教师和志愿者组成。

（二）社区学院教师队伍建设的内涵

社区学院教师队伍建设是指政府通过协调社区教育事业中包括各区县政府、市场、教师教育机构、社区大学、社区学校与教师个体等诸要素的关系，运用一定的规则，达到促进教师发展、为社区学院提供优质师资资源的目的。

其具体的内涵有：

1. 社区学院教师队伍建设的目的在于建设一支以解决城市社区教育症结为出发点，以实现城市现代化发展为宗旨的社区学院教师队伍。

2. 社区学院教师队伍建设的主体是政府，主要指各区县街道（镇）政府，应充分发挥政府主导作用，并明确各参与要素的分工和责任，统筹兼顾，形成教师队伍建设的合力。

3. 社区学院教师队伍建设需要合理的制度设计以及健全的规则引领和制约，根据专职教师、兼职教师及志愿者的特点和需求，来制定和完善一系列的制度，以促进教师队伍的建设。

二、社区学院教师队伍的定位

（一）发展定位

在我国社区学院中，由于教师行业的特殊性及教师作为教学过程中的关键地位，教师质量是决定教学成果的重要因素。社区教育存在区别于普通教育模式的特殊性，教师在教学中的角色和地位也相应具有其特殊性。社区教育不是"精英教育"，因此教师在教学中必须从这个定位出发去定位自己的角色，这样才能更好地为其教学对象服务。在倡导任务型教学的模式下，教师与学生在教学中是两个相对平等的主体，教师作为教学活动的组织者和执行者，强调学生的自主思维，教师与学生通过互助式对学习目标进行由浅入深的掌握。这种定位模式下，学习目标的达成靠的是教学双方的交互作用，教师与学生在教学活动中存在着双向沟通，学生之间的相互沟通也得到鼓励。

在现代社区教育模式下，教师应将自己的角色定位在如何掌握教学技术并熟练将其应用于教学实践之中。教师在教学中充当着三方面的角色：教学资源的传输者。教学通过教学内容的详细理解，设计教学课件，利用网络寻找适合学生的教学资源，为学生制定选课计划，在远程教育中，教师与学生的互动是通过网络进行的，教师要根据学生的特点制定有质量、有针对性的适合学生自学的教学资源。教师还是教学过程的组织者。教师在教学过程中要密切关注学生的学习状态，对学生的学习方法提出建议，指导学生学习，对于学生在学习过程中遇到的难点和疑点进行解答和点播，促进学生自学能力的提高。

（二）业务定位

社区学院的快速发展对教师业务素质的要求越来越高，教师业务素质的定位也成为教师师资队伍建设的重中之重。教师除了具有良好的学识，专业素养以外，还要能够成功驾驭教学。随着多媒体教学和远程教学的发展，课堂已经不是教授知识的唯一场所，学生的学习时间，学习地点也可以有多种选择，教师为适应这种变化，就应主动挑战自我，掌握现代教育手段与方式，努力提高自身技能。社区学院注重实践技能的培养，教师在教授学生的同时，要从自身做起，多到企业、社区、行业等相关机构进行实践，了解行业的最新动态变化，与时俱进，不断创新，以良好的知识和过硬的技术武装自己，只有这样才能达到最好的教学效果，也能更好地促进社区学院的发展。社区教育模式是有其自身特色的，与普通教育着重培养理论基础深厚、知识广博、专业系统性强的专业人才相比，社区教育的目标是开发各种实用型人才，是一种应用型、提高型的人才培养模式，它既是成人学习的过程，也是社会实践的领域。学校应成立一个特别委员会或成人教育学术研究机构，建立高校和大学之间的成人教育的平台，促进校际交流与合作，实现资源共享，加强社区教育理论，研究和开发理论的交流，并根据社区教育的法律特点，有计划地对教师进行社区教育理论培训。要重视高层次专业人才的培养，目前，社区学院应成为培养高层次成人教育学专业人才的重要基地，学校还可以考虑在教师队伍中选送一批有潜力的青年教师前去深造，加强教育师资的水平建设和人才储备。建立教师企业实训机制，将教学目的与企业实践挂钩，选择一批行业代表性较强的骨干企业作为教师实践基地，鼓励教师到企业开展实践工作，有计划、有步骤地安排教师到对口企业单位挂职实训，参与企业实地生产活动，切实提高教师的实践参与能力。

（三）工作定位

社区学院的教师师资队伍是由不同的角色组成的。这些角色主要是：主讲教师、专业责任教师、主持教师、专业责任教师、课程责任教师等。这些角色经过多年教学实践的历练，其职责分工虽存在彼此交叉，但各有明确的侧重。主讲教师主要承担一门课程的多种媒体教材编制、讲授、教师培训、命题。主持教师负责一门课程的教学方案设计、教学组织、教学管理和学习支持服务工作；专业责任教师负责一个专业的教学实施工作；课程责任教师负责课程的教学工作；课程辅导教师负责课程教学辅导工作。社区教育的教师从事教学面对的是有一定的社会阅历和工作经验的成人。建立成人教育成功的关键是如何在这样的教学形式下建立一个良好的师生关系。从教师的角度来看，这样的师生关系的建立关键是将自己在教学中的位置把握好。教师首先应鼓励批判思维，尊重学生，建立师生交流，其次，社区教育不是基础教育，也不同于职业教育，所以教师应当鼓励学生有自己的思想，而不是照搬教材。教师应当鼓励这些具有一定社会经历的学习者形成创造思维，并学习从不同的角度对实际问题进行思考。教导他们一个问题是可以从不同视角进行看待。同时，教师要注意自己对学生尊重，不仅尊重他们的人格，更重要的是，尊重他们的知识和经验，在此基础上建立良好的师生互动。教师也应该理解学生，重视实践，创造良好教学情境。社区教育的对象多为社会实践人士，因此在教学中不仅要教授他们基本的管理知识，还鼓励他们在实践中运用这些知识。

第二节 社区学院师资队伍开发与管理

一、当前我国社区学院师资建设存在问题

（一）社区教育师资引进的制度不够完善

教师的质量是决定教学成果好坏的关键因素，学校应切实制订出科学合理的教师流动制度和人才引进制度，建立并完善教师流动机制。学校要创设各种条件，建立高层次人才流动平台，从各方面引进多种高层次人才，并加强管理，更好地提高社区学院教师的整体素质。积极引进高技能的兼职教师，学校可以采取直接到相关企业寻找可以担负学校实践性教学的技术人员，管理人员到校兼职或作为客座教授，可以通过举办一系列讲座、研讨会的形式，也可参与课堂的实践教学。社区学院要在激烈的竞争中占有一席之地，就必须努力提高教师队伍的素质水平，把好入口关，注重人才的引进机制，优化教师队伍结构。在引进教师之前要做好调查，根据学院的专业设置、课程设置的需要来聘用教师，做到专业对口，防止出现专业不对口，浪费人才的现象。在教师的选用上，不要只看文凭，还要看水平，全面衡量引进对象的业务素质，选用那些具有一定专长，具有一定教学经验和工作能力的人加入社区学院教师队伍；更重要的一点是，要坚持德才兼备的用人标准，教师起到为人师表的作用，要选择那些思想觉悟高，有强烈的事业心、上进心，道德品质好，责任感强的人充实到社区学院教师队伍中来。新引进的教师，必须具备教师资格，并有一定的试用期，逐步实行聘任制。以成都社区大学为例，在人才引进方面虽然已经取得了一定的成效，但也暴露出一些问题，主要体现在以下方面：

1. 教师知识结构老化，学科建设相对滞后，专业满足不了日益变化的社会需求，师资队伍建设不完善，缺乏科学合理的制度规划。

2. 在引进新人才的同时，不同程度地存在着对现有教师关心不够的现象。

3. 在引进人才的过程中，过多注重了他们的学历和科研成果，忽视其教学

水平和道德素质水平。

（二）缺乏政府的支持和企业的广泛参与

社区教育的开展单靠学校的努力是远远不够的，它还需要政府的投入和企业的支持。营造一个好的社区生活环境，创建一种文明和谐的社区氛围非常重要，这些都需要政府的大力支持；在经费筹集和宣传方面也需要社会各界达成共识，得到社会各界的支持配合，并主动地投入人力和财力；而经费的另一个来源途径是政府的投入，因此也需要政府的支持。以澳大利亚的社区学院为例，澳大利亚相关工业组织的一项重要举措就是协助政府工作，提供最新的就业信息和最近的就业指导服务。在社区学院的建设上，指导学院专业设置，以帮助学生选择专业方向，组织培训，对学员的培训结果进行评估。按照相关行业标准组织教学活动，课程的设置要以行业的专业标准和国家统一的认证系统进行，每种类型的证书，文凭课程和其他问题的设置要相关行业培训的社区机构根据市场就业信息，相关岗位技能要求和能力标准而设定，以确保学员通过相关的考试。企业、政府、相关行业积极参与社区教育的管理和资金筹措，帮助社区学院和培训基地的投资，或由接受实习学生参与学校的管理和教学实践。

我国当前的社区学院大多数是由地方政府联合电大举办，接受政府财政拨款，其人事财务管理活动以政府相关人事财政政策为指导，接受政府的监督和领导。社区学院教师在引进方面应充分利用自身的优势，和企业建立良好的合作关系，建立各种形式的联合办学的同时，选定专职教师分批到相关企业的生产线进行锻炼，既可以为企业提供新的生产技术和管理服务理念，教职工也可以有机会进行实地实践和培训，提高他们的动手能力。比如，社区学院可以每隔一定时期，如每隔两年或三年选派教师到对口企业中进行半年至一年的实训。但在实际中，社区学院的建设却缺乏政府的支持和企业的广泛参与，经营管理活动只是由学校本身来完成，政府基本不参与，而且在经济与社会发展影响的大背景下，相关人员到企业实习实践的机会也越来越少。

二、我国社区学院教师队伍的开发与建设

社区学院师资队伍的开发可以从以下几个方面考虑：

一是社区学院的教师应由专、兼职两支队伍组成。专职教师负责基础类的、"长线"的、面广量大的课程而兼职教师主要承担专业性强的、职业性强的，以及需求数量不多的课程。兼职教师可以占到一半以上。社区学院可充分利用现有的师资负责基础类课程，同时应该引进人才，采取直接调入、先聘后招等方式，重点引进一批懂社会工作、社区工作的专业骨干教师和管理技术人才；打破原有的用人观念，不惜重金引进真正有用的高层次人才。

二是整合区域社区学院系统教师资源，调动基层社区教师的积极性，每季度召开工作研讨会，共同参与社区学院专业建设、课程管理和资源建设等工作。

三是开发志愿者教师。进行志愿服务时，应从志愿者专业背景、专业特长、工作经历出发进行比较细致的专业分工，以使志愿者各展所长、各尽所能。由于社区学院的教育对象的多元化和多样化，加之其自身发展的需要，社区学院必须走多元化的发展道路，只有这样才能满足不同学习者的需求。在办学内容上，社区学院包括中专、大专、本科，甚至在近几年还出现了研究生教育这些学历教育形式；在非学历的教育上，包括各种领域的技能培训、职业资格培训等，可以充分满足社会不同阶层不同行业的各种需求，为他们接受教育创造了条件；在办学方式上，由于其对象多为社会人士，时间安排不一致，学校充分考虑学习者的需要，开展了夜间部教育、远程教育、网络教育等多种形式，受教育者可通过成人高考和自考获得一定的学位，社区学院的授课地点也不仅仅局限于课堂，只要达到传递知识的目的，在社区中也可以开办，这些都为学习者创造了条件，使他们能随时随地进行学习；在办学形式上，不局限于课堂讲授，辅之以课外讨论、座谈会的形式进行，充分调动了学生学习的积极性；在师资队伍的建设上，既要有基础领域的师资，还要有专业型师资，既要有理论型的专家学者，也要有实践型的技术型人才。

三、师资队伍开发的途径与策略

（一）完善的培训与进修体系

学校的发展离不开广大教师的支持和贡献，提高教师的素质尤为重要，学校应通过各种途径加强教师的培训，对于一些专业性强、难度大的课程，要求全体任课教师参加，而且教育主管部门每年也会举行各种形式的学术研讨会或教师培训活动，学校应鼓励教师参加。学校还可为教师的在职考研、考博创造机会，提高教师学历层次，使教师的能力多方面发展，整体素质得到提升。在现代教学模式下，针对某些教师英语能力差，计算机应用能力低的情形，学校应制定完善的培训计划，重点加强培训。学校应建立一套先进的、切实可行的现代教育培训体系，以适应"人才培养模式改革和开放教育试点"对社区学院教师素质的要求。学校各部门也要积极配合，开设相应的培训机构和培训课程，动员校内专业技术人员参加培训。以成绩考核的形式对培训结果进行监督，赏罚并行，作为年度考核和晋升职称的重要条件，总之要尽量满足社区教育对教师的要求。教师的培训不仅是指知识和技能的培训，对于教师这一特殊职业来说，最重要的是教师职业道德的培训。

教师作为人类灵魂的启明灯，一言一行都是学生学习的榜样和标准，出于学生对教师的崇拜，教师的言行举止直接影响和关系到学生未来的品德发展。教师仅仅具有责任感是不够的，还应具有崇高的职业道德，在处理与学生的关系时，不仅是师生的关系，更是朋友的关系。教师要公平合理地对待每一个学生，不能存在歧视，尊重学生，适时给予鼓励与赞扬。在关心他们学习的同时，还要关心他们心里的健康成长，引导学生积极、健康、乐观人格的形成。教师的培训工作不能为了培训而培训，应根据教师的知识特点进行设计，以激发教师的创造性和积极性为目的，通过新途径和新方法，着眼创新。岗位培训的目的是使教师清楚自己的岗位职责，教师在教授过程中，应以学生为主，根据学生的具体情况设计教学内容、教学方法，转变传统的集体教育模式，开展自学教育的模式。总之教师培训是为了培养双师型教师，培训内容的设计要根据教师可持续发展的要求，要有针对性，还要保证质量和效果。学校方面，要树立开放的培养观念，鼓励教师在职进修或出国深造，让教师最大限度接受同领域最新的前沿知识和教学方法，以及先进教学设备的应用，努力提高教学培训的质量。

（二）增加兼职教师数量，优化队伍结构

以国外师资队伍结构为借鉴，我国社区学院师资队伍也应该走专兼职结合的道路，使兼职教师成为教师队伍的重要组成部分。兼职教师的主要来源是企业中的高级技术人才，他们具有过硬的专业技能和精湛的实践经验，可以满足社区大学专业设置的需要，强化了专业实践能力的培养。社区学院的专兼职教师队伍建设应该以开办开放式教学为依托，明确兼职教师的内涵和师资建设的重点，完善教师管理制度，制定兼职教师聘用的专业性文件，加强教师的数据库管理制度。

社区学院应该保持一定数量的兼职教师，特别是来自相关行业的兼职教师，将之纳入教师队伍统一管理，这样不仅能保证技术、理论与实践一体化课程教学的需要，优化专兼职结合的教师结构，促进专兼职教师教学能力和专业技术优势互补，而且能起到调节教师数量，促进人事制度改革，提高人才使用效益的作用。由于社区学院面向市场需求办学，办学规模和专业设置都应根据市场变化而不断进行调整，教师数量和专业的需求也在不断变化，具有动态性，这些都可由兼职教师来进行弥补。社区学院的教师选拔出了从原方西教育教师中选取专业教师以外，还可从相关企业聘任一些具有相应的专业理论知识，丰富的实践经验，能够承担教学任务的兼职教师。他们一般是主要是具有丰富实践经验的退休专家和在生产、管理、服务第一线工作的技术人员，实践能力强，熟悉相关业务流程，能够传授第一手的先进生产管理经验。退休老教师也是社区学院聘请的主要对象，他们时间充裕，教学经验丰富，专业知识强，教学质量有保障，完全有能力胜任专业课程教学或实践教学。

（三）提高教师管理与服务水平

社区学院教师的管理与服务水平的高低直接关系到学校教学的质量，在教师管理方面，学校应重视社区学院教师的聘任问题，由于社区教育的对象都是在社会一定岗位上工作过或正在工作的人，他们具有一定的社会阅历和相关工作经验，他们接受教育的目的很明确，对知识和技能的要求也很实际，学校应该根据社区学院的这些特点来聘任教师，在充分考虑课程专业性和课程需求的基础上，聘请那些具有良好职业道德，同时拥有一定相关领域经验技能的人进行任教。教师在教学中要经验丰富，教学效果好，真正发挥教师的主导作用。学校要加强教师的管理制度，创造各种条件对教师进行培训，定期组织教师到相关行业企业进行实践操作，提升自身技能；注意吸收具有较高学历和丰富教学经验的教师进行任教，以提高社区学院教师队伍的稳定性和整体素质。

学校应充分认识教师管理工作的重要性。领导应该重视并舍得投入人力、物力、财力来缓解管理人员的工作压力。理清思路，规范管理程序，制定工作流程，加强网络建设，节约人力资源。在提高教师的服务水平方面，要坚持"以学生为本，转变教师的工作作风"。教师首先是尊重学生。从思想上认同学生的主体地位，发挥学生的主观能动性，让学生积极参与班级的管理，充分发挥好学生自我教育、自我管理、自我服务的能力。其次，完善每个学生的信息资料管理。通过对学生信息资料的掌握分析，在工作中有针对性地进行教育和培养，构思合适的、妥当的教育方法。根据不同学生不同的情况，从生活、学习上给予适合的关心和帮助。提高教师的管理与服务水平，对学生中出现的问题与隐患，适当及时地采取相应的措施和解决办法，给学生营造一个安全、舒适的学习环境。

（四）转变师资队伍管理机制，强调人本主义、激励机制和服务机制

社区学院的师资队伍建设一个重要的方面就是较强教师的管理制度建设。社区学院的教师要求具有良好的教学能力，具有社会责任感，善于教学管理。师资队伍的管理制度的制定要求决策层具有科学的办学理念和驾驭学校全局的能力，德才兼备，依据正确的方针政策制定完整的、科学的教育教学管理制度。在教师的管理中，还要制定各项激励措施，支持鼓励青年教师进行在职学历学位的进修和深造。学校对专业课、专业基础课、专业技能课教师在规定时间内

完成相应职业技能培训学习任务要提出一定的规定。教师要不断提高自己的职业能力和专业素养，以满足教育教学的要求。科学合理的评价和激励制度能够起到稳定人心旳作用，学校应该采取一定的措施，调动管理人员的工作积极性，提高学院的整体管理水平。以成都社区大学为例，学校从管理人员的实际出发，以科学发展观为指导思想，不断完善人事管理制度、职称评审制度，严格执行工资绩效考核制度，奖罚分明。学校一方面统筹考虑教员的学习、工作、生活环境，为他们做好工作提供必要的环境和生活空间。与此同时，利用多种形式的激励制度对不同层次、不同管理岗位上的人员做出的贡献进行奖励。随着学校的发展，领导非常重视教职工的福利待遇，先后制定了多种措施逐步提高全院教职员工资福利待遇，按岗位的区别拉开薪资的差距，同时结合每位员工的工作绩效进行综合考核；大幅度提高员工住房公积金缴纳存额，一定程度上帮助员工解决购房问题；加强绩效考核，提高年终奖金的发放比例等。

（五）教师专业化发展

社区学院课程的专业化特点要求教师具有专业化素质，教师的专业化是指教师在教学生涯中，通过不断的学习充实自己，熟练掌握展业技能知识，在教学实践中不断地改进和提高自身素质，最后成为一个专业合格的教育工作者的过程。它包含着双层意义：既指教师个人通过职前培养，从一名新手逐渐成长为具备专业知识、专业态度和专业技能的成熟教师的过程，也指教师这一职业整体从非专业向专业性质进步的过程。20世纪90年代以后，中国加快了教师专业化发展的步伐，提出了一个不同的建设目标，还没有形成统一表述，强调的重点也有所不同，但总结起来主要包括以下几点：首先，自身专业成熟的水平，包括专业知识，专业技能的成熟，专业系统的成熟和专业制度、专业精神的成熟，其次是社会地位和职业声望和由此产生的社会职业的吸引力。

关于教师专业人员的确定，我国于1991年颁布的《教师法》明确提出教师是履行教学职责的专业人员，但将教师作为专业技术人员进行明确分类却是在1995年出版的《中华人民共和国职业分类大典》中、自此，教师的专业化越来越引起人们的关注和重视，已成为教师师资队伍建设的一个不可或缺的重要组成部分。经过多年的发展，我国社区学院教师在专兼职的比例上已有所改善，但教师的专业化建设仍有待提高，教师的专业化参差不齐，很多从原电大调入的教师虽然具有扎实的教学基础和精湛的授课技巧，但在专业化方面却尚待提高，虽经过专业的培训和自身的学习、进修获得了一定的专业知识，但因为先天不足，与社区学院对于专业化教师的要求而言还存在很大的差距。

第三节　社区学院志愿者队伍的管理与培训

一、社区志愿者含义及范畴

"志愿者"已经与我们日常生活密切相关，随处可见。越来越多的社会组织、公益事业、公众活动等需要志愿者的参与服务。城市的发展对志愿者队伍的需求越来越大，志愿者扮演着越来越重要的作用。

一般认为，社区志愿者是以社区为依托，以社区服务为主要领域，运用社区资源，围绕居民个人、家庭的生产生活基本需求以及社区规划公益事业开展志愿服务。本书的社区志愿者是指自愿利用自己的时间、技能等资源给社区居民提供无偿服务的人员。

志愿者是完全处于个人意愿，无偿地帮助有正规组织和特定目的的非营利性团体或项目。不同于正式员工，志愿者主要有以下特征：首先，一定是自愿加入。第二，服务是无偿的。第三，只是在业余时间兼职工作。第四，如果时间、理念等有冲突，可以退出。此外，志愿者来自社会的各个领域，无论是年龄、教育背景、个人经历还是自身的专业领域，都有可能差别很大。虽然有着诸多差异和不可控制因素，但是组织完善的志愿者队伍确实能成为正式员工的重要补充，他们不仅能降低组织团体和项目活动的经费，还能延伸有限的资源，为更多的群体提供切实地服务。

二、社区教育志愿者的建设

社区教育志愿者队伍的发展程度反映了社区人员归属感程度的强弱，也反映了学习型社会建设的实际水平。志愿者队伍是一种倡导终身学习的组织，也是精神文明建设的重要力量。在实践中，可以采用以下策略加强基层社区教育志愿者队伍建设：

（一）明确角色定位，提升服务意识

志愿者是一种自觉的社会义务性行为体验的社会群体，应有高度的自觉性和自律性，同时他们的人生价值需求处在尊重、关爱的理性层面。志愿者队伍的建设角色定位必须在自觉自愿、量力而行、讲究实效的基础上。例如，针对青年学生志愿者，我们应根据实际需求，开发吸引青年学生志愿者参与的活动项目，在项目设计、活动资金和人员参与上，体现服务性、专业性、参与性和互动性。进一步强化青年学生志愿者与教学点的"互动受益"关系，为他们的学习实践提供平台，在服务互动中双方共同受益。

要通过各种形式倡导和培养志愿者服务意识。在实际工作中，必须让每位志愿者意识到：人人需要为他人服务，人人都能服务他人。人与人之间的服务是非常重要的，这样的服务非常广泛，形式多样，也可以用自己的一技之长，助人一臂之力，也可以用自己爱心帮助他人，解决燃眉之急。志愿者来源多样，不管是在职的、还是离退休人员，都应本着"我志愿、我梦想、我光荣、我能行"的奉献精神为村民服务。只有这样，才能在实践中培养基层社区成员群众守望相助，扶贫济困，团结友爱的服务意识。

（二）深度挖掘资源，扩大队伍规模

为适应新形势的需求，壮大志愿者队伍，首先要建立志愿者队伍的基本台账，摸清辖区内的人力资源情况，把机构框架固定下来。如基层驻镇企事业单位有资金、设施和人才等方面的优势，我们可以主动与他们取得联系，加强沟通，有选择性地吸纳他们参加基层社区教育活动，把他们当作社区的一员，同时动员他们的员工加入志愿者队伍，形成单位的人力和物力资源与社区教育共享。离退休人员，有许多是身体健康且有一技之长的人才，我们应当把他们吸纳到志愿者队伍中来，用其所长。每年寒暑假到社区报到的大中学生，是我们关心培养的对象，也是协助我们开展社区教育工作的生力军，应当及时吸收他们加入志愿者队伍，发挥他们的特长。此外，我们要与地方中小学形成共建关系。学校内的各类有特长的教师就是丰富的人才资源，如聘请学校的音乐老师来社区市民学校指导唱歌，美术老师为喜爱书画的居民带来艺术上的熏陶。要打破围墙、加强合作，合理利用各种资源，实现资源共享、优势互补，为社区居民参与学习创造更好的机会。

（三）创新管理体制，完善队伍建设

要使松散型的队伍变成紧密型，非稳定性相对稳定下来，可以采取以下办法：（1）发挥特长。要根据实际情况，形成社区教育志愿者队伍的组织优势。根据志愿者构成情况，分为宣传教育、帮困资助、就业帮扶、法律援助、医疗卫生等若干服务队伍，各司其职，更好地服务于群众；（2）分组管理。志愿者队伍的组织框架固定下来后，将其依附在一个群团组织内。例如，教师志愿者队伍依附在学校党／团支部；老年志愿者队伍依附在老龄委、老年活动中心；青年学生志愿者依附在学校学生会等。要做到人员流动、框架不散、目标确定、功能不变；（3）健全机制。针对志愿者队伍建立公开招募制度、服务登记制度、定期会议制度和服务偿还制度，规范运作管理机制，发挥志愿者队伍的积极作用。例如，平时做好每一个志愿者的活动过程记载，一个时限后，以评比的形式，进行评优奖励。根据志愿者服务偿还制度，给志愿者的社区服务提供偿还，确认他们的劳动价值；（4）构建阵地。一方面，要充分挖掘社区各类资源构筑志愿者队伍服务载体，发挥政府信访调解、妇联卫健、劳力安置等条线职能作用，为驻地单位和居民提供优质、高效、便捷的服务。另一方面，以社区市民学校、居民业余学校和企业职工业余学校为服务主阵地，定期开展活动；（5）开展活动。根据志愿者队伍构成情况，积极组织开展便民服务活动、绿色环保、法律援助等各类特色服务活动，扩大服务的覆盖面。

三、社区教育志愿者培训

成功的志愿者培训很大程度上取决于合理的培训方案。通常，志愿者培训规划包括培训需求、培训主体、培训内容、培训方式、测评培训效果等。

因此，在策划志愿者培训方案时，最为重要的是考虑到满足需求以及迎合志愿者的兴趣所在。培训不能太过于严厉也不能太随意，否则志愿者在完成任务时会感到困惑或不满。最佳的培训应该是传授给志愿者必要的技能、工作职责、服务态度等，从而能够顺利高质量地完成任务。与此同时，给予志愿者足够的机会学习，使他们得到鼓舞和启发，个人在经历中成长。

（一）培训需求评定

培训前的需求评定，目的是收集一些基础的资料信息，特别是志愿者对以往志愿服务经历的反馈意见，对自身知识能力储备的评定，对将要从事的志愿服务岗位的期望等。

通过调查，我们发现参加社区教育志愿者的动机主要有以下几个方面：切实帮助有需要的社区群体，体现自身价值；打发闲暇时间，做一些有意义的工作；扩大交际圈，认识更多志同道合的朋友；提高自身教学技能，丰富阅历；上级要求，被迫参与。对于有过社区教育志愿服务的群体，调查发现最让他们觉得茫然想放弃的原因，一是不知道如何教学，掌握知识和传授知识是两个概念；二是社区教育的学生构成相对复杂，年龄、水平、态度等参差不齐，很难统筹；三是遇到了问题感觉没人没地方寻求帮助解决，导致恶性循环。需求评定反映出培训对于社区教育志愿者的迫切性，同时为培训如何开展，培训内容的选择等提供了第一手资料和依据，保证了培训的顺利进行。

（二）培训主体

目前承担社区教育志愿者培训的也大多以志愿者为主，虽然有政府、社区和相应的机构管理，但人力、财力等各方面都相当欠缺，对于社区教育志愿者的常规化培训显然无法满足。因此，要进行适当的资源整合，充分调动起各方的有效力量，共同为教育志愿者提供培训。主要的可用资源包括：政府、企事业单位以及社区公民。政府要有宏观层面的支持，配套相应的资金，完善各项法规，合理的资源配置，定期的监督等。企事业单位主要提供人力支持，企业主要提供技能方面的培训；大中专学校派送有经验的教师进行教学课程指导，以扬州为例，扬州开放大学作为社区教育的最重要承办方提供了诸多服务。社区的公民是不容忽视的重要培训主体，特别是各类的培训机构可以进行专业知识的传授，发挥自身的优势。只有动用了多方力量才能使教育志愿者的培训步入正轨，长期高质量的进行下去。

（三）培训方式

培训方式主要分为两种，一是讲座式的知识技能传授；二是实训，根据培训者的能力水平、培训内容等合理选择。由于教育志愿者很多都有自己的本职工作，还有一大部分是在校学生，时间的安排比较难以统一。在现代信息技术飞速发展的今天，可以采取线上线下相结合的培训方式。对于讲座等形式的培训，有条件的现场参与互动，时间安排不了的可以网络在线学习，当然会有相应的考核。

对于实训部分的培训，可以根据不同的课程，组织团队。实训更加具体，也更有操作性，有条件的话个别指导效果更好。团队有很大优势，时间安排相对轻松，一方面可以大家出谋划策，讨论协商最佳的教学方案，最重要的是，可以稳定课程教学。志愿服务有诸多的不确定性，团队可以在某些紧急关口，比如某一志愿者临时有事或是突然退出时，保证课程的有序开展，维持教学稳定。社区教育志愿者的培训需要常规化。对于常规化培训，因为志愿者已经有切身的社区教学经历，所以培训的目的十分明确：一是解决当前教学中面临的问题，寻求解决的途径；二是提升自己的专业能力和教学能力，以便更好地服务，同时也为自身今后的发展打下基础。这块的培训完全出于志愿者的内在需求，使他们得到激励，志愿服务更有动力。

（四）培训内容

社区教育志愿者的培训，首先要以教育学和心理学等知识为基础，以保证社区教学能顺利地开展。其次，要有具体的针对专业技能的提高培训，同时使志愿者对于知识和技能的掌握更有系统性。这不仅保证了最后的教学效果，对志愿者自身的能力水平也有相当的提高，满足自身发展的需求。此外，对于社区志愿服务体系也应该有相应的培训介绍，特别是针对刚刚入职的志愿者，包括作为社区教育志愿者，将要服务于什么，具体的职责和义务有哪些；告知志愿者具体的要求规定，特别是哪些行为或做法是违规的；告知志愿者在志愿服务中，如果遇到突发情况或特殊问题，应该如何处理。

（五）培训测评

除了培训前的评估，培训后的效果测评也相当重要。志愿者的认知水平、志愿服务意识和心态等是否得到提升，这也是志愿服务组织者需要掌握的基本信息。教育不同于其他行业，对于从业人员必须严格把关，不能误人子弟。教育志愿者是否有能力教学、是否愿意长期稳定的服务等都能反映在效果测评中，意义重大。

社会的发展使人们对教育的需求更加多样化，终身学习的理念深入人心，社区教育也随之不断推进建设，社区教育的进步离不开志愿者的奉献和付出。发展、壮大、稳定高质量的社区教育志愿者队伍需要形式多样的激励机制，而培训是其中的最重要方面之一。借鉴国外成熟的经验，在试点中摸索符合当地实情的培训组织管理模式，推动社区教育的可持续性发展。

第七章　社区学院活动与项目的开发与管理

第一节　社区学院活动的开发与管理

一、社区教育活动的内涵

（一）社区教育活动

社区学院中开展的社区教育活动，是指在社区范围内开展的以社区居民学习教育为主要内涵的活动，包括社区教育课程、讲座和团体活动等等。它涵盖的内容很多，包括青少年的校外教育、中老年的社会休闲教育、失业人员的再就业培训等等。社区学院内的教育活动除了包含社区的教育活动以外，还包含许多跨越社区的，以社区教育为内容的大型教育活动。有以研究探索全国性，区域性社区教育发展的理论与实践问题、社区教育发展思路和发展策略、地区合作论坛、区域社区教育协作会、终身学习活动周，社区教育读书等。

（二）活动的内涵

具体可以从几个方面来理解社区教育活动的内涵：

1. 社区教育活动的目的。开展社区教育活动的主要目的是为了促进社区教育的外延扩展、内涵发展、品质提高。具体而言，社区教育活动项目，可以是满足社区居民学习需求的教育活动，也可以是解决社区教育发展的研讨交流活动，还可以是区域内社区教育的宣传推广活动或社区教育特色，品质的展示活动等等。

2. 社区教育活动的内容。社区教育活动的内容，大多数是从当地的实际和文化传统出发，或者根据社区居民的学习需求，或者根据当地社区教育的现状和发展要求来确定的。因而，社区教育活动项目内容的地域性和本土化，群众性和人本性，针对性和有效性特别突出。

3. 社区教育活动的形式。社区教育活动的表现形式多样，内容丰富，常见的表现形式有专题讲座、表演、竞赛、展示、座谈、研讨、论坛、参观、游学、实验等形式。

4. 社区教育活动的功能。社区教育活动兼具有社区文化价值与教育价值、理论价值和实践价值，是区域文化发展和社区教育功能实现的重要载体和表现形式。随着我国社区教育事业的发展，社区教育活动的重要性将备受关注。

5. 社区教育活动的实质。社区教育活动的实质是提升社区居民文化素质，提高社区居民生活质量、促进社区和谐发展。也就是促进社区居民全面发展、终身发展、自由发展的一个重要载体、形式和路径。

开展丰富多彩，形式多样的社区教育活动，可以有效提高社区居民参与终身学习的自觉性和主动性，提升社区成员的思想文化素质，满足社区居民终身学习的需要；可以展现社区教育的成果，解决社区教育的难题，加速社区教育的发展，提升社区教育的内涵，营造浓郁的社区学习氛围，优化社区的人文环境，提高社区的文明程度，进而推动社区的稳定和经济的发展。对构建和谐社区、幸福社区大有益处。社区教育活动是社区教育功能得以实现的一个重要表现形式和载体，已成为我国各社区学院面向社区居民开展社区教育活动的主要形式。

二、社区教育活动的特征

对社区教育活动特征的把握是组织策划社区教育活动的前提与基础，总体而言，可以归纳为如下几个方面的特征：

（一）地域性

地域性是社区教育活动项目的显著特征之一。社区教育的"社区本位性"决定了社区教育活动项目的开展，必然要以本区域，本社区的问题、本社区的发展目标作为开展活动的依据。社区教育活动必然要以服务和服从于社区成员的素质和生活质量的提升，促进本社区的发展为宗旨；必须以促进本社区的教育发展为主要目的。其组织实施亦在特定的地域环境下进行，受到本地客观实际的制约，要融入并且服务于社区的实际和居民的生活要求。因此，社区教育活动必然带有明显的本土化，草根性特征。

（二）文化性

文化发展进程中涌现出来的优秀成果产生于社区，也应该传承于社区，并在传承中不断发展与创新。社区教育文化的传承，是社区成员之间的文化交往过程，是各种文化互相交流，选择，矫正的过程。具体而言，社区教育对社会文化、社区文化的传承功能，体现在通过各种形式的社区教育活动对社会大文化产生的影响。正是通过社区教育活动这一途径与手段，文化得以更好地交流，丰富、创新及提升。社区教育活动的举办同样也受到本地区历史文化的影响，使得社区教育活动带来一定的文化特征，这往往也是社区教育活动能吸引大多数参与者的重要因素之一。

（三）参与性

社区教育的重要特色就是面向全体社区成员，吸引社区成员参与教育也正是社区教育活动最具魅力的特点。社区教育活动一般都涉及"社区参与"这个过程，体现了社区教育的群众性，主体性。社区居民自觉参与社区教育活动中，意味着社区教育符合社区居民的需求，社区居民对社区教育的热衷，体现了社区居民的社区归属感和主人翁精神，也是社区教育活动成功组织实施的关键因素之一。除了社区居民参与以外，社会参与也是社区教育活动的一个重要特征。社区教育是一项社会性事业，社区教育活动的开展如果离开了或缺少了社会参与，就难以广泛，持久地发展。所以，社区教育活动的开展，离不开社会有关部门的组织配合、支持、需要整合利用社会多方教育资源，发挥社会团体的积极作用，激发社会各界参与社区教育活动的热情与积极性。

（四）多元性

社区学院的社区教育活动是一个内涵非常广泛，内容包罗万象的集合概念，它的多元性也是显而易见的。就活动对象而言，社区教育参与的对象可以是社区教育工作者，也可以是社区居民，包含婴幼儿、青少年、中年人以及老年人等等。由于社区居民年龄，性别、受教育程度、职业经历等都存在着巨大差异，不同的对象所要求采取的活动形式也不尽相同，例如开展的论坛、讲座、竞赛、演讲、游学等等。就活动内容主题而言，可以是宣传推广社区教育经验、展示社区教育成果、解决社区教育难题等等，因而，无论从活动对象、活动形式、活动内容、活动开展等都呈现出多元性的特征。

（五）公益性

社区教育活动项目强调公益性、普惠性和社会效益，它与一般的商业活动有着本质上的区别，即不以商业利益为目的。社区是居民的社会生活共同体，社区教育的本质是人本性，社区教育要有生命力与活力，社区教育活动必须体现并服务于人的全面发展，终身发展需要，满足广大市民的教育学习需求，并与其生活质量的丰富与提高，生命价值的诉求于发展密切联系。

近几年，全国社区学院在开展社区教育活动中涌现了不少创新性的形式，呈现出如下的几个方面特点：

一是出现了多层次、多部门、区域性、上下联动、形成合力共同推进社区教育活动的新局面。比如，不少地方以一个城市的政府或者几个部门牵头，带动所有或者部分区县和部门及基层单位，开展全民终身教育活动周、社区教育节、文化艺术节或者才艺展示活动等。即便在一个区县范围内，也是联手众多部门、街道（乡镇），居（村）、社区和基层单位，统筹协调、齐抓共管、区域推进、社区教育活动规模声势大、参与面广，社会效益好。

二是社区教育活动呈现系列化、集群化、超市化的形态，活动延续时间长、内容丰富、互相配套，形成了一定规模的教育学习超市，给社区居民提供了更多的选择机会，能够满足居民多样化，多层次的学习需求。

三是紧跟形势，密切配合党和政府的中心任务或紧急需求，与时俱进，开展各种适需对路的社区教育活动。

三、社区教育活动的分类

社区学院中教育活动按照活动目标、价值取向、形式、区域、内容进行分类。

（一）按照学习动机与目标分类

一般可以分为三种类型的学习活动，分别是知识的吸收内化性（吸收型活动）、能力提升性（体验式活动）和联结型活动。

1. 吸收型活动。指的是帮助学习者吸收知识。这种情况下，学习者身体上是被动的，但精神上是积极的。吸收型活动一般包括阅读、观看、收听，比如演示和示范、阅读、实地考察调研等。吸收型活动一般在教学的初始阶段运用较多，因为知识只有被吸收，才能去做并与实际经验相联系。

2. 能力提升型活动。强调体验式学习，通过社区教育让学习者做一些和学习内容相关的事情，即运用知识，比如实践活动、练习、发现、游戏等。实践活动是学习者应用技能、知识和态度，比如练习、复杂的分析等，主要帮助学习者修正和改进学习。发现活动则包含实验、实训、探究活动等，主要用来引导学习者发现概念、原则和过程。游戏和模拟让学习者在相对安全的环境中尝试应用技能，比如虚拟仿真、模拟操作等，让学习者可以突破不安全、无法实现的因素，从而模拟真实环境应用技能，得到训练。

3. 联结型活动。就是动手动脑，线上线下相结合的项目活动，并实现知识的转化。其的目的是让学习者把知识与实际工作、生活及先前的学习相联系，从而让知识的运用变得更容易。常见的联结型活动有研究活动、深入思考的活动等。研究活动是指学习者自己分析、搜集、确定学习资源，并根据主题完成研究。深入思考的活动则是让学习者运用已有知识，从新的视角自主分析问题，并提出方案。学习者通过活动能结合自己的经验进行转化，这里更强调学习者把学习内容和个人经验链接，举一反三、融会贯通。

（二）按项目活动形式划分

可以分为讲授式、实践体验式、表演展示式、考察研讨式等项目活动等类型：

1.讲授式：只指在特定的教学目的的指导下，由学习目标、学习内容及学习活动方式组成的有机集合体，有主讲人面向社区居民传授某一方面知识，技能或提升某种能力，实现的一种公开半公开的学习形式。

2.实践体验式：是相对于传统讲授式课程，侧重于对居民的直接经验与体验，通过动手动脑，理论与实践相结合等方式，让社区居民互动交流，直观获取知识，技能和直接经验的过程。

3.表演展示式：将社区教育成果通过海报，大篷车，展览或者通过表演、舞台艺术等形式呈现的过程。

4.考察研讨式：针对社区教育某一主题，开展讨论，研究，调研，实地考察等方式，并取得共识，获取知识等过程。

四、社区教育活动的开发与组织

（一）社区教育活动的开发

社区教育活动的开发过程，一般包括立项、调查研究、策划创意、论证和决策等五个主要工作程序：

1.立项。把社区教育活动作为一个项目确定下来，具体考虑这个活动要不要做？为什么做？立项来源可能是上级主管部门的要求，也可能是社区教育发展的实际要求，还有来自社区居民的学习需求。按照不同的需求策划社区教育活动项目。

2.调查研究。包括确定社区教育活动目标，提炼社区教育活动的主题；分析活动策划所处的环境，确定活动定位；对活动所需的资源进行梳理，进行可行性分析，初步确定活动的内容和形式。

3. 策划创意。这是活动开发的主体工作阶段。通过策划会议的形式，将活动的主题，活动的议程、活动的创意、活动的形式与内容确定下来。这是一个独立思考、集思广益的过程，是综合专家和公众意见、反复讨论集中的过程，也是策划小组内部沟通交流、形成共识的过程。

4. 论证。活动方案的编写，策划方案的论证。成功的活动开发方案既要听取专业人士的意见，又要听取公众的意见。

5. 决策。开发的最后要做出科学创新的决策。

（二）社区教育活动的开发管理

1. 社区教育活动的开发、策划，必须具有一个完整的工作流程，而且是按一定的程序步骤，一步一步推进工作过程。换言之，工作程序化是社区教育活动开发的基本要求，而工作程序化同时也是科学化工作的外在表现。

2. 社区教育活动的开发过程是以立项、明确主题、确定目标、过程设计、策划会议、方案制定、方案论证为中心环环推进的。也就是说，这部分的工作是开发工作的主线，开发时认清重点，抓住主要矛盾，其他矛盾就迎刃而解了。

3. 社区教育活动的开发过程有两个保障工作，一个是创意前的调查研究，这是创意的前提；另外一个是开发后的论证工作，这是活动开发的质量保障体系。

（三）社区教育活动的组织实施

社区教育活动的实施与管理是指要把各种知识、技能、手段和技术应用于活动中，通过实施计划、组织、指挥、协调、控制等管理活动，以确保活动正常有序地进行，并达到既定目标的过程。

1. 活动的时间组织管理。它包括任务定义，任务安排，任务的时间估算，进行编制和进度控制。具体而言就是在活动的开展过程中，通过制定关键任务时间表来对活动时间进行科学有效管理。

2. 活动的费用管理。它涉及费用规划、估算、预算、控制的过程，以便保证能在已批准预算之内完成项目。

3. 活动的沟通组织管理。活动沟通组织管理包括及时与恰当地生成、搜索、传播、储存、检索与最终处置项目信息所需的过程。它在人员与信息之间提供取得成功所必需的关键联系。活动负责人需要花费很多的时间与活动团队、客户、利害关系者和活动发起人进行沟通。每个参与获得人都应认识到他们作为个人所参与的沟通对项目整体有何影响。

4.活动的风险管理。它包括活动的分析管理规划、风险识别、分析、应对和监控的过程。活动风险管理的目的在于增加积极事件的概率和影响，降低活动消极事件的概率。

第二节　社区教育项目的开发与管理

一、社区教育项目定义与特征

（一）社区教育项目定义

社区教育项目是在社区教育发展过程中，从社区教育需求出发，依据社区教育目标与价值判断，对某一项特定任务进行设计策划、组织管理、科学实施所完成的社区教育任务或取得的相关成果。

（二）社区教育项目的特征

1.价值追求方面的特征 。将社会效益放在首位，追求教育性、人文性、引导性，促进市民生活质量、生命质量、幸福指数的提升是社区教育项目运作的根本追求。

2.实践性方面的特征。研究与探索始终从需求出发，将重点放在社区教育实践上，突出难点与重点问题的解决，尤其是在涉及社区教育发展关键性问题和社区教育特殊任务的解决方面能够发挥重要作用。

3.地域性方面的特征。不同地区有不同地区观测点、研究的兴奋点，使地区的实验与探索上升为特色、形成地区模式是社区教育项目运作的根本动力。

（三）社区教育项目的分类

可以分为实验项目、特色项目、创新项目、示范项目等

1.实验项目：一般要求有理论假设与求证，并围绕特定主题设置途径和办法，通过实验与比照对产生的结果进行比较、论证的过程。针对社区教育工作，主要是通过有领导、有组织、有计划的实践探索，总结反思，不断提高对社区教育的认识和重视程度，推进社区教育的实践发展与内涵深化，进而提升社区教育的理论水平和管理水平。

2.特色项目：只是独特的项目，是结合区域特点总结提炼出，具有明显项目特征的社区教育项目。它可以是多维度的，有地域的角度，有内容的角度，有形式的角度，就某一角度而言，也有不同的层面、层次。

3.创新项目：创新就是提出有别于常规或常人思路的见解为导向，利用现有的知识和物质。社区教育创新就是开展社区教育要有新的方法，有新的发展模式、探索建立新的管理制度。它既是一个过程，也是一个结果。社区教育创新项目可以从几个方面考虑：一是社区教育思维上的创新，产生新的思路、新的理念；二是社区教育组织的创新，如充分发挥社会组织的作用；三是工作机制的创新，有效推进工作效率的提高。激励机制、动员机制、整合机制等。

4.示范项目：在区域内有一定影响，能体现特色、能发挥示范辐射引领作用的社区教育项目。示范项目的要求：一般具有项目的基本特征，并可复制，能推广，或者已经有过成功的实践并取得了突出的成绩；有成熟的组织机构推广；形成了独特的项目运作与管理方式；在一定区域内产生过较大的社会影响；项目能持续推进，有长效机制；具备进行推广的条件与环境。

二、社区教育项目设计与实施

（一）社区教育项目的设计

社区教育项目设计是指依据社区教育发展要求和规律，遵循项目建设的一般原则，基于某种教育理论（理念）而形成的系统的项目框架或模型。社区教

育项目设计的主要内容有：项目名称、项目的背景与依据、项目目标、项目内容、项目周期、项目预期成果等。

（二）社区教育项目计划

社区教育项目计划分项目总体计划和分步计划。从某种意义上说，项目管理就是制定计划、执行计划、监控计划的过程。没有计划就不称其为项目，没有计划的项目将是失误与失败频发的项目。古人云：谋定而动，"谋"就是做计划，由此可见，计划之于项目建设不但是重要的，更是必要的。社区教育项目总体计划是依据项目设计目标和项目管理的规范，为达成项目目标而编制的控制和调节项目实施的具体要求和规定。其主要内容有：项目概述和总体目标及要求、项目的创新及特色、项目资源（人、财、物）的使用和调配、项目的具体实施步骤及时间要求、项目实施的监控和保证措施等。社区教育项目计划通常以项目立项申请表（书）的形式体现。社区教育项目分步计划既是项目的阶段性计划，又是对总体计划的进一步细化，对此不再赘言。

（三）社区教育项目的实施

社区教育项目实施是指按照项目设计和项目计划开展的有组织的项目建设活动。一般来说，社区教育项目实施主要有以下步骤：

第一，项目准备：一是组织准备，即根据项目大小和项目系统的复杂程度，建立项目组（项目团队），确定项目责任人（牵头人）。必要时要对项目组成员进行与项目建设有关的业务培训；二是资金、物质、环境、条件准备；三是与项目建设有关的软件准备。

第二，项目启动：按项目设计和项目计划要求，全面或分步启动项目。

第三，项目实施：按项目设计和项目计划要求，投入人力、物力、财力开展项目建设工作，完成项目包含的所有项目内容和任务。

第四，项目监控：运用项目管理技术和手段对项目进度、质量、效能实施监控。同时，通过信息采集和信息分析，及时对项目实施过程中出现的问题进行整改和调控。

第五，项目中期成果检查：项目中期成果检查是指在项目实施中期对已完成项目部分进行的成果检查和验收。项目中期成果检查要形成书面报告，并以咨询问诊的形式通过专家组审查鉴定。其目的在于通过对已完成项目成果的检查，总结经验教训，进而完善项目设计，或修正、调整项目计划。

第六，项目最终成果验收：是指项目完成后对项目成果的验收鉴定。社区教育项目成果验收鉴定，是在自我总结验收的基础上，撰写《社区教育项目建设研究报告》，并呈报项目专家组（由上级部门聘请组成的独立专家组）进行最终的项目成果验收鉴定。

（四）社区教育项目研究报告

社区教育项目研究报告是项目设计、项目计划、项目实施、项目管理、项目成果的书面体现。鉴于社区教育项目既具有一般项目的属性，又具有教育管理学和教育理论与实践研究的特点，因此，社区教育项目研究报告，既要有别于普通的项目报告，也要有别于单纯的教育科学研究报告，而应该是二者的有机结合。通常我们在撰写社区教育项目研究报告时，要涵盖以下内容，遵循以下结构体例：

一是项目概述：对所实施社区教育项目的整体概述（描述）。

二是项目建设背景和依据：阐述社区教育项目建设的背景、所依据的理论基础，以及项目建设的可行性和必要性。

三是项目方案设计及项目实施计划：说明项目方案设计的理念、思路，明确项目所要达成的目标，制定详细的项目实施计划。

四是项目实施过程：详细叙述项目实施和项目管理过程，为体现项目建设的痕迹化管理，最好要有项目实施流程图及项目监控结构图。

五是项目的主要成果：总结所实施的社区教育项目目标的达成情况，归纳项目取得的主要成果。

六是项目的主要经验和效益：总结归纳所实施社区教育项目的主要经验得失；作为项目成果的支撑，社区教育项目的社会效益、经济效益和社会反响，要在项目研究报告中有具体体现。

三、社区教育项目开发

社区教育项目开发途径多、内容广、角度宽，只要用心就可以找到新的项目，有价值的项目，有生命力的项目。既要着眼于过去，又要关注现在，还要顾及未来。社区教育项目开发要遵循：满足需求的原则、促进工作的原则、有所提升的原则、扩大知名度和美誉度的原则。

当前，最急需开发的社区教育实验项目有：街乡社区教育资源开发、整合、利用的途径；社区教育品牌培育的方法与实现途径；街乡数字化学习基地建设实践；调动社区居民参与社区教育活动方法；推进体验式社区教育方法实践研究；探索有效学习方式，促进居民自主学习的实验；社区教育课程开发与实践；社区居民学习动机与学习效果关系的研究；社区老年教育课程建设体系；社区居民人文关怀与心理疏导的途径；市民生命教育有效途径的实验；新市民教育方式实验；市民学校规范化建设实验；城市化进程中农民角色转换教育实验；市民学习效果评价方法等。

四、社区教育项目管理

（一）项目的组织管理

项目组要有明确的责任分工。要重视项目过程的组织管理。组长要定期组织相关会议，研究项目进展，解决难点问题。每次会议都要形成会议记录。

（二）项目的进度管理

申报、启动、实施、结尾每个环节都要做到：第一，有明确的时间节点；第二，有明确的工作目标；第三，有阶段研究成果；第四，有必要的研讨。

（三）心智上的管理

项目实施需要有好的心态。从事社区教育项目实践需要具备的心态有：平和的心态，有正确的认知；稳定的心态，不急不躁；学习的心态，不断循序渐进；合作的心态，取长补短；宽容的心态，接纳他人的观点。

（四）项目的质量管理

项目的质量管理主要包括：形成有特点的项目概念；经过反复研究，形成有说服力的项目理念，力求独特；形成有实用推广价值的方法或途径；形成科学性的结论。按时推进实验、工作过程清晰、目标基本实现、费用使用合理、结论科学有效是检验社区教育项目成果质量高低的几个重点标准。

第三节　社区教育实验项目与品牌创建

一、社区教育实验项目的组织与实施

（一）社区教育实验项目的需求确定

社区教育实验项目作为教育实验，首先要能够满足社区居民的特定需要，如果离开了对社区居民的需求分析，即便是一个很好的选题，对特定社区的居民来说，都可能是一种多余。需求分析之所以重要，就因为它具有决策性、方向性、策略性的作用，因此在确定社区教育实验项目之前，需要对社区居民的需求进行调研并做出分析。

社区教育的需求分析是指理解社区内居民的教育需求，使教育功能与居民教育需求达成一致，估计实验项目风险，评估项目代价，最终形成社区教育实验项目开发计划的一个复杂过程。简而言之，需求分析的任务就是解决"做什么"的问题。社区教育实验项目的问题识别就是从系统角度来理解社区居民的教育需求，根据预先设计的居民教育需求指标或者调查问卷等方法，来确定居民教育需求，并在此基础上进行综合，提出对所开发实验项目的综合目的，并提出实验项目的实现条件，以及应该达到的标准。这个阶段实际上要解决的是：社区教育实验项目要做什么，要达到什么目的，以及可能达到的目标。

（二）社区教育实验项目的选择

项目选择是组织或个人需要对各种项目机会做出比较与选择，将有限的资

源以最低的代价投入到收益最高的项目中，以确保个人或组织的发展。正确地选择项目往往比正确地规划、实施项目更具有战略意义。社区教育实验项目受到社区资源的限制，社区资源对实验项目的开展起着至关重要的作用。尤其是在农村社区中，教育资源的贫乏在制度化的学校教育中凸显为受教育机会的不均等，更何况刚刚起步的非制度化的社区教育。因此，在确定居民需求的前提下，要综合考虑各方面相关的资源条件，进一步明确可以做什么，也就是实验项目的资源可行性分析。

社区教育实验项目的可行性分析要围绕项目所涉及的基本要素即人、财、物以及组织方法、实施方法等进行，这里的人不仅包括受教育者，还要包括教育者。就上述主要要素进行优劣等级划分，然后给予一定的权重，将每个因素的权重与评分值相乘，得到每个因素的加权评分值，将每个因素的加权评分值相加，得到一个项目的综合加权评分值，根据分值评定项目的优先等级。可行性分析的最终目的就是确保有限的社区教育资源得以最大限度地利用。

（三）社区教育实验项目的计划制定

社区教育实验项目的计划是用于协调项目进度及内容包括所有子项目进程安排的编制文件，也是指导项目执行和控制的文件。其关键组成部分包括项目简介或概览，如何组织项目的描述，用于项目的管理和技术过程，描写所要完成的工作的部分、进度信息和预算信息等。

社区教育实验项目计划的编制包括以下几个部分：首先要对实验项目进行介绍，其中包括实验背景、相关理论支撑、实验预期目的、实验涉及的要素准备等；其次是对实验项目的具体展开进行描述，即什么人做什么事，要达到什么要求；再次是对实验项目的人员以及实验进度进行安排，以明确实验项目的时间要求。项目计划作为项目管理的重要阶段，在项目中起承上启下的作用，因此在制定过程中要按照项目总目标、总计划进行详细计划。计划文件经批准后作为项目的工作指南。在项目计划制定过程中一般应遵循六个原则。

1.目的性。任何社区教育实验项目都有一个或几个确定的目标，以实现特定的功能、作用和任务，项目计划的制订正是围绕项目目标的实现展开的。在制订计划时，首先必须分析目标，弄清任务，因此项目计划具有目的性。

2. 系统性。社区教育实验项目计划本身是一个系统，由一系列子项目计划组成，各个子项目计划不是孤立存在的，彼此之间相对独立，又紧密相关，从而使制定出的实验项目计划也具有系统的目的性、相关性、层次性、适应性、整体性等基本特征，使实验项目计划形成有机协调的整体。

3. 经济性。社区教育实验项目计划的目标不仅要求项目有较高的效率，而且要有较高的效益，所以在计划中必须提出多种方案进行优化分析。

4. 动态性。这是由项目的寿命周期决定的。一个项目的寿命周期短则数月，长则数年，在这期间，项目环境常处于变化之中，使计划的实施会偏离项目基准计划，因此，社区教育实验项目计划要随着环境和条件的变化而不断调整和修改，以保证完成实验项目目标，这就要求实验项目计划要有动态性，以适应不断变化的环境。

5. 相关性。社区教育实验项目计划是一个系统的整体，构成项目计划的任何计划的变化都会影响到其他子计划的制订和执行，最终影响到项目计划的正常实施，因此制定项目计划要充分考虑各子计划间的相关性。

6. 职能性。社区教育实验项目计划的制订和实施不是以某个组织或部门内的机构设置为依据，也不是以自身的利益及要求为出发点，而是以实验项目和项目管理的总体及职能为出发点，涉及实验项目管理的各个部门和机构。

（四）社区教育实验项目的执行

社区教育实验项目的执行是指正式开始为完成实验项目而进行的教育活动或工作过程。由于教育的实际效用是在这个过程中产生的，所以这一过程是社区教育实验项目管理中最为重要的环节。一般在确定怎么去做之后，只要严格地执行计划安排，就能如期完成任务，但事实上在社区教育实验项目的操作过程中，往往会出现这样那样的问题，当然这与环境等不确定因素有关，但更多的是在制订计划的时候忽略了与人的沟通，尤其是缺乏与合作单位、被教育者之间的沟通，由此带来种种问题。但计划一旦制订后，可以调整的幅度要受到既有计划的限制，所以计划如何有效地完成，更多地依赖于人与人之间的沟通。

因此，在社区教育实验项目执行过程中，沟通比计划更重要，有效的沟通一方面可以了解合作单位以及受教育者的思想动态，更主要的是让他们认同计划执行的过程。

（五）社区教育实验项目的控制

在项目按事先制定的计划朝着最终目标进行的过程中，由于前期工作的不确定性和实施过程中多种因素的干扰，项目的实施进展会偏离预期轨道。项目控制是项目管理者根据项目跟踪提供的信息，对比原计划（或既定目标），找出偏差，分析成因，研究纠偏对策，实施纠偏措施的全过程。项目控制过程是一种特定的、有选择的、能动的动态作用过程。社区教育实验项目在具体实施的过程中，不可避免地受到各种因素的影响，实验进展会偏离预期轨道，这就需要寻找发生目标偏离的原因，及时进行分析，进行纠偏或者对计划进行调整，以控制实验项目的发展方向。社区教育实验项目的控制对象主要是实验项目的范围、进度、经费以及沟通。在这些主要指标中，任何的偏离都意味着我们事前所做的和正在做的存在一定的差距，所以要求实验者寻找原因，完善方案。

（六）社区教育实验项目的评价

社区教育实验项目的评价应当坚持"实效性、科学性、个性化"的原则，进行全面评价，重点从三个方面进行考核评价。

第一，项目实施的效果评价。通过实地考察，评估项目实施带来的实际效果。比如反映基础建设成果的实验室、实训基地，反映社区教育开展情况的照片、音像制品、新闻报道，反映管理体制的政府文件、财政预（决）算报表，反映培训实绩的培训记录、花名册、培训报表，还有像网站、现场展示、课程资料（计划、师资、教材）等。

第二，项目实施的科学性评价。组织相关领导和专家对结题报告或研究论文进行评审，考察其研究过程的科学性、研究成果的独特性及对整个实施过程的理性思考深度等。

第三，项目实施的影响力评价。主要是评价同行对项目实施的认可程度，以调查问卷的形式进行。

（七）社区教育实验项目的收尾

项目收尾更多的是从管理意义上说的。社区教育实验项目的管理收尾，是为了对实验项目的效果正式化验收而进行的成果验证和归档，具体包括收集项目实施记录，社区居民教育需求调查及各种教育活动资料等，并将所有实验项目的实施信息归档，最后还包括社区教育实验项目的审计。

上述七个阶段，是基于项目管理的一般方法在社区教育实验项目领域内的运用和阐释，当然，这种移植未必就一定能够完全适用于社区教育实验项目，还需要社区教育工作者在实践过程中不断探索和创新，以形成社区教育实验项目的共同标准。

二、社区教育品牌的创建

（一）社区教育品牌的内涵

1.社区教育品牌的概念

"品牌"从广义上看，主要指一个名称、名词、符号、设计，或者是它们的组合，它直观反映了产品的知名度、美誉度，体现了公众的审美和情感，人们可以通过品牌快捷、准确的了解其特点。对品牌的最早研究是在经济学、营销学的领域，20世纪90年代，品牌理论被引入我国，"教育品牌""学习品牌"的出现，便是"品牌"在教育领域的延伸和运用。在日益普及的终身学习理念下，社区教育品牌是在一定区域范围内，利用各类社区教育资源，由街道、社区、学校、社会单位等机构定期、持续组织的，旨在促进社区市民终身学习的，有计划、有特色、示范性、公益性的学习服务活动。从内容范围上看，社区教育品牌包括了所有以教育、科技、文化、艺术、自然、历史等为主题的终身学习活动。

2.社区教育品牌的基本特征

（1）公益性与普及性

由于社区教育的公益性质，社区教育品牌不同于一般意义上的社区教育活动，社区教育品牌具有其特征。往通过免费、无偿地为社区市民提供学习场所、学习内容、教师等资源的方式开展各类学习服务活动。同时，社区教育品牌遵循着大众普及原则，能够根据社区广大基层市民的学习需求设计学习内容与活动，从而吸引市民积极参与终身学习。

（2）示范性与辐射性

之所以被称之为社区教育品牌，它能在各类市民终身学习活动中起到榜样、引领作用，能够在各类社区教育活动中成为典范。社区教育品牌的学习内容是积极、健康、丰富的，学习活动形式是机动、灵活的，在学习过程中能够为市民提供各类学习资源和学习支持服务，最终的学习效果能够促进市民终身学习和生活质量的提升。同时，社区教育品牌相关学习服务活动的参与及受益人群是广泛的，能够在一定区域范围内具有较大的影响力、覆盖率，具有较高的满意度，并且取得了较好的社会知名度和社会效益。

（3）特色性与持续性

社区教育品牌能够结合所在区域资源优势，从区域社会、文化、经济发展条件出发，基于本土文化和特色，充分发挥区域自身特点，使其整体品牌优势及效果具有不可替代性。此外，社区教育品牌能为广大市民提供连续学习的平台，其开展的学习内容、学习活动有效衔接，其建设过程依据一定步骤有序开展，具有不断创新的动力，且持续对市民素质提升和学习型社会建设产生积极的影响，只有这样，才能真正体现出社区教育的人本价值、文化功能和服务功能。

（二）社区教育品牌的定位

市场经济中有个很热的词叫"定位"。不管是一种产品也好，一项职位也好，首要的工作是定位。没有准确的定位，就摆正不了自己的位置和角色，价值观和行为就会发生偏差，方法也就起不到多大的作用。定位原指为产品或服务在人们心理上确定一个位置。一个品牌定位应该能够清楚地表达出顾客通过使用该品牌所要达到的目标，并能清楚地解释相对于其他达到该目标的手段来说，为什么该品牌是最佳的 品牌定位是品牌创立的基础，是品牌创立成功的前提。教育即服务，教育的服务性特点，在某种程度上预示着教育品牌往往就是服务品牌，服务创新在很大程度上决定着教育品牌。

社区教育是一种服务性的教育，拟在消除社区内的社会问题，为社区建设和发展服务。所以，社区教育品牌的定位要以人为本，做好为社区人的教育培训和服务，要以提高社区人整体素质和生活质量为目标，积极开展多层次、多内容、多形式的教育培训活动。明确社区教育品牌的定位是经营好社区教育品牌的前提。在确定教育培训特色时，要细分培训市场，为社区人提供"教育学习超市"或"菜单点菜式"的服务。品牌是服务质量的象征，服务质量是品牌的保证。社区教育创立自己的服务品牌，满足社区人对某一产品或服务特别的情感需要。创造出服务的差异性，形成"人无我有，人有我优"，这样才能形成本地的社区教育特色。将"学会认知、学会做事、学会合作、学会生存"贯穿在教育培训中，使社区人提升自己驾驭未来社会的能力。社区教育要打造自己品牌的前提条件是定位，社区教育品牌定位是寻找社区教育活动与社区人需求的最佳结合的过程。

（三）社区教育品牌的创立

从某种意义上说，打造品牌就是把企业的意愿强加给消费者。教育品牌是学校的名称和标志，是为教育消费者提供的教育服务以及培养教育消费者的各项要素总和。社区教育品牌创立的核心应以社区人的教育培训为中心，确立办学特色，确保教学质量，满足各层次社区人的需求。教育就其产品的基本属性来说，与第三产业其他行业的产品一样，是服务，但就其社会学属性来说，又与第三产业的其他许多行业不同，教育产品不是完全的个人产品，也不是完全的公共产品，它是一种半公共产品。社区教育的目的是为了满足社区人的需要，打造社区教育品牌，必须进行精心的策划和设计。把社区教育打造成一个品牌教育，扩大社区教育的影响，其目的在于提高社区人的综合素质，构筑社区再就业工程，完善和谐社区的建设。

（四）社区教育品牌创建的途径

1. 定位与思路

经济学领域中的品牌定位主要是为特定品牌确定一个适当的市场位置，以争取消费者的认同。作为社区教育品牌也是这样，定位是品牌建设的前提，基于此才能树立一个明确的、符合学习者认同的形象，形成自身的特色，并为后续的建设工作指引方向、提供思路。在建设定位基础上，社区教育品牌应有先进的理念和清晰的思路，体现未来发展方向，建设理念和思路的设计是社区教育品牌建设的关键，它直接关系着市民终身学习需求是否得到全面满足，关系着品牌建设持续、长远的发展。

2. 条件与保障

条件与保障涉及社区教育品牌建设的外围因素，主要包括组织、制度、经费、队伍等方面。社区教育品牌的建设需要有专门的机构和人员负责，需要建立起合理、健全的管理机制与制度，需要充足的经费投入，以及具有较高业务水平和工作能力的专家、教师和管理服务人员的参与。因此，社区教育品牌不仅可以集中区域内的有形和无形的教育资源，而且还能使教育机构在更大的范围内实现与非教育机构的通力合作和资源共享。

3. 内容与方式

打造一个企业品牌，必须要有好的产品。相对于社区教育而言，内容与方式最能体现社区教育品牌的核心，主要涉及社区教育品牌的学习内容、学习方式和学习评价等。品牌的影响力可能是巨大的，这就要求社区教育品牌的学习内容必须积极、健康、新颖。对于学习活动的组织而言，应该能充分针对市民的现状，合理运用探索学习、在线学习、移动学习等多样、灵活的学习方式调动人们的广泛参与。学习评价是一个集学员管理、学习激励、评价方式于一体的系统。社区教育品牌只有建立市民学习信息档案系统，做好市民学习记录，才能实现有效的学员管理。社区教育品牌在运行过程中，可根据市民学习记录和学分积累情况，每年通过精神激励、物质激励等形式对市民进行表彰，充分调动市民学习的积极性。在社区教育品牌的整体评价上，可通过发放调查问卷等方式定期对市民进行学习情况调查，每年按时对社区教育品牌建设情况做系统评估、检查。

4.成效与影响

成效与影响包括运行时效、参与程度、学习效果、社会影响等方面。之所以能称之为社区教育品牌，它必须经历了较长时间的运行和探索，已经形成了稳定发展的学习活动，成为市民心中的一种学习符号，还应有较高的知晓率、参与率、满意度，产生积极、深远的社会影响。社区教育品牌不可能在短时间内迅速传播和获得人们的认同，这种学习活动也不可能在短时间内立刻对市民和社会产生更大的影响，只有通过各种手段持续地与目标受众交流，持续地提供更加优质的学习资源和服务，才能使社区教育品牌发挥出较大的无形作用，增加无形资产。

案例：

福建省社区教育品牌评价指标体系（2018年）

一级指标	二级指标	三级指标	分值	得分
1.目标规划	1.目标计划与落实情况	1.社区教育品牌创建有计划、有落实、目标方向明确。	2	
		2.社区教育品牌内容积极健康，符合国家法律法规和有关要求、有特色。	2	
		3.有切实可行的实施措施，项目可持续发展。	3	
2.组织管理	2.管理体制	4.有社区教育领导体制和办事机构，有专人负责。	4	
		5.形成有关部门共同参与、分工明确的管理体制。	3	
	3.管理制度	6.品牌创建工作管理制度科学、台账健全。	4	
		7.制度切实可行，措施贯彻落实富有成效。	4	

续表

一级指标	二级指标	三级指标	分值	得分
3. 保障条件	4. 队伍建设	8. 有一支稳定的、素质良好的社区教育专兼职管理与教师队伍及志愿者队伍。	4	
	5. 经费投入	9. 有社区教育工作专项经费。	4	
	6	10. 能利用信息技术开展社区教育管理和服务工作（如：信息发布、统计、交流、展示等）。	3	
		11. 能够组织市民利用社区教育的网络学习资源进行学习。	3	
4. 社区教育品牌活动	10. 分人群教育培训	12. 为未入托的散居婴幼儿开展早期教育活动。	1	
		13. 积极组织社区青少年开展各类素质教育活动。	1	
		14. 为失业人员开展职业技能培训。	1	
		15. 开办多种形式老年教育活动。	1	
		16. 开展残障人员健康生活辅导教育和职业技能培训。	1	
		17. 对外来人员进行文化素质和职业技能培训。	1	
	11. 培训比例	18. 形成了经常性、成系列的社区教育培训格局，社区居民年培训率达到 60% 以上，满足社区居民的教育培训需求，居民满意率高。	6	
	12. 主题学习活动	19. 街镇积极开展各类社区教育主题学习活动，活动特色鲜明，社区居民参与程度高。	4	
	13. 学习型组织创建活动	20. 开展各种学习型组织创建活动成效明显。	4	

续表

一级指标	二级指标	三级指标	分值	得分
6. 社区教育成效	14. 教育成果	21. 积极参与市区各类课题研究，有单独承担的市区级课题，或者开展了项目创建并取得明显成效。	2	
		22. 社区教育有创新、有特色，得到外界好评。	3	
		23. 社区教育工作成效显著，提升了街镇市民文明程度，促进了和谐社区的建设。	4	
总分			100	

第八章　社区学院学习团队培育与学习型组织建设

加快学习型社会建设，是当前构建和谐社会的一个重要的使命，学习共同体和学习型组织是学习型社会的基石。培育多元主体参与社区教育，社区学习团队建设是一个不可或缺的基本要素。创建和培育学习型组织与社区学习团队也是社区学院推进社区教育的一项重要的任务和内容，我们从社区学习团队的内涵、价值、生成理念和要点、学习内容设计、推进模式，以及负责人培育等基本问题做基本的介绍，以期对社区教育工作者开展工作提供一定的借鉴和参考。

第一节　社会学习团队的培育与管理

一、社区学习团队概要

（一）社区学习团队的产生

社区学习团队的产生是与我国城市社区建设的推进紧密相连的。随着市场经济的发展，人由"单位人"更多地变成"社区人"。人的生活、学习更多地转移到社区中，居民与社区的关系日渐紧密，社区成员的社区意识、社区依恋和社区参与度日益强化。一个个社区学习团队遍布大街小巷，这些团队贴近生活、贴近百姓，在社区建设中发挥越来越重要的作用。社区学习团队指的是根源于社区，以社区为活动场所，团队成员凭借自身的兴趣、爱好、特长，为解决共同目标，共享资源，并按一定的团队规程，通过充分沟通和协商开展学习的群体。社区学习团队包括文体类、社区服务类、社区福利类和维护权益类，社会性、公益性、学习性和自愿性是其主要特征。社区学习团队属于学习型组织的范畴，也是有效提高居民素质和社区自治的基本路径。

（二）社区学习团队的内涵

1. 社区学习团队定义

社区学习团队是指社区成员基于共同的学习兴趣爱好，为达到共同的学习目标，相互协作而自发形成的社会群体。社区学习团队的表述，明确了几个问题：社区学习团队是一种有着共同目标的学习群体；社区学习团队是以"学习"为核心理念和主要实践活动的社会群体；社区学习团队是以"自主""协商""开放""共享"为基本特征的学习群体；社区学习团队主要由社区成员自发形成的自组织。

2. 社区学习团队特征

（1）主体性。包括自主性、能动性和创造性。自主性是能动性、创造性的前提，能动性是自主性的基本标志，创造性是能动性的最高体现。因此主体性理念，是以人为本理念在社区学习团队生成领域的体现，也是团队成员的主体角色所规定的。

（2）民主性。其主要体现在团队成员间的平等性和协商性，包括团队目标的平等协商、实践活动的平等协商、知识建构的平等协商、成果分享的平等协商等。民主性是社区学习团队的性质和本质特征所规定的。

（3）开放性。它不仅指学习团队发育和发展是开放的，这是社区学习团队的性质所决定的，更重要的是指团队学习实践内容是开放的，以促进团队成员在视野、思想、知识、技能等方面的开放，不仅具备中国公民基本素质，而且具备地球村公民基本素质。

（4）共享性。共享性包括成员间共同的目标共享团队的资源、分享团队的成果、成员的共同发展等。是由社区学习团队的性质和宗旨所规定的。它既是学习团队的合作之源，也是团队富有生命力之内在机理。

（三）社区学习团队的作用

1. 有利于推动政府职能转变，推动社区自治。实现"小政府、大社会"的社会转型，要求政事、政社进一步分开，把政府部分职能交给社会来执行。随着社会管理体制的不断改革，社区成了社会管理的一个基本单位，社区服务从原先的被动型转为主动型，政府职能从管理型向管理服务型转变，政府解脱出来的职能，则由社区团队代之服务，社区各类资源得以充分开发利用，活跃了社区居民生活。近几年的实践证明，社区学习团队有着很强的生命力。大量活跃在城市、农村的学习团队包括老年艺术团、健身队、读书协会、故事沙龙、摄影协会、和事佬之家等，都以社区成员为主体，拓展社区服务功能，活跃社区文化，对于推进社区自治、促进社区和谐、维护社会稳定发挥了重要的作用。

2. 有助于整合资源，为社区居民提供更好的公共服务。社区学习团队以满足社区居民的实际需要为取向，发挥自身的人才、资源等优势，来满足社区居民多样化的学习服务需求。从社区服务对象上来说，从原先的以"老、弱、病、残、孤、困"为社区学习团队的重点服务对象，拓展为福利性、公益性的、社会性的、多层次需求的社区居民。从服务项目上，由原先的一般性日常服务如理发、家电维修等，扩展到更高层次的法律咨询、精神慰藉、技能掌握等多方位的服务项目上。坚持物质性服务与精神性服务并举，面向不同层次的有学习需求的居民提供多层次的服务，这就有效弥补了政府公共服务供给的不足。

3. 助推社区居民增强民主意识，提高参与水平。培育和发展社区学习团队，有助于培养社区居民的民主意识。民主意识主要表现为参与意识、监督意识、责任意识和法律意识。

中国自古以来就缺少民主传统，凡是"大事化小，小事化了""只顾自扫门前雪，休管他人瓦上霜"，要改变这种现状，只有从生活中的点滴事件中学习民主生活。社区学习团队是在自愿的基础上组合的，成员彼此平等，每个人都是学习资源的拥有者和提供者，同时也是学习成果的分享者和受益者，他们共同完成学习目标。平等、信任、公开等团队组织方式，可以培养居民处理问题、解决分歧的民主意识。

（四）国内社区学习团队的类型及模式

目前，国内关于社区学习团队的称呼有很多，如"民间组织""草根社团""社区学习共同体""学习型社团"等，尽管称呼不同，但在运作模式上大同小异，主要表现为两种类型：一类是"分级归口，双重管理"。由民政部门负责登记，民政部门和业务主管部门共同管理。由于现行的《社会团体登记管理条例》门槛较高，使得现实生活中大量的社区学习团队无法登记，但是依然运行良好，从而衍生出了第二类。第二类就是散落在社区、没有在任何部门登记的学习社团，但有相对固定的人员、学习时间和场地，如大量的健身舞蹈队、编织社等。随着社区教育在中国的蓬勃发展，出现了第三类，由社区教育机构培育管理的社区学习团队。

从这三类社区学习团队运作来看，第一类相对比较规范，有登记注册，有场地和一定的资金保障。第二类为非正式组织，没有绝对的资金和场地保障，队伍参差不齐，在一定程度上影响社会秩序，给管理带来一定困难。第三类无论是从组织管理、资金来源，还是从场地保障、队伍稳定、社会效应来说都较优于前两类。

随着社区建设工作的深入开展，社区学习团队也在蓬勃发展，并在建设和谐社区中起着越来越重要的作用，但总体而言，社区学习团队发展尚不成熟，与人们对学习的个性化、多样化需求和社区建设不相适应，依然存在社会地位不明确、法律法规不健全、人员队伍不稳定、经费来源不固定、活动场地无保障等实际问题。为了进一步规范、加强第三类社区学习团队的建设，从建设新型社区、构建新型社区治理模式的高度积极培育社区学习团队，同时加大对社区学习团队的服务、协调、指导和管理，充分发挥其积极作用，建立社区学习团队激励机制显得尤为重要。

二、社区学习团队的培育与开发

（一）社区学习团队培育原则

1. 遵循规律性原则。一方面，要遵循学习者的身心发展规律，以学习者生理、心理、社会性发展特征为依据，设计团队学习内容。另一方面，要遵循社区学习团队发展规律，按团队生成和发展过程及其所处阶段的实际，设计团队学习内容。

2. 需求导向性原则。指以团队成员的问题为中心，以成员需求为取向，兼顾生存性学习需求与发展性学习需求、现实性学习需求与未来性学习需求，统筹设计团队的学习内容。克服"以供代需"现象，确立"以需定供"的设计理念。

3. 正确处理政府的"要求"与团队成员的"需求"的关系。以"要求"唤醒"需求"，以"需求"充实"要求"，积极寻找两者"最佳结合点"，使社区学习团队成为政府与团队成员和谐关系的黏合剂。

4. 发展性原则。指随着社会发展，团队成员需求的提升，需不断调整、充实和提高团队的学习内容及其水平，以适应变化了的内外环境，不断满足团队及其成员的不断变化的学习需求。

（二）社区学习团队的培育流程

1. 协商共识。通过协商取得成员间的思想共识。其中，特别对社区学习团队生成的价值取向取得共识。这是学习团队生成的思想基础。

2. 目标远景。通过协商形成成员间共同的目标追求。这不仅是学习团队成员间合作之源，也是团队及其成员发展的方向和内源性动力。

3. 形成方案。通过协商设计成员间公认的学习实践方案。其包括确定成员间共同关注的学习实践内容；建立成员间共同认可并承诺实行的学习实践制度；创设有利于成员间对话互动的学习实践方式等等。

4. 培育带头人。是通过协商确定成员的身份建构及其运作的内在关系。其中，尤为重要的是商定团队负责人。这不仅保障社区学习团队有序并有效地运行，而且可依据每人身份及其分工，发挥成员的积极性和潜能，促进成员在践行学习团队过程中更快地成长和发展。

5. 有效激励。是通过协商制定成员间均认可的学习实践激励措施。由此，增强学习团队及其成员成长和发展的动力。

（三）社区学习团队的开发

1. 政府的引导扶持性推进

政府引导性推进，包括编制规划的引导推进、制定法规政策的引导推进、经费投入的引导推进、培育典型的引导推进等等。

政府扶持性推进，主要举措有：创设社区学习团队生成和发展的良好社会环境，包括营造良好的舆论氛围、提供必要的各种学习资源、促进社区学习型组织创建与社区学习团队生成协同发展、提升团队领导人综合素质、制定适宜的激励制度等。

2. 社会参与协助性推进

一是教育机构的孵化式推进。充分发挥社区教育机构对社区学习团队的孵化作用。许多社区学习团队则是社区教育学校学习班结业后，延伸孵化为相应的学习团队，形成了"学校与团队的联动模式"。

二是社会组织的服务管理式推进。为了更好地指导服务社区学习团队，街镇成立"民间组织服务中心"。该中心就在服务中管理推进社区学习团队的生成和发展。

三是企事业单位的互助式推进。企业与学习团队双方签约，企业提供学习团队的学习资源，学习团队宣传企业精神和企业品牌，以达到双赢目的。

四是学习团队间的带动式推进。示范性社区学习团队通过建立自主发展基地，吸纳和推进同类学习团队参与，并在基地中发展，扩大了规模效应，形成了团队带动团队的推进模式。

3. 团队自主性推进

社区学习团队成长和发展，归根结底取决于内在因素。无论政府、社会的推动作用，说到底只是外部的社会条件，最终还要通过团队内在因素起作用。

实践证明，团队自主性推进可以由团队自身多因素推进，包括先进理念的推进、规划目标的推进、制度规范的推进、科研引航的推进、表彰激励的推进、团队领导人带领的推进等等。

三、学习团队带头人的培育

（一）学习团队"领导人"的角色定位和作用

实践证明，一位优秀的社区学习团队领导人的角色定位：团队的设计师，能设计团队愿景，策划团队发展目标和路径；团队的带领人、能带头引领全团成长和发展；团队的组织协调者，能组织实施团队的学习实践活动，协调团队内部之间、内外之间的各种关系；团队的服务员，能服务于团队成员，关心帮助成员成长。

基于上述的团队领导人的角色定位，其在团队成长和发展中起着如下的作用：1.培植团队学习文化。不仅培植团队学习物质文化、制度文化，更为重要的是培植团队学习精神文化，主要体现在学习的理想信念、价值观、道德观，以及良好的学习品格和学风；2.把握团队的发展方向。团队领导人具有良好的思想品德、过人的学习视域和能力，为成员服务的人格魅力，其能整合团队成员的想法，形成团队学习的合力；3.提升团队的学习水平和成效。在团队领导人带领下，团队学习活动做到有目标、有制度、有主题、有准备、有研讨、有评估等，这样必然提高了团队的学习质量和效果；4.形成团队的晶核凝聚作用。团队领导人有着领军的人格魅力。这种魅力来源于团队领导人的思想品格、学习能力和水平，以及领军才能，致使他的感召力、影响力，在学习团队中能形成一种心悦诚服的心理认同感，从而形成团队的亲和力和凝聚力。据此，社区学习团队领导人，是学习团队的"领袖""晶核""灵魂""舵手"。

（二）社区学习团队领导人的素质要求和提高举措

根据社区学习团队领导人所承担的角色任务，以及社会对其期望，参照《社区服务指南第三部分：文化、教育、体育服务》（国家标准），社区学习团队领导人基本的素质要求：热爱学习，热心于社会服务；具有良好的社会工作道德，较强的吃苦精神和心理承受能力；具有一定的社会教育与学习的专业智能；具有较高的文化素养；身心健康等等。为达到上述的基本素质要求，必须采取多方面举措，着力打造这支队伍。成功的经验表明，可采取如下的措施：

——组织定期和不定期培训；

——开展专题研讨交流；

——举办团队"领袖"论坛；

——组织结对互帮；

——典型经验示范；

——组织国内外考察；等。

因此，要牢固树立"以人民为中心"的发展理念，充分发挥人民在学习型社会建设中的主体性和主体作用，社区学习团队、社区学习共同体定会迅速生成和发展起来，学习型社会的社会群众基础定将越来越厚实。

四、学习团队的评价和考核制

对团队学习的评价应既注重学习的形式又注重学习的内容，既注重学习的过程又注重学习的结果和成效，既严肃及时又灵活机动，既恰当准确又入木三分，既把握全局又客观具体。在此基础上，把团队成员的学习情况纳入考核指标体系，落实到平时考核和年度考核中。突出学习绩效在奖励、选拔、任用等工作中的评价作用，从而增强团队成员约束自我、加强学习的紧迫感。把学与考核、学与使用、学与晋 升紧密结合起来，构建起团队学习考核评价的制度体系，健全"逼学、述学、评学、考学、奖学"相结合的督学制度，统筹兼顾，合理安排，使团队学习形成长效机制，努力创造爱读 书、读好书、善读书的氛围，激活团队学习的"原动力"，不断增加团队学习的"外加力"，达到学有动力与学有压力的双面互动。

第二节　社区学习型组织的培育

学习型组织建设是扩展社区教育内容、丰富社区学习方式的重要载体。以学习型组织建设为内容的社区教育实践，从构建学习型组织的内、外平台出发，积极建立组织管理网络，营造宣传氛围，丰富学习载体，激发建设动力。同时，注重探索社会化学习体系和科学化学习方式，使学习型组织成为丰富市民学习的又一载体。为进一步规范管理和强化学习，还需要不断完善学习型组织推进模式、评价指标、学习模式以及学习意识等内容，围绕组织学习的障碍和差异，深化学习型组织的理论研究与反思。

一、学习型组织的内涵

（一）学习型组织定义

关于"学习型组织"的概念，目前尚未达成共识，比较普遍的认识是，学习型组织是指通过培养弥漫于整个组织的学习气氛，以充分发挥员工的创造性思维能力而建立起来的一种扁平的、持续发展的组织。随着终身学习理念的推进，建设学习型组织成为机关、企事业单位以及社区开展管理和提升工作的重要途径，并在社区教育实践中表现出强劲的发展势头。在实践基础上不断壮大起来的学习型组织，积累了一系列建设经验，更为学习型组织的理论研究提供了丰富的素材，成为社区教育理论研究的重要课题。

（二）学习型组织的目标

过程与结果的反思。开展学习型组织建设实验，首先要对学习型组织的发展目标进行深思熟虑。学习型组织是引发持续学习过程的发展性力量，它的作用是长期性的、渐进式的。因此任何组织不能把学习作为学习型组织的目标，它只是建立学习型组织的手段。学习是组织进步的根源，但学习不能创造出学习型组织，如果没有伴随着工作方式和生活观念的改变，那只会存在一种进步的可能性，而非实质的进步。目前，在学习型组织的创建实践中，学习型组织建设已经不是一项终结性的工程，而是不断推动学习与工作、学习与生活的长期互动共进。

（三）学习型组织的手段

学习与文化的对接。学习型组织的建设不是空中楼阁，需要借助多种手段扎实地推进。管理学之父彼得·圣吉提出了建设学习型组织的五项修炼：自我超越、改善心智模式、建立共同愿景、团体学习、系统思考。五项修炼的提出，将学习与学习文化的建立联系起来，成为建设学习型组织的重要手段。对此，在学习型组织的实践中，文化作为组织学习的核心和关键。比如，在机关组织中开展读书活动，为社区市民提供百场文化进社区，通过市民学习团队，发扬传统文化精华等。将学习活动与文化凝聚相结合，成为学习型组织创建的重要手段。

二、社区学习型组织的分类

学习型社区是终身学习的人群集合体和地域空间，一个比较大的社区总是由一些组织和比较小的区域构成，因此，它必然有一定的结构。分析社区学习型组织的结构有助于加深对学习型社区的认识，并有助于实际工作。

学习型城市：是指市一级行政区域成为学习型社区，其主要标志是所有城区和大多数企、事业单位都是学习型社区或组织。

学习型城区：是指区一级行政区域成为学习型社区，其主要标志是城区内大多数街道和企、事业单位都是学习型社区或组织。

学习型街道：是指街道一级学习型社区，主要标志是街道内大多数小区和企、事业单位都是学习型社区或组织。

学习型小区：是指居委会一级学习型社区，主要标志是小区内大多数楼组和家庭都是学习型组织。

学习型楼组：是指楼组内大多数家庭都是学习型家庭。

学习型家庭：是指家庭内所有具有学习能力的成员均参与终身学习。

由于学习型社区的创建还处于初始阶段，我们对各级学习型社区的标志只能进行粗泛的界定，我国目前还没有规范性的学习型城市和学习型城区的评价标准，所以我们难以对其进行详尽的描述。

从管理结构的角度看，上述各级学习型社区可以划入直线职能式结构即层阶式结构与横线式结构的结合，城市一级主管部门负责各个城区的学习型社区以及市属企事业单位的学习型组织创建工作，城区一级主管部门负责各个街道的学习型社区以及区属企事业单位的学习型组织创建工作，如此类推，这样市、区、街道、小区、楼组宝家庭等就形成层阶式结构。学习型企事业单位一般止于街道，它们与下属部门也形成层阶式结构，与同一级政府主管部门又呈横线式结构，同时，同一级的企事业单位之间也成横线式结构，如图 8-1 所示。

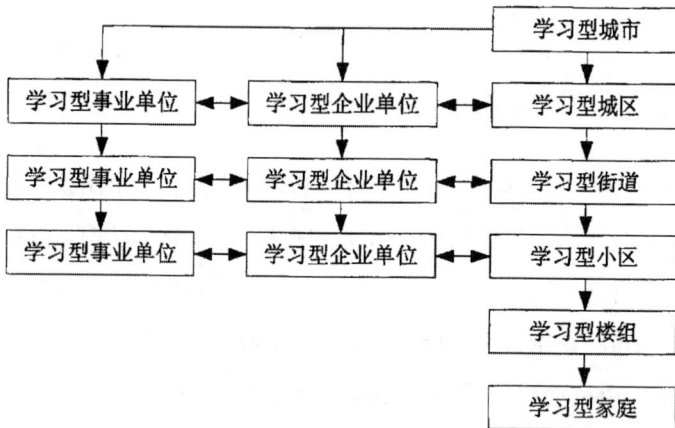

图 8-1　学习型组织的空间结构图

三、社区学习型组织的结构

组织结构是指社区学习型组织的管理机构和实体机构。社区学习型组织管理机构是营建社区终身学习体系，维持社区成员终身学习的组织、协调、指挥与指导机构，各地的设置方式和称呼各不相同，常见的有如下几种：

文教部门，市、区的教委，教育局或其职能部门街道的文教科各级社区教育委员会等。

宣传部门，主要是街道宣传科，市、区的宣传部门作为学习型社区管理机构的很少见，不过它们与文教部门的合作比较多。

中介部门，这是一种政府和民间联合建立的管理形式，名称各异，诸如"终身学习推进委员会"、"终身学习促进会"、"社区终身学习协会"等，依其主导力量又包括（1）以政府为中心——政府的某个职能部门牵头，起主导作用；（2）以学校为中心；（3）以企业为中心；（4）以社会团体为中心；（5）以文化机构为中心。

社区学习型组织实体机构是指社区成员进行终身学习的学校、团体或其他学习单位，主要包括（1）社区学校；（2）正规学校中的终身教育机构；（3）社会力量办学学校；（4）社区文化机构；（5）各级各类学习型组织；（6）学习小组；（7）街头学习角；（8）其他类型的社区学习中心。

社区学习型组织实体机构应属于网络式结构，因为它们的关系基本上是平行和平等的。一个社区只有建立系统的学习网络，才有可能充分保障所有居民的终身学习，因此，社区内所有实体机构之间的互通有无是极其重要的，其关系如图8-2所示。

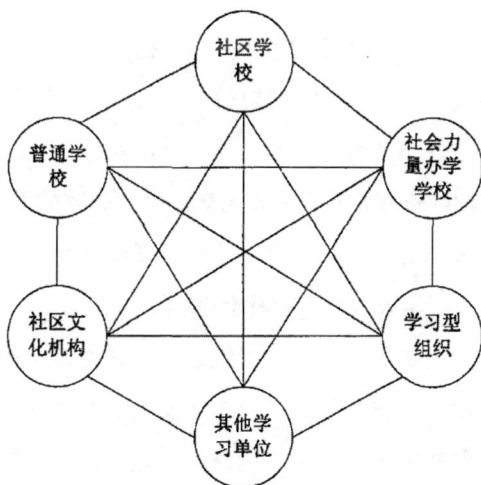

图8-2 学习型社区的实体结构图

四、社区学习型组织创建

（一）学习型组织外部环境的创建

1.建立领导机构和管理网络，学习型组织建设有保障。建设学习型组织，改革管理体制和运作机制是基本前提。因此，学习型组织的建设已经作为学习型城区建设的重要组成部分纳入了地方社会管理的议程中。目前，各地普遍建立的区—街（镇）—居（村）三级学习型组织建设管理网络，不仅强化了社区教育的组织领导，也为学习型组织的建设提供了强有力的组织保障。

2.利用媒体网络宣传共享学习资源，学习型组织建设有氛围。在学习型组织的建设中，媒体网络宣传使学习型组织建设更有氛围。一方面，街道社区数字网络系统、宣传栏、黑板报、简报、内部信息刊物等媒体，成为创建学习型组织的宣传阵地。另一方面，通过组织信息员队伍形成网络，使社区各行业、各年龄段的人员共享学习资源，通过不断完善载体，实现学习内容和形式的创新，努力形成生活学习化和学习生活化，人人是学习之人，处处是学习之所的学习型组织氛围。

3.开展主题活动和教育培训，学习型组织建设有载体。学习型组织的实践，并不是一项抽象的口号式运动，而是针对不同的组织类型，利用主题活动和教育培训，成为可见、可感的学习载体。比如，围绕新"四学"（学英语、学电脑、学普通话、学科技知识），组织开展居民读书活动、读书月、交流读后感、诗歌朗诵、演讲展示、好书共赏等喜闻乐见的学习实践活动。针对组织成员的不同需求，培育组织的师资库，建设一支由热心社区教育的干部、党员、教师、医生、律师和离退休人员等组成的志愿者队伍，开展百场文化进社区活动，扩大全民学习的覆盖面，夯实人人皆学的社会基础。

4.表彰学习中的先进典型，学习型组织建设有动力。为不断推动各类学习型组织走向成熟，各地纷纷出台学习型组织建设的实施意见，并做好后续的表彰跟踪。通过发文表彰奖励学习型组织创建中的先进典型，为提高学习型组织的创建水平和规模提供了动力。

（二）学习型组织建设内部平台的搭建

1.努力打造社会化学习体系

（1）结合个体工作需要。在学习型组织内部学习体系的构建上，将学习与个体工作需要相结合，着眼于组织成员的工作需要，不仅注重学习，更注重实践。通过组织内部的学习活动，针对工作的特点开展学习，并在工作中积极实践，努力做到学以致用、学有所用、用以促学、学用相长，使创建活动更富活力和生命力，学习和工作不断走向良性互动。

（2）贴近市民生活实际。学习型组织的一个重要理念是"在生活中学习，在学习中生活"。通过积极营造个体善于学习和思考的氛围，实现组织的共同愿景。在学习内容的选择上，学习型组织建设，紧密结合市民生活，围绕居民群众追求新生活的愿望和需求，精心设计充满生活色彩、富有生活气息、融合群众生活的活动，融合各类职业技能训练和文化休闲活动，使学习型组织成为提高市民生活质量和水平的重要载体。

（3）以服务市民为核心。带动地区经济和社会发展，促进市民生活水平的提高，是学习型组织建设的重要目的。全体社会成员是改革发展的主体力量，更是学习型组织建设的主体力量。因此，在学习型组织内部，必须坚持"以人为本"的原则，高度重视群众多层次、多样化的需求，把普及与提高有机结合，激发市民的学习热情，提高个体学习力和创造力，共同把建设学习型组织的工作做好。

2.积极构建科学化学习方式

（1）以团队学习为主体的中心组学习模式。学习型组织是一个组织和个体互利共进的团队，团队学习是学习型组织不断成长的重要载体。在学习型组织的有关探索中，将团队学习作为重要抓手，积极在组织中培育各类读书小组，将个体的学习行为与社会交往、情感沟通相结合，极大地调动了组织成员的学习积极性，带动了组织的整体学习氛围。

（2）由组织骨干成员带头的示范式学习模式。发挥组织内核心成员的示范作用，对带动组织成员的学习发挥重要作用。在学习型组织的实践中，形成以核心成员的学习示范为特征的组织学习模式，由组织中的党政领导班子率先垂范，不定期地针对工作实际组织讨论。面对不同时期的工作重难点，积极组织参加相关的专题培训。通过领导班子的带头示范，引领组织成员形成共同学习、主动学习的意识和行动。

（3）借典型案例公开学习的公众化学习模式。学习共享不仅有助于个体更便捷地了解学习资源，而且通过共享，对学习型组织的建设发挥监督和督促的作用，促使它们朝着更高的学习目标努力。目前学习型组织建设过程中，积极利用网络、报纸等手段开展各类学习型组织的评比和表彰，向社会公开学习型组织的典型经验，丰富了学习型组织内部的学习平台。

3.强化保障，突出工作实效

（1）从实际出发，有点有面，分层进行。社区学习型组织的创建必须针对社区自身的实际情况，从自身的特点和问题着手，科学的提出具有适用性的战略、方针、规划和步骤，高效率地推进和运行，有效结合时代发展和国内外环境条件，围绕促进社区发展这一轴心，全面、系统、持续地开展下去。工作既要切合实际，又要区分层次，注重实效性既要兼顾爱好，又要着眼多数，体现群众性既要于人有益，又要寓教于乐，力求趣味性与实用性相统一。

（2）规范立法，科学推行。通过制定政策和立法等途径，保障创建工作持续实施。将学习型社区的创建工作，以法律的形式确定下来，既可以为创建工作提供强有力的保障，也可以提供科学依据，保证工作的经常化、制度化和规范化开展。

第三节　社区学院"学习圈"的创建

社区学院的"学习圈"是社区教育的一种组织模式，是一种大众非正式学习的主要形式之一，是广大社区居民终身学习的重要载体。探讨社区教育"学习圈"构建的路径与机制，对提升整个社区居民的文化素养、生活质量，对社区乃至整个区域的协调发展具有重要的借鉴意义。

一、社区学院"学习圈"的内涵表征

（一）"学习圈"的概念

学习圈又称"学习小组"，"是朋友或熟人组成的团体，他们为共同的目标而组织在一起，并且预订的科目或问题的有计划的学习"，以小组成员面对面坐成一个"圈"进行交流和讨论而得名；社区教育"学习圈"是社区教育的一种组织模式，是一种大众非正式学习的主要形式之一，是广大社区居民终身学习的重要载体。它从社区居民的生活、问题、学习出发，分析他们的学习需求，以需求为导向，通过"资源整合、分类归并、因地制宜"等方式发动群众，构建不同层次不同对象的学习圈组织。其横向涵盖从老百姓的生活休闲到专业人士的业务提高，纵向从小朋友的兴趣爱好到老年人的健康养生等各类人员的多样化需求，以呈现"宽领域、广覆盖、多层次、社会化、平等性"的特质，从而让所有具有"共同爱好""共同学习需求"的学习者紧密联系在一起，形成一个学习型的微型组织，其成员在专家的主导和引领下，展开团队学习、合作学习、相互交流、知识共享，以达到共同提高的目标。

（二）"学习圈"的特征

1. 低成本

学习费用应保持低廉，确保个人因为经济条件受限而丧失学习的机会。几乎80％以上学习圈的费用均由政府进行财政补贴，免费向社区居民开放，切实满足广大人民群众的终身学习的需求。

2. 无障碍性

社区教育"学习圈"所涉及的学习内容、学习方式应该是通俗易懂，为所有人所接受，保证每个个体都可以参与而不受教育程度高低的限制。学习圈的内容涉及科普、文艺、体育、社交礼仪、环保、实用技术、家教等，一般门槛都很低，没有任何的学历资格的限制，保证个体无障碍的学习。

3. 参与平等性

参与学习圈的个体都是平等的，他们在规划学习方向、目标、内容等等各方面都是平等的。只要有学习的兴趣、爱好、需求及愿望，任何社区居民都可以参与学习圈的一系列学习活动中，都可以享受社区教育带来的学习成果。

4. 自主选择性

从本质上讲，"学习圈"就是一个政府支持下的群众性社会组织，学习者是学习圈的主人，也是终身学习的主人。因此，参与者在学习期间均自主选择学习内容、学习时间、学习地点、学习方式、学习途径等等，总之，学习者拥有绝对的自主选择权。

二、"学习圈"建设的指导思想

（一）坚持"以人为本"的指导思想

1. 以促进个人全面自由发展为根本目标

这是社区教育学习圈建设的出发点和落脚点。社区教育学习圈建设要始终坚持以人为本的自由全面发展为根本目的和价值取向。具体而言，就是通过社区教育学习圈，让社区居民在终身学习的过程中，不断提高自身的综合素质，挖掘自我的发展潜能、拓展美好的兴趣爱好、实现个人的社会价值，从而，最终完全实现个人自由全面的发展。

2. 以调动个体的主观能动性为主要手段

具体来说，就是要求社区教育学习圈建设过程中，需要充分肯定人民群众的主体地位，分发挥人民群众的主观能动性。社区教育机构要充分宣传和发动广大群众，根据自己实际情况、兴趣爱好、学习需要，积极选择真正适合自己的学习圈子，并在学习过程中，积极参与课程开发、课堂教学、课堂管理，让群众在生动有趣的合作学习、团队学习中，实现自我提升。

3. 以满足个体的学习需求为衡量标准

这是社区教育学习圈建设成效的根本标尺。社区教育学习圈要能够真正从社区居民的需要出发，急群众之所急，开展真正让百姓受益的社区教育课程，使学习者真正能够学有所获、学有所乐、学有所思，将他们的知晓度、认同度、参与度、满意度等作为学习圈的最终评价指标，指导社区教育学习圈建设最终朝向科学、健康、稳定的方向发展。

（二）坚持终身学习的理论指导

1.终身持续性——强调"学习圈"全覆盖。社区教育学习圈，要能覆盖到各个年龄阶段的不同学习者的学习需求，构建不同层次、不同对象的学习圈组织，横向涵盖从老百姓的生活休闲到专业人士的业务提高，纵向从满足小朋友的兴趣爱好到老年人健康养生的需求等多种类型，让处于不同年龄段的社区居民都可以参与进来，都学有所得、学有所乐。

2.全员参与性——强调"学习圈"公平性。社区教育学习圈，要设置低门槛，甚至是无门槛，让每一位想参与的社区居民都可以参与进来，满足大众的终身学习需求。另外，要建立起政府、集体、个体三方合理分担的教育经费承担机制，对于公共性或准公共性的教育产品，政府进行全额的财政补贴，尽力减轻或减免学习者的学习费用，对于外来务工人员、家庭贫困人员、残疾人员给予全额减免。最大限度保证每一位居民都能平等的参与社区教育学习圈活动。

3.学习者中心性——强调"需求"导向课程模式。终身学习强调以学习者为中心，确立学习者的主体地位，根据不同学习群体的特点、需求，合理提供各种学习支持服务。因此，社区教育学习圈的组建、课程开发要始终以社区居民的需要为导向，办真正让群众满意的教育文化活动，这样社区居民的参与度、满意度才会提高，社区教育的质量才能得到保障。

社区教育"学习圈"始终坚持以学习者为中心，根据不同居民的特点、教学活动的不同性质等开展有针对的学习圈活动，学习途径、学习时间、学习内容、学习地点、学习成果都可以因地制宜地进行灵活创新，以切实提高不同学习圈活动的实效性。

三、构建社区教育"学习圈"的策略

（一）建立"四级"学习圈管理网络

学习圈是建设学习型社会的细胞和基石，是推进社区教育的一种有效形式和载体，在政府引导推动下，以民众自发、自主组织参与、资源共有共享等方式，把社区教育体系建设从政府主导的社区学院、社区教育中心、村（市民）学校延伸到各类学习群体，拓宽参与面，延长网络链，突破原有社区教育三级网络架构，形成层层有学习圈、处处有学习圈，上至社区教育委员会，下至草根居民学习圈的四级管理构架，该框架包括：（区）社区教育委员会、（街道）社区教育委员会、（社区）教育领导小组、（居民）学习圈领导小组的"四级"社区教育学习圈管理网络，从而使社区教育学习圈活动真正渗透到基层、惠及普通百姓。

（二）打造"四维一体"的学习圈模式

构建社区教育"学习圈"，打造多维度立体架构的"学习圈"组织，从四个方面着手加以准备，包括以市民群体为中心的"民间草根学习圈"、以居民社区为中心的"特色品牌学习圈"、以社区教育基地为中心的"文化资源学习圈"、以网络化平台为中心的"数字化学习圈"。

1. 培育民间草根的学习圈市民群体

社团组织是学习型社会建设中一支重要的民间有生力量，为了能充分发挥它们在各自专业领域和团队群体中的组织优势，促进区域社区教育工作朝着更务实、更广泛的方向开展，我们要创建并规范以民间和非正规社团组织为基础的"民间草根学习圈组织"。

所谓"民间草根学习圈"，就是具有相同志向和趣味的人通过志愿组成的学习群体，他们分享各自带来的知识，交流各自带来的经验，提升各自的学习能力和综合素养。结合社区居民的兴趣爱好、学习需求，创建一批民间草根学习圈，内容要涵盖心理调适、养身保健、文化娱乐、家庭园艺、传统手工、科普知识、实用技术、家庭教育等跟百姓生活息息相关的教育文化活动，让志同道

合的社区邻里高高兴兴地聚在一起，相互交流、相互学习、共同提升。

2.打造特色品牌的学习圈居民社区

为充分整合各辖区内的人文资源和优秀传统，积极推进社区教育项目的特色品牌创建工作，建立既符合辖区实际，又各具特色的学习圈，我们要以居民社区和楼群为基地，打造特色品牌学习圈，开展以满足不同群体需求为内容的特色学习活动。

特色品牌学习社区，就是以社区为单位，探索具有本社区特色的社区教育活动，实施"一社一品"，开展特色品牌学习社区评比建设，鼓励各社区根据自己的实际情况，打造出具有本区特色的精品学习圈，邀请专家的考核评估，通过后，授予"社区教育特色品牌社区（村）称号"。通过以评促建、以评促发展，各社区以创建"特色品牌学习社区"为契机，将学习视为促进社区发展和社区建设的主推力，视为满足社区居民终身学习需求的重要载体，社区居民在参与社区学习活动过程中，不断密切彼此的联系、增加社区居民的认同感和凝聚力。

3.拓展地域文化的学习圈示范基地

按照"挖掘资源、营造特色、龙头带动、形成网络"的原则，利用不同地域得天独厚的优势和独具特色的文化资源，依托各类地方性的历史纪念馆、特色文化公园、系列文化工程、名人文化馆、爱国主义教育基地、各类博物馆、地方院士风采馆、主题文化博览园等一批地文化基地，打造一批具有鲜明地域文化特色的"资源辐射型"学习圈示范基地，涵盖不同主题元素的历史和人文教育资源，为推动"学习圈"创建提供极为丰富的资源和载体。

建成的"社区教育基地"，要面向全区居民，并以教育主题化的形式免费开放。同时，通过打造"市民大讲堂"，开设专题讲座；依托"市民学校"，开展主题教育；传承地方人文精神，借助各级培训，落实相关课程等多种途径广泛宣扬先进文化；增强居民对辖区悠久历史和灿烂文化的了解，培育爱国爱家的强烈情感。

4.建立现代技术的学习圈数字中心

依托社区学院系统办学优势，创办面向全体市民的终身学习数字化教育公共服务平台。这个平台应具有四大开放性：教育观念的开放、教育对象的开放、教育时空的开放和教育方法的开放。

结合社区教育"学习圈"建设工作，建立以"数字化学习中心"为基础的平台，向区域内市民提供远程网络课程和各类型学习资源的数字化"学习圈"。这类学习圈有两种模式：一种是利用数字化学习资源开展传统意义下的学习、讨论与交流活动，把数字化课程作为资源来使用意义下的"学习圈"，这种"学习圈"与传统的"学习圈"没有大的区别；而另一种数字化学习圈则是把现代网络技术作为工具来使用，例如通过创建"QQ群""聊聊吧"等网络聊天工具来进行学习、交流与讨论。后者实际上是依托现代网络技术的数字"学习圈"，通过开设"市民学习、业务培训、学历教育、考试中心、学习论坛"等栏目，根据分层建设、分步实施的原则实现百万级用户注册管理、在线课程学习的目标。

（三）构建以"需求导向"的学习圈课程体系

在课程开发方面，应逐渐建立"需求导向型"社区教育学习圈课程开发模式，各市（县）区、镇（街道）社区教育办学机构应该成立社区教育课程规划研究小组，专门研究社区教育的课程开发工作。

1. 做好学习需求调研

三级社区办学机构在规划社区教育课程的过程中，要组织专人进行社区教育需求调研工作。在调查街道（镇）、社区发展中的问题和居民生活中的问题、障碍的基础上，以问题为核心拟定课程目标，初步拟定出社区教育课程菜单，然后通过对社区居民进行访谈和问卷调查，对已初步拟定的课程菜单进行不断修改和完善，让课程菜单更好地体现民意，并服务于社区居民的生活，促进社区的发展。

2. 科学制定决策

在学习需求调研的基础上，依据各种现有的、可供利用的社区教育资源的数量，如：办学经费、办学场地、仪器、设备、师资、社区志愿者等等。对各种新市民的教育需求信息进行筛选和取舍，最后做出恰当的需求决策，即从中选择出合理的需求并转成最后实施的课程，是确保课程开发成功的重要流程，进而制定出广大新市民真正需要的社区教育课程。

3. 搭建"学习圈"课程体系

根据社区居民的生活需求、兴趣爱好，我们认为一般社区教育学习圈的课程主要包含三个大的维度：社区职业技能类课程，旨在提升居民的职业技能，帮助其顺利实现就业；社区文化素质课程，旨在提升新市民的文化修养；社区闲暇类课程，旨在培育居民科学、文明、健康的生活方式，提高居民的生活质量。应该针对四大学习圈的特点，构建相应的课程体系。

（1）民间草根学习圈

该学习圈主要包括两大类型：一种是社区文化素质类课程，如法制教育类、心理健康类、养生保健类、人际关系类、家庭教育类、居家生活类。让学习圈的学员们之间相互交流、共同分享、共同学习，共同提高自身的文化素质，以更好地应对工作生活中的难题。一种是社区闲暇类的课程，这部分课程主要是一些居民感兴趣的文化娱乐活动，如棋牌类、老年戏曲类、体育健身类、读书类、家庭园艺、传统手工类等等。让学习圈的学习者们共同参与自己喜闻乐见的文化娱乐活动，拓展自己的兴趣爱好，充实自己的闲暇生活，结交更多的良师益友。

（2）特色品牌学习圈

以居民社区和楼群为基地，打造特色品牌学习圈，开展以满足不同群体需求为内容的特色学习活动。因此，特色品牌学习圈，重在特色、精品、品牌，它一定是一个社区学习圈中最具特色、最具影响力、最成功的教育项目，并最受社区百姓喜爱与拥护。因此，在课程的开发设置上，特色品牌学习圈，就可能是办得有声有色的社区文化素质类课程，也可能很好地融进了地方民俗特色的社区闲暇类课程，再或者是社区职业技能类课程，如创业技能培训、劳动力转移培训、待业青年技能培训等。

（3）地域文化的示范基地学习圈

按照"挖掘资源、营造特色；龙头带动、形成网络"的原则，打造一批具有鲜明地域文化特色的社区教育基地，旨在传承地方历史人文精神，提升全市居民的文化素养。因此，独特的文化特色与文化积淀决定了在课程开发设置方面，学习圈将主要侧重在青少年的校外德育实践教育上，如爱国主义教育、商帮创业精神教育等，为广大青少年道德实践提供重要的学习平台。

（4）智慧先行的数字化学习圈

依托社区学院的系统办学优势，建设市民终身学习网，一个集学习、管理、统计、查询、互动等多功能于一体的在线学习平台；涵盖"学前教育、高等教育、职业教育和基础教育"四大网上学习资源；具备网络课堂、答疑、作业、自测、学习管理等学习功能；拥有学习行为统计、人员权限分配等管理功能。使得市民终身学习在线平台可以同时容纳上万名用户注册管理、在线学习、在线课程学习、视频学习等，有效地推进全民终身学习活动的开展。

（四）实施"四度"学习圈绩效考评机制

建立社区教育学习圈"四度"绩效考评机制，对各学习圈的教育活动进行动态评价，以更好地推进社区教育学习圈建设的进一步发展。社区教育学习圈实效性的判断维度划分为四个。

1.社区居民的知晓度。该考评机制主要着眼于全市社区居民对社区教育"学习圈"的知晓程度，即是否为绝大多数居民所熟知，如果居民的知晓度高，在某种程度上也说明实效性比较高。

2.社区居民的认同度。这是指社区居民对社区教育"学习圈"的价值认同程度，认同度越高，实效性也就越高，相对来说活动越成功。

3.社区居民的参与度。参与度是指居民参与社区教育"学习圈"活动的状况，又分为三个小指标，包括居民的参与态度、参与的动机、参与的频率等。

4.社区居民的满意度，即居民在接受社区教育"学习圈"活动的满意程度，包括对课程、教师、学习方式、学习氛围、学习载体、学习成果等，这是社区居民对教育活动的综合评价程度，居民的调查满意度越高社区教育"学习圈"的实效性就越高。

案例：

福州市鼓楼区三坊七巷学习促进会"学习圈"

一、基本情况

福州市鼓楼区三坊七巷社区学习促进会正式成立于 2011 年 3 月 6 日，登记注册在鼓楼区民政局，业务主管单位为鼓楼区南街街道办事处。由驻三坊七巷社区热心公益事业的组织和居民自发组成的社区级、学习型、公益性民间社团。以学习为牵引，在三坊七巷社区，整合社区和社会资源，运用学习圈积极开展公益社区教育学习活动，为推进学习型社区建设贡献一分力量。

学习促进会以学习圈模式在社区开展教育和文化交流，学习圈的概念：将社区六人以上常态化学习组建社区学习圈，每个圈子有一名圈子负责人。圈子成熟一个建设一个，有计划的运用学习圈在社区开展教育学习活动。学习促进会现有各类兴趣爱好学习圈 10 个，成立以来在社区开展各类教育学习活动近百场，参与群众近万人。

二、三坊七巷社区学习促进会学习圈主要特色

成立以来，三坊七巷社区学习促进会积极贯彻福建省终身教育促进委员会对社区教育的有关指示和要求，在省、市、区教育部门关心和指导下，学习促进会以社区牵头、促进会承办、有部单位宣传、企业支持、群众参与的五位一体形式开展社区教育，运用学习圈的模式取得较好的效果。学习促进会学习圈主要有以下五个方面的特色：

（一）社区教育方向正确性有保障。学习圈活动前将开展社区教育目的、内容、方式、时间、地点、对象、人数等情况向本社区党组织居委会及相关单位进行通报，由社区基层党组织把关，并以三坊七巷社区牵头，学习促进会承办形式开展活动。同时社区教育学习的五大主题对接好党、政相关部门作为顾问单位，爱心社区对接区民政局、平安社区对接南街街道派出所、健康社区对接南街卫生服务中心、文化社区对接区教育局等、财富社区对接三坊七巷工商联等，有政府有关部门为顾问，确保学习圈开展社区教育的正确方向。

（二）社区教育组织稳定性有保障。六人以上常态化学习就形成学习圈，成

立门槛低，容易组建。同时社区学习促进会顾问及专家负责社区学习圈组建、协调、维护的作用，让学习圈有了组织团队上的依靠。学习促进会和学习圈人员以本社区为主，距离近，参与活动方便，效率就高，以志愿服务方式和兴趣爱好的心态参与活动，组织起来之后参与者积极性和稳定性很高。

（三）社区教育内容系统性有保障。学习圈围绕爱心、平安、健康、文化、财富社区五大主题的学习，学习内容容易展开，发挥社区居民组织作用，可以成立的学习圈子较多，开展社区教育知识内容渠道来源多，一方面可以是配合党政有关部门进社区宣传的内容，第二方面可以是学习促进会年度社区学习计划，第三方面可以依据年度自然节气、民俗特点、社区居民提供的兴趣爱好来开展活动，条件成熟就开展社区教育学习活动，学习的内容丰富实用，形式灵活多样，学习圈内容不断丰富和完善。

（四）社区教育财物力资源有保障。活动经费由学习促进会提供一部分，党政相关部门支持一部分，开展活动的社会组织、企业赞助一部分，社区居民捐赠一部分，资金来源虽然紧张，但还是有一定保障，基本能够保障活动开展的需要。活动场所不固定，自己事情自己做，调整大家积极性，在不影响其他场所使用情况下，依靠社区单位提供场所，目前在三坊七巷社区能够联系到10片以上的活动场所。

（五）社区教育群众积极性、主动性有保障。根据居民组织的兴趣爱好容易形成圈子，一方面通过圈子进行发动居民参与很有效，另一方面我们将开展的活动在社区、小区进行宣传很直接，第三方面我们组织进行活动签名很亲切，如百场活动，百家签名，主动上门宣传沟通让大家能够亲切感受到我们的诚意。同时运用微博、短信、学习促进会网站进行活动前预告，参与活动预约登记等。在社区张贴教育宣传用语，如"学知识、交朋友、献爱心"，"学习让社区更美好"，"学习促进和谐、学习促进文明、学习促进发展"，让大家来感受社区教育学习氛围和重要性，促进社区居民知晓率和参与的积极性和主动性。学习促进会还挖掘圈内的教育、医疗、法律、心理等方面专业人士，为社区和学习促进会献爱心，增强为社区服务能力吸引力，增强群众积极性和主动性。

三、学习促进会学习圈开展活动取得效果

（一）较好配合党、政府有关部门进社区宣传教育。如今年学习促进会的健康学习圈与福建省食品药品监督局合办《安全用药知识》讲座；安全学习圈与福建省图书馆和市公安局合办大型交通图片展及"平安是福、平安是金"交通安全知识讲座；与福州市公安局南街派出所、农行鼓楼分行合办幸福社区平安行"打击虚假信息诈骗和反洗钱活动"和《交通安全坊间谈》；健康学习圈与南街街道社区卫生服务中心合作开展系列健康讲座，茶文化学习圈与福建广播电视大学合作开展茶香进社区活动等，取得满意的效果。

（二）依据社区特色开展丰富的社区教育活动。三坊七巷有丰富的资源，老字号企业有数十家，三坊七巷走出百位名人，文化会所多，教育资源丰富，我们开展三坊七巷老字号企业系列访谈、三坊七巷名人故事、三坊七巷社区图片展、礼仪讲座、国学讲座、茶文化学习、民俗活动数十场，方向正面向上，内容丰富精彩，特色鲜明。并积极开展社区教育交流活动。如我会受邀参加2012年全国社区教育年会；福建省2012年社科普及周活动；带领社区群众参观马尾船政文化、到闽都乡学参观学习；开展公益慈善活动，为社区教育和医疗弱势群体提供帮助；在社区为福州文明创建的志愿者们服务。

（三）学习圈在社区和社会产生较好反响。社区居民欧大姐说：非常感谢学习促进会开展学习圈活动，为社区群众做了一件好事，大家在这里相互认识，相互学习，在社区真正实现终身学习，学习很重要，平时缺少学习平台，现在社区有了一个群众自己的学习平台真的挺好。社区陈大姐参加完我会插花学习圈举办的插花活动后说：来到这里学习心情很好，人很轻松，很舒服，比待在家里强多了，原来大家住在一起不认识，现在通过这个平台互相熟悉了，今后的每期活动都会积极参加，学习促进会真的为社区做了好事。我会忠实粉丝钟阿姨说她的子女都在国外，很感谢我们学习促进会的学习圈，让她平时的生活不再寂寞，更加丰富多彩，有地方进行学习和交流。我会学习圈举办的活动，还吸引了许多热衷于打麻将的小区居民，不时追问什么时候还有这样的活动，他们就不再打麻将了。

《福建日报》，福建电视台，《党的生活》《终身教育》杂志等都宣传报道过学习促进会的在社区开展活动的情况介绍，由于学习促进会在三坊七巷社区开展公益教育学习活动，在推进社区文明创建中发挥一定作用，区委宣传部、组织部、文明办、社区办等有关领导多次前来视察和指导。

社区学习促进会开展的社区学习圈活动，在社区树立良好的社会形象，以"五位一体"模式积极在社区开展社区教育活动，宣传"学知识、交朋友、献爱心"的基本理念，以学习活动带动学习促进会学习圈的各项建设，有力推进了学习型社区的终身教育。

第九章　社区学校（学习点）的建设与管理

第一节　社区学校概述

一、社区学校的内涵

我国当前对"社区学校"（community school）的理解通常有两种。一是指街道一级的社区内举办的各类居民学校，如法制学校、周末学校、外来人员学校等。二是指把各类居民学校集中于相对独立的教学场所，统一命名为"社区学校"。它们都是比社区学院低一级的以非学历课程为主兼有少量学历课程的学校，在学历教育方面，它们或者没有独立的专业设置权和发证权，或者只有中等学历教育建制。但笔者认为这只是狭义的"社区学校"，这种理解会导致社区教育以及学习型社区建设中的厚此薄彼和无所适从。应该拓展"社区学校"的内涵，为此首先要对"学校"与"社区"做一番考察和理解。

一般而言，社区学校分为正规社区学校与非正规社区学校两大类，前者包括全日制社区学校和非全日制社区学校，后者包括社区学习型组织、社区文化机构以及社区隐性课堂等，它们都有特殊功能和普遍功能，普遍功能是终身学习与终身教育。

二、社区学校的内涵

如此理解社区，则社区中任何学校都是社区学校。这有三方面的意思，一是属于社区的学校（belong to the community），指坐落于该社区并归其主管；二是坐落于社区的学校（located in the community），但不归该社区主管；三是为了社区的学校（for the community），所有属于社区的学校都是为了该社区，而坐落于社区的学校有的直接服务于社区，有的则不完全是。新的社区教育观认为，一切社区学校都应该是为了社区的学校，因为坐落于该社区就客观上决定了它有这个义务甚至需要（成员感、归属感使然），同时社区工作者也应该让所有学校发挥对社区的"为"，尽管"为"的程度各有不同。如此理解社区学校，意味着它不再仅仅指街道居民学校，而是包括普通中小学和高等院校在内的一切学校。

我国社区教育发展到今天，已经表现为开始创建学习型社区，终身教育、终身学习的理念已经在不少城市落地生根。在这个背景上提出社区学校或学院建设，其根本目的就是为了建设学习型社区，使居民获得终身学习的有效保障，最终促进社区的整体发展和居民的幸福。由此看来，社区学校不仅包括正规的有组织有管理有明确目标的教育机构，还应包括一切非正规的学习场所、场合或机构，诸如各种学习型组织、社区文化机构等。因此社区学校是指一切属于或坐落于该社区的有利于居民终身学习的学校或场所。

三、社区学校的办学定位与性质

社区学校的产生和发展，依循社区教育发展规律，适应社区经济社会文化发展需要，发生于我国改革开放、推进小康社会建设和现代化进程的新时期，在终身教育体系构建和学习型社会建设的背景下展开。从大环境来看，社区学校的产生既是改革开放与小康社会建设的成果体现，又是人的现代化与学习型社会建设的必然要求；从小环境来说，城乡社区建设是社区学校产生的必要前提，城乡社区教育发展是社区学校产生的根本原因。

虽然街道、乡镇社区设有国家规定设立的小学、中学等学校，以及乡镇社区后来由教育部规定设立的乡镇成人文化技术学校，但这些教育机构对于大多数社区成员而言是相互阻隔的。"社区"在城市的形成并延伸至农村，包括精神文明建设在内的社区建设要求开展社区教育并兴办社区学校。社区学校的出现提供了社区全体成员均可享受社区教育服务的可能性与可行性。由街道、乡镇主办的社区教育及社区学校，其内部也能容纳同样以社区为主体的老年学校、家长学校、亲子活动基地、青少年校外活动基地、成人文化技术学校或培训中心，开展涵盖社区全体成员所需的各类社区教育活动。由此，社区学校成为社区人文性的显著标志和街镇社区开展终身教育必不可少的学习中心。

上海地区的社区学校通常是指"街道社区学校"和"乡镇成人（社区）学校"。前者最初是指 20 世纪八九十年代社区教育兴起之时街道为适应社区居民学习所需而设立的教育场所或机构，后者是在"乡镇成人文化技术学校"的基础上加挂"社区学校"的牌子而成。具体而言，社区学校是街道办事处或乡镇人民政府组建的面向社区全体居民的以从事非营利性社区教育活动为主的社区教育机构，其办学充分利用本社区内各种教育、文化、科研、体育等资源，联合社会各种办学力量共同为社区居民提供丰富便捷的社区教育服务。

四、社区学校的分类与定位

通过对社区学校内涵的分析与拓宽，我们可以把社区学校分为正规社区学校与非正规社区学校两大类，前者包括全日制社区学校和非全日制社区学校，后者包括社区学习型组织、社区文化机构以及社区隐性课堂等。

学校的基本功能当然是教育与学习，但不同类型的学校又有不同的教育功能，如普通中小学的功能是基础教育，高等院校的功能则是高等教育，可是一切学校又都有终身教育这个共同的功能。终身教育"是完全意义上的教育，它包括了教育的各个方面，各项内容，从一个人出生的那一刻起一直到生命终结时为止的不间断的发展，包括了教育各发展阶段各个关头之间的有机联系"，简言之是包括学前教育、普通教育、成人教育、家庭教育、社区教育等各级各类教育的整体教育。任何一种学校都不敢说自己代表了终身教育，却可以说是它的组成部分，具有终身教育功能。如果说终身教育是一场接力赛和足球赛，那么各种社区学校的教育就是传递接力棒和传球，因此它是一切学校都具有的普遍功能。

（一）正规社区学校

正规的社区学校是指经国家教育行政主管部门或其他政府主管机构批准备案的、坐落于社区的具有现代学校基本特征的学校。

1. 全日制社区学校

包括托儿所、幼儿园、普通中小学、各类全日制中等专业学校、普通高等院校等。根据《教育法》"分级管理、分工负责"的管理原则，托儿所、幼儿园多属社区有关机构主管，普通中小学、各类全日制中等专业学校由地方人民政府管理，但实际上街道和乡镇承担着主要的分管责任。普通高等院校由国务院和省、自治区、直辖市人民政府管理，因而基本上不属于社区管理。可见除了普通高校，几乎所有其他全日制社区学校都是"属于"社区的。这些学校向社区居民提供学前教育、基础教育、职业教育或高等教育，除了高等院校面向包括本社区在内的更大范围乃至全省和全国的民众之外，前几类学校基本上都面向社区。这些学校是终身教育的组成部分，是居民终身学习的重要保障。除此之外，它们还可以通过两种途径为居民终身学习提供服务，一是向社区开放教室、活动场地或教育设备；二是利用本身的资源优势向社区成员办班，例如许多中小学就成立了家长学校、成人文化补习学校等。

2. 非全日制社区学校

非全日制社区学校是指基本上为业余性质的各种居民学校，当前人们热议的"社区学校"主要就是指这类学校。由于笔者对此概念作了拓展，为了区别开来特采用"居民学校"的说法。因为这样的社区学校在城市是街道一级的实体机构，是面向社区全体居民的，不像有的社区学校只是面向社区内特定的人群或者社区外人群，如普通中小学和普通高校，所以称为居民学校大体上是名实相符的，这样就能与广义的社区学校区分开来。

居民学校是狭义的社区学校，多由街道办事处、乡镇政府或社区其他社会力量主办，因而是"属于"社区的。它们可以是专门新建的独立学校，也可以挂牌在其他学校、社区图书馆、文化馆等机构。居民学校以非学历课程为主，兼有少量的学历课程。对此我国社区教育专家黄云龙教授提出了一套"四类26门"课程体系的构想，包括文化科学知识课程、职业技术培训课程、公民素质教育课程、家政教育课程。从中可以看出居民学校的主要功能是补偿教育和继续教育等各种社区教育，但无论是哪一种，其根本功能都是终身教育与终身学习，因为它们的目的本来就是设法为居民提供知识、文化、娱乐等服务，最终为居民谋幸福。而且在所有学校中，居民学校最贴近居民的亲身生活，与他们的联系最紧密，所以是社区居民进行终身学习的最重要场所，是最为常见的终身学习实体机构。

3. 混合制社区学校

这是指既有全日制的学历教育，又有非全日制的非学历教育的社区学校。这是指经国家教育行政主管部门批准备案的独学术视点试析社区学校的内涵、分类与功能立设立的成人高等或中等学校，诸如广播电视大学、成人教育学院、职工大学或业余大学、独立设置的函授学院以及某些社会力量办学单位等。这类学校大多为市县区级有关机构主办，大则面向整个城市，小则面向城区，因而基本上也是"属于"社区的。它们原先多对那些无力进入正规院校深造者进行补充性的学历教育，随着社区教育的发展，在巩固已有特色的基础上，它们一方面调整全日制专业，另一方面面向社区拓展非学历教育，根据自身的优势开设各种适应社区需要的课程，大多成为我国学习型社区建设的重镇，社区学院的前驱。

成人院校过去在很大程度上已经发挥了今天的社区学院的功能，只是它们要么过于局限于本单位或本社区人员极为有限的职工，要么招生范围过广，把视线注意于社区之外，而社区意识淡薄。为了适应学习化社会和社区教育的需要，各类成人院校开始把建设学习型社区、在社区中开辟新的生长点作为主要办学目的，这样它们就变成了名副其实的社区学院。

（二）非正规社区学校

非正规社区学校有些类似于古代的学校，是一种松散自由的学习场所，包括娱乐信息等一系列服务设施。进而言之，社区内一切学习型组织都是非正规学校。这种思想的基础来自陶行知的"社会即学校，生活即教育"，的确，一个人一生中的东西有很多是在社会这所没有围墙的学校中学到的，如果说一个学习型社区是一所大的整体的社区学校，则其中的一个个学习型组织就是一所所小的社区学校。可以说，终身学习与终身教育既是非正规社区学校的基本功能，又是它们的目的和标志，因此对这类学校的分析又意味着如何发挥基本功能，只有实现了这样的功能，它们才成其为"学校"。

1. 社区学习型组织

如果我们把视野放在街道，那么这些学习型组织主要包括以下几种：

（1）学习型企事业单位

这种单位具有浓郁的学习风气，组织成员有清楚的共同愿景和个人愿景，组织整体效能高。由于这些单位很多都不归所在社区管辖，社区可以与这些单位共同商讨如何营建学习型组织，然后采取一系列有效措施，与社区共建。例如，一些大型企事业单位专门举办了职工培训中心之类的学习机构，社区可以与它们合作办学，企事业单位向社区开放教育场地和设备，向社区居民开放培训课程，甚至可以利用已有师资和办学经验与社区共同开发新的课程，社区则可向企业职工开放居民学校及其他教育资源。

（2）学习型楼组

学习型楼组既可以是一个学习团体，也可以是居民从事终身学习的实体机构，可以由居委会发动，具体营建工作由楼组长负责。

（3）学习型家庭

学习型家庭是指家庭内所有具有学习能力的成员均参与终身学习。家庭是学习的基本单位，其营建关键在于家长，家长要做终身学习的带头兵，家长终身学习的意识和能力极其重要，但是许多家长的自身素质急待提高，而社区可以通过家长学校之类的机构或终身学习讲座之类的方式，让他们认识到自己学习对孩子的巨大影响。

（4）学习型团体

学习型楼组和学习型家庭也是一种学习型团体，但后者不限于楼组和家庭。它包括正式和非正式两种，前者多是一些协会，诸如书画协会、钓鱼协会；后者多是一些志趣相投的人组成的自由学习组织，诸如读书会、学习小组等。美国管理学家彼得·圣吉认为，通过团体学习，团体进一步发展和推广，有可能造就学习组织，同样，在社区，学习团体和学习组织越多，就越能形成良好的学习风气，最终推动学习型社区的建成。终身学习倡导者可以通过广告宣传的方式，让社区居民详细了解这些团体；可以通过资金、政策服务等形式鼓励、扶持这些团体，并且让它们在发展学习型社区的工作中发挥更大作用。

2. 社区文化机构

主要有图书馆、文化馆、电影院、广播站、电视台、体育馆等。图书馆是社区终身学习的资料和信息中心，除了向居民提供学习资料和场地外，还可举办社区读书会、图书资源交流等活动。文化馆可以建成社区文化活动中心，通过参与文化活动进行非正式学习，还可根据本馆特色举办一定的教学活动。电影院可以放映一些文化科学知识之类的影片，其场地还可用来开展一些社区大型活动。广播站和电视台可以制作一些教育节目，宣传社区学习信息，还可开播社区新闻，以联络社区成员的感情，有线电视甚至还可以发动社区居民参与录制节目。体育馆是人们健身的场所，同时也可以发展成为学习生理健康知识的地方。发达社区还建立社区网络中心之类的机构，这使社区终身学习如虎添翼。

3. 社区隐性课堂

社区隐性课堂是指创造和利用社区自然环境和人文环境，使其成为一种社会大学，让居民得到潜移默化的熏陶。

（1）优化社区环境。例如，在树木上标上名称，在一些花坛旁边标上花名；利用广告牌进行法律政策宣传，如上海市许多社区就有这样的牌子——"社区是个家，情系你我他"；开辟画廊，让少年儿童绘制主题性图画，或者复制名画，让人们受到高雅艺术的陶冶；开发"境教资源"，比如社区内的文娱场所、文化馆、纪念馆、文物古迹、动植物园、科技园区等。

（2）倡导和谐的社区人际关系，使社区成员彼此受到感染，让自己的言行举止变得更加文明，并且促进个人的社会化。社区可以把学习型社区同文明社区的创建结合起来，可以提倡居委会、楼组长以及社区中有威信的人做好这方面的工作，通过平时日积月累，不断增进社区成员之间的情感。还可以通过各类活动增进人与人之间的交流，例如台湾的一些社区就利用"吃福头""社区办桌"的民俗活动来增强社区意识，联络民众感情。良好的人际关系，不仅使人学到人际交往方面的经验，提高人的素质，还使人拥有愉快的学习环境。

（3）举办各类社区活动，让活动内容成为隐性课程。诸如各种节庆活动、文艺娱乐活动、青少年科技活动乃至自发或自觉组织的聊天会、纳凉会等等，都能让人学到各种各样的社会知识或自然科学知识，构成一个庞大的隐性课堂。

第二节　社区学校的建设与现状

作为社区教育三级网络中的骨干，社区学校在与社区实际相结合的过程中不断适应社区教育发展的要求，通过实体化、规范化和标准化建设而逐步健全和完善起来。

一、社区学校实体化建设

《终身教育体系中社区学校实体化建设的研究》一书认为，社区学校"实体化"应包含 7 项基本要素：组织领导实职化、教育教学实效化、规章制度实质化、师资队伍实体化、校舍场所实地化、教育经费实数化、网站网络实用化。实体化建设是初始阶段的社区学校建设过程，也是社区学校后续发展的前提和基础。

从我国上海地区的社区学校实体化建设来看，既有相关文件规定的统一要求，又有结合社区实际所形成的多种模式。2001 年上海市教委、市文明办、市民政局发布的《上海市社区学校设置暂行规定》，对社区学校的性质地位、办学任务做出规定。同时，该文件提出了设置社区学校应具备的基本条件，对领导班子，办学宗旨、方案、章程，教学计划，师资队伍，教学行政用房、教室场地、设备，建设资金及经费来源也做了相应的规定。这些规定既明确了社区学校设置的基本要求，也确立了社区学校实体化建设的基本内容，为社区学校建设确定了基本方向。

社区学校是结合社区实际和需求的产物，上海地区的社区学校实体化建设具有多种模式：（1）由区教育局为每个街道、乡镇划拨一所学校举办社区学校，产权仍属区教育局；（2）由街道自筹资金自建社区学校；（3）街道依托一所中学举办社区学校；（4）街道利用和整合社区内教育资源举办社区学校；（5）在街道统筹下由社会力量举办社区学校；（6）实行两块牌子一套班子，社区学校在乡镇成人文化技术学校加挂校牌办学。

二、社区学校规范化建设

继实体化建设之后，作为推进社区教育发展的重要举措，各社区学校顺势迈入规范化建设进程。举例来说：上海市长宁区各社区学校经历了规范化建设的推广试行、全面开展和评估检验三个阶段。在组织管理、制度规范、队伍建设等方面对社区学校办学提出统一要求，促进社区学校及居民教学点成为构建区域终身教育体系、推进学习型城区建设的平台和载体。其具体做法是：深入调研、制定要求，制度入手、课程先导，骨干引领、以评促建，落实整改、长效推进。上海市浦东新区金杨街道社区学校的规范化建设，形成了较为系统的8 个方面的社区学校办学和管理经验。8 个方面包括：校务管理、教务管理、总务管理、市民学习管理、宣教信息管理、办学服务管理、办学评估管理、办学档案管理。

"规范化"的核心问题，一是以何规范，涉及规范的内容或要求；二是何以规范，涉及规范的途径或方法。前者在实然状态的现实基础上，在一定价值观念的支配下，用"应该如此"的要求来规范社区教育办学的各项工作。后者在价值目标实现的途径和方法上，并非主要通过外在的条条框框或规定标准进行限定和约束，而是激发全体社区教育工作者内在的价值信念与追求，主要通过发挥其主体作用，以"应该如此"的价值准则自主规范各项社区教育的办学行为。

三、社区学校标准化建设

《上海市中长期教育改革和发展规划纲要（2010—2020 年）》提出："完善市民终身学习公共服务设施建设。重点建设 18 个区县社区学院，继续推进街道乡镇成人学校和社区学校标准化建设，建设 3000 个标准化居（村）委居民学习点，完善全民终身学习三级学校网络，形成教育进社区、学习到家门的终身学习服务体系。"在此之前，中华人民共和国标准（GB /T20647.3—2006）社区服务指南第三部分——文化、教育、体育服务，其中规定：社区学校是社区利用辖区内各类教育资源建立的，面向社区成员的社区教育活动机构。建立社区学校应符合以下基本条件：

——有明确的办学宗旨，办学章程，切实可行的教学计划；

——拥有熟悉教育业务、有组织管理能力的领导团队；

——配备一定数量的热爱社区教育、有良好品德和较高教学水平的专、兼职教师；

——具备相对稳定的、能满足需要的教学用房、场地和设备；

——有相对稳定的资金来源。

上海地区的社区学校标准化建设先行在镇成人文化技术学校展开。2008年上海市教委提出用 3 年时间基本实现本市镇成人文化技术学校标准化建设。2014 年上海市教委又提出用 3 年时间在全市开展街镇社区学校标准化建设、镇成人文化技术学校内涵建设。其所确定的工作内容：一是重点推动街镇社区学校基础建设，在学校建制、经费投入、人员配置、校舍设施、现代化教育手段等方面按有关规定予以落实，整体提升办学水平；二是加快推进镇成人文化技术学校内涵建设，提升管理水平、办学能力、办学质量和办学效益，并制定相应评估指标。街镇社区学校标准化建设及镇成人文化技术学校内涵建设，通过加强领导，统筹规划；注重过程，提升水平；总结提炼，形成经验，推动区域终身教育工作和社区学校建设的不断深化。

实体化建设、规范化建设、标准化建设对于社区学校的长足发展起到了重要的促进作用。但毋庸讳言，社区学校的建设仍然需要持续推动。依据三次相关市级调研结果，目前上海地区社区学校所存在的主要问题包括：社区学校的机构属性不统一、不明确；社区学校专职人员配备不足的问题明显突出；部分区县、街镇无相关社区教育单列或配套经费；共享建筑用房和场地设施街道社区学校占绝大多数；社区学校的现代学校制度建设有待充实；课程开发与应用、适需与引导在社区学校表现为有强有弱；社区学校专职人员的办学理念与工作能力有待提高。

四、社区学校的功能与作用

（一）总体功能与作用

1. 再现社区、重塑社区的主体功能

学校以社会组织的形态成为现存社会延续的教育载体，而且社会的改造与更新在很大程度上与依托教育及其载体——各类学校所发挥的功能有关。社区学校的主办者、参与者、教育者和学习者的合力互动，把有益于社区及其成员发展的目标愿景、价值观念、文化知识、技能艺能、人生体验、休闲爱好等带入社区学校；后者既提供促进社区建设所需的教育服务，也提供满足社区个体与群体发展所需的学习服务。在整合资源"再现社区"的基础上，社区学校通过各类教育培训和学习活动，铸民魂、启民智、正民风，凝聚社区建设共识，提升社区成员素质，进而发挥"重塑社区"的功能和作用。

2.学习型社区创建的参与功能

学习型社区创建作为推进社区建设的一种创新模式，主要在于通过社区教育把学习导入社区建设过程，多层面、多类型、多形式推进"学习社会化、社会学习化"进程，提高社区成员的综合素质和生活质量，促进社区的可持续发展。街镇社区学校参与学习型社区创建，一是面向社区学习型组织，二是面向条块管理部门和社区公益团体，三是面向各类社区居民群体。社区学校努力营造学习环境，努力创设学习条件，努力形成学习效果，努力达到学习目标，成为学习型社区创建的中坚力量。

3.区域终身学习系统的服务功能

区域（区县）终身教育系统由"三大体系"构成，即区域终身教育管理体系、区域终身教育实施体系和区域终身学习指导服务体系。后者主要由社区教育三级网络组成，区县社区学院、街镇社区学校、居村教学点三者形成整体，在教育服务的内容、途径和方式上，为社区成员提供"教育进社区，学习到家门"的区域终身学习指导服务。

其中，街镇社区学校处于"骨干"地位，上接社区学院"龙头"、下联居村教学点"基础"。通过各类学习活动，培养社区居民逐渐形成崇尚知识，崇尚文明，追求学习、追求进步的生活理念，共同营造文化生活丰富、人际关系和谐的社区人文环境。

（二）具体功能与作用

1.整合功能

社区教育和学习型社区发展需要各方的通力合作和丰富的教育资源作为支撑。社区学校是社区教育系统内主体间互动机制运行的主要参与者。各类关系之间的互动，通过多种机制的运行，合力达成社区教育系统所要实现的各项目标。社区学校在相应机制的运作中主要进行旨在强化其办学业务能力方面的整合。与此相关，社区学校的整合功能还包括整合街镇所开展的各类"社区的教育"，以及整合挂靠在社区学校内的街镇老年学校、社区家长学校等，甚至包括整合乡镇成人文化技术学校。

2. 开发功能

社区教育资源与社区教育形态是互相依存的整体。社区教育的目标和学习需求要求丰富社区教育资源的种类和样式，社区教育资源的开发与运用则影响社区教育的品质与成效。社区教育资源和社区学校所要开发的资源主要包括课程资源、培训资源、活动资源以及数字化学习资源、品牌性学习项目资源等。社区教育资源既是社区教育塑造和发展自身的基本要素，也是社区学校自身生存与发展的立足之本。社区教育资源的这种二重性，凸显了社区学校内在的开发功能的重要性。

3. 实施功能

实施是社区学校最具实质性的功能。社区教育活动内容丰富、形式多样、面多量广，社区学校是社区教育活动的具体组织者和实施者，其实施的对象与范围涉及街镇所开展的所有社区教育活动及其全过程，小至某项具体活动或年度计划的各类活动项目，大至街镇所规划的 3 至 5 年社区教育的发展目标和任务。从这一意义上来说，实施功能是一种行动力，也是一种执行力。实施功能与开发功能密切相关。课程活动、培训活动和学习活动的开发除自身包含一定力度的实施外，实施功能更多的是指向成功开发的社区教育公共产品应用的策划、宣传、组织、教学与推行。

4. 指导功能

指导功能是社区学校一项独特的必不可少的功能。休闲文化教育、职业技能培训构成社区学校办学的基本内容、基本形态和基本特色，然而，其他一般教育机构也能具备此项教学功能。社区居民的终身学习需要便捷、长期和有针对性的指导，而社区教育立足社区、服务居民的特性使社区学校成为具备和发挥指导功能的最佳选项，尽管这一功能在实际运作中是由社区学校和社区学院共同承担的。社区学校指导功能所作用的相应对象和范围主要是学习型小区、学习型团队、学习型家庭、居（村）教学点的建设以及社区居民的终身学习。此外，社区学校还通过实施和推行社区教育实验项目、教科研项目、品牌学习项目并发挥其引导、示范与辐射作用进行指导。

5. 管理功能

作为社区教育的载体和阵地，社区学校还应具备自身管理功能。制度、队伍、计划、评估、校务、教务、总务、财务、档案、统计是社区学校自主管理的 10 个主要方面。此外，社区学校也是街镇社区教育工作，尤其是居村教学点工作的管理者之一。

第三节　社区学校建设的途径与策略

一、社区学校的管理体制建设

提供国民教育和终身教育等公共事业性服务，是政府公共服务体系的基本内容之一。终身教育的区域实施表现为社区教育形态。社区教育所体现的政府公共服务既属于社会公共服务也属于教育公共服务，一是能够满足社区公共需要；二是社区居民能够平等享受。社区教育及其办学是政府公共服务落实到社区层面的重要体现。下文以上海为例分析说明。

（一）社区教育及其办学的首要责任主体

《上海市终身教育促进条例》规定了本市乡镇人民政府、街道办事处组织开展终身教育、社区教育工作的职责——既是区域终身教育工作的责任主体之一，又是社区教育工作的首要责任主体。社区教育重在为社区居民提供全员、全程、全面的教育服务与学习支持，是整合社区各类教育资源，支持全民学习、终身学习，建设学习型社区的最佳平台，在学习型社区建设中具有源头性、基础性作用。在学习促进个人发展和社会进步的过程中，社区教育对社区治理、社区民生、社区服务、社区文化、社区文明产生积极影响。社区与教育的联结，是社区发展与教育的联结，归根结底是社区人的发展与教育的联结。因此，推进社区教育发展和学习型社区建设是乡镇人民政府、街道办事处的重要职责，既是社区工作的重要运行方式又是社区建设的重要组成部分。

在街镇，社区教育的实施主要是通过整合社区各类教育资源所形成的合力，尤其是发挥社区学校各项功能实现的。加强街镇社区学校实体化、规范化和标准化建设，既是推进社区教育发展的重中之重，也是推进学习型社区建设的重中之重。社区学校校长由街镇党政主要负责人担任。乡镇人民政府、街道办事处在社区学校办学政策、办学方向、办学任务、办学措施、办学资源等方面发挥主导作用，担负办好社区学校的重要职责。

（二）社区教育及其办学的重要责任主体

区县教育行政部门统筹所辖区域包括社区教育在内的终身教育工作，掌握制定相关教育政策、规划、制度性安排等方面的设计资源，掌握组织教育教学活动和推进教育事业发展的行政资源，掌握教育专业人员、专用经费和专用设施配置的专业资源。就提供社区教育的政府公共服务而言，教育与社区的联结，是教服务于社区发展的联结，归根结底是教育服务于社区人的发展的联结。《上海市终身教育促进条例》规定了区、县教育行政部门负责本辖区终身教育工作的职责。区县教育行政部门是区域终身教育工作的重要责任主体，其在街镇社区学校建设方面的主导作用不可或缺。

在街镇社区学校负责日常工作的专职副校长由区县教育行政部门批准任命，确保和体现社区教育办学的教育专业性和教育执行力。同时，依据相关规定和街镇人口规模，配备适量必要的专职教师，其待遇与同级普通学校教师相同，支持街镇社区学校专职教师的职业化、专业化和复合型发展，确保街镇社区学校具有一定的办学水平和教学质量。区县教育行政部门（委托社区学院等机构）建立社区教育工作综合考核评估指标体系，在街镇社区教育工作的管理和组织、街镇社区学校及居村教学点的办学状况和条件、社区成员学习参与率和学员满意度等方面进行绩效选优考核评估，运行社区教育工作评估与激励机制，并以此为依据增加教育系统财政对社区教育的投入力度。

（三）社区教育办学外部环境的现状与改善

其一，微观层面社区教育办学外部环境的现状与改善。乡镇人民政府、街道办事处和区县教育行政部门明确各自在促进区域终身教育和社区教育发展中所承担的相关法定责任和社会职责，理顺责任主体间区域终身教育工作和社区教育工作的领导管理体制和组织运行机制，是社区教育办学外部环境改善的最重要保证。明确社区教育办学体制，并不意味着社区教育办学由政府具体包办或操办。政府既要通过设置社区学校为居民学习和社区建设提供所需要的教育，又要在社区教育办学中发挥社区学校的自主性和社区民众的主体性，落实和规范社区学校办学自主权，实现政府、社区学校和社区居民三者力量的协调一致。社区教育系统内外各要素之间上下左右相互关系的确立和互动，要求形成与之相适应的多种机制。除政府部门的保障机制、督导机制和激励机制外，社区学校办学主要涉及的是参与方之间的互动、共享、合作、协作等机制。通过多种机制的运行，改善社区教育的外部环境和增添社区学校办学的内在活力。

其二，宏观层面社区教育办学外部环境的现状与改善。确定相关的政策导向，制定相关的法律法规，是政府部门和立法机关推动社区教育发展的最重要职能，也是宏观层面改善社区教育办学外部环境条件的最重要举措。社区教育发展及其载体建设，既要在原有基础上推进又要突破原有历史条件的局限，适应改革开放和经济社会发展的新变化，适应城乡社区建设和学习型城市建设的新发展，在更大的格局里认识"社区教育在学习型城市建设中的基础性地位，社区教育是全民终身学习的原点"。宏观层面进一步改善社区教育发展的外部环境有利于解决社区学校建设的突出问题。办学体制、办学机制、办学建制、办学编制、办学经费的相关制度性规定，构成社区教育三级网络整体的外部环境，也构成街镇社区学校办学的外部环境。

社区教育在本质上是一种地方性教育，因此，社区教育办学外部环境的改善，是区县（包括教育行政部门）、街镇二级政府职责范围内可以处理决定的地方性公共事务。当然，如果完全照此办理而没有宏观层面的统筹、协调与指导，也会影响到社区教育三级网络的规范化建设，尤其是不利于街镇社区学校的均衡化发展。因此，社区教育办学外部环境的改善，迫切需要在宏观层面上——省市或国家教育行政部门，根据社会经济文化发展的实际，根据社区教育自身发展的实际，总结社区学校建设的成功经验，参照乡镇成人文化技术学校建设的有关规定，有针对性地制定社区学校建设的相关规定或补充规定，通过加强社区教育三级网络中的骨干力量建设，促进区域终身教育发展和学习型社区建设。

社区教育办学应实行管理精简的原则。一是在由街镇社区所开展的各类教育中确立社区教育的主体地位，二是在由街镇社区所设立的各类学校中确立社区学校的主体地位，三是在由街镇社区所主办的社区学校办学过程中确立其自主办学的主体地位。

乡镇成人文化技术学校与乡镇社区学校由现行的"二块牌子一套班子"和优势互补过渡到以乡镇社区学校为主，但保留乡镇成人文化技术学校已有的全部名分、功能和业务，乡镇社区学校加挂"某某乡镇成人文化技术学校"的牌子。由此，街道社区和乡镇社区所举办的社区教育学校统称为"某某街镇社区学校"。而街道社区和乡镇社区所主办的其他诸如"老年学校""家长学校""妇女学校""成人文化技术学校""职业技能培训中心"等，均可纳入街镇社区学校，但保持各自所承担的教育的相对独立性。社区教育办学的这一局面是值得期待的。教育部等九部门《关于进一步推进社区教育发展的意见》（教职成〔2016〕4号）提出："加快乡镇成人文化技术学校的转型发展，鼓励其成为农村社区教育的重要载体。"

二、社区学校管理制度建设

社区教育办学实行依法办学的原则，以建设现代学校制度为目标，落实和规范学校办学自主权，形成政府依法管理学校，学校依法办学、自主管理，教师依法执教，社会依法支持和参与学校管理的格局。

（一）提高社区学校办学章程质量

办学章程是学校改革发展、实现依法治校的基本依据。社区学校依法制定具有自身特色的学校章程，按照教育部《全面推进依法治校实施纲要》的要求，应坚持社会主义办学方向的基本原则，以增强学校自主权为导向，着力规范内部治理结构和权力运行规则，充分反映学校教职工和社区学员的意愿，凝练共同的理念与价值认同，体现学校的办学特色和发展目标，突出科学性和可操作性。参照普通中小学、幼儿园、中等职业学校章程由主管教育行政部门核准的规定，各社区学校章程拟定后也应经由区县教育行政部门核准。

章程体现社区学校的办学特色。特色是学校在长期的办学过程中积淀下来的、独特的、稳定的、良好的生存和发展方式。或者说，特色是学校根据自身传统和优势，在长期的办学实践中逐步形成的办学理念、办学目标、办学管理、师资结构、教学内容、教学方法、教学设施以及校园文化等多方面综合的办学风格和特征。

社区学校不同于普通教育学校，也不同于其他继续教育机构，社区学校的办学特色，来源于社区教育不同于其他教育形态的独特性，来源于所在社区交往和生活方式的独特性，来源于所在社区产业和人文环境的独特性，来源于社区居民学习喜好的独特性。

社区学校的办学特色，正是在不断探索并适应社区教育规律、社区建设要求和居民学习需求的独特性的过程中，通过精心提炼、精心构建而形成的，因而具有鲜明的个性特征和与众不同的品质，人无我有，人有我优，人优我新，并呈现带有整体性的个性风貌，不仅反映以往办学的积淀而且展示学校未来发展的追求。章程体现社区学校的发展目标。发展目标是把学校办成一所怎样的学校的表述与追求。发展是学校在原有基础上的提升，包括学校共同体成员的发展、硬件发展和软件发展，规模发展与内涵发展、渐进式发展与跨越式发展。目标是学校发展的定位，即学校在将来多久的时间内发展成为一所什么样的学校。社区学校发展目标是根据社区及其成员发展对学校的需求，在分析学校现状和确定办学特色、发展程度与时限的基础上，体现办学理念和宗旨，具有行动导向性和可实现性的综合而成的社区、社区居民及教职工对学校发展的期望值。

学校总体目标一般是抽象的，还需要将总体目标进一步具体化、层次化，从而有利于总体目标的实现。因此，学校发展目标在办学实践中还要转化为工作目标。通过对学校总目标进行有效分解，转化成各部门岗位以及各教职员工的分目标即具体任务，并与学校总目标融为一体，形成定位方向一致、明确具体、切实可行的目标体系，进而实施目标管理。后者以目标为导向，重视人的因素，以人为中心；重视工作成果，以成果为标准；自上而下地确定工作目标，自下而上地保证目标实现，所建立的目标链既有其实施期限，又有过程循环的连续性，从而不断提高办学质量和成效。

（二）提高社区学校制度建设质量

现代学校制度由办学的核心制度和相关制度组成。前者是指依照办学章程，建立健全党组织领导，设立校务委员会，实行校长负责制。后者主要包括：

——以办学理念与校园文化为灵魂、以办学章程为基本管理规范、以《街镇社区学校管理手册》为细化管理规范，制订和实施校务管理制度；

——从教师队伍、教材开发、教学流程、教学对象、教学质量五个方面，制订和实施教务管理制度；

——就课程设置、学习内容、活动形式、组织方式的策划、计划与落实，制订和实施教学管理制度；

——以宣传导向、沟通交流、教学服务、管理统计为要点，制订和实施信息管理制度；

——以安全、便捷、节约、服务为原则，制订和实施总务管理制度；

——按照及时、真实、准确、规范的要求，制订和实施档案管理制度；

——社区学校既是社区教育的办学实体，同时又是街镇各居村教学点开展社区教育活动的指导者，应制订和实施指导管理制度。此外，社区学校还应制订组织实施街镇所开展的社区教育主题活动和指导街镇各居村教学点开展社区教育专题活动的相关管理制度；

——公益性是社区教育的基本属性之一。社区学校课程收费应本着公益性和支出与收费相平衡的原则进行管理。对于社区内弱势群体应采取优惠措施为他们接受教育和培训创造条件，对于某些市场化的培训项目可考虑酌情收取适量费用。为此，应制订课程收费管理制度并严格把关和遵守。

三、社区学校的内涵建设

社区教育办学应坚持社区为根的原则。社区为根办学的完整含义是依靠社区、服务社区、建设社区。为此，必须强化社区学校办学的内涵建设。

（一）致力于提升与健全办学基本能力

街镇社区学校在社区教育三级网络中举足轻重，是社区教育的骨干力量，也是学习型社区建设的中坚力量；同时，它又是居村教学点运作的直接指导。街镇社区学校的成长壮大，关键在于加强学校能力建设、增强内在办学活力。

一是办学能力：不断改善办学条件、提高办学管理水平、增强办学功能和指导功能，满足社区成员多样化多层面学习需求，参与学习型社区建设。

二是教学能力：形成社区教育专、兼职和志愿者师资队伍，开展教研教学交流活动，丰富教学内容，改进教学方法，提高教学质量，掌握办学主动权，增强办学吸引力。

三是指导能力：与居村教学点密切联系，教学活动向居村教学点扩展延伸，师资共享、送教上门，参与规划并实施居村教学点规范化建设。

四是组织能力：组织课程源、培训源、活动源以及组织相应的学习源；还表现为参与组织各类学习型团队及相关活动。

五是宣传能力：传播终身学习理念、宣传终身学习典型；展示所设置的社区教育课程、所取得的社区教育成果；交流社区教育活动和社区教育经验。

六是开发能力：开发社区教育课程活动或培训项目，编写社区教育读本或教材，制作社区教育网络课程或微课，为社区学员提供社区教育本土化公共产品。

七是统计能力：应用信息网络技术在施行学校教务管理的同时，提供街镇范围终身教育、终身学习相关统计数据，确保学校教务管理的便捷与高效，确保相关统计数据的准确与有效。

（二）开发文化与素养系列课程资源

在巩固已有社区教育特色课程和优质教学资源成果的同时，注重开发人文教育的文化与素养系列的课程资源。就"培育与践行社会主义核心价值观"这一主题，社区学校结合本街镇实际，编写社区教育校本教材，选择开发相关社区教育课程、学习资源或活动载体，并注重把握好时、度、效，组织实施多种形式的教学活动。从"乡土历史与文化""改革开放新变化""践行核心价值观实例"三个视角，采撷本街镇人文传统、社区建设、精神风貌的亮点，制作反映街镇风貌的网络课程。继续开发其他系列的社区教育资源，更好开展团队型、讲座型、巡回宣讲型、网上学习型等社区教育活动，建设社区教育课程（网络课程）、职业技能培训、标志性群众学习活动"三种资源"。

（三）促进新型城镇化建设

新型城镇化聚焦国家的发展，也聚焦人的发展。社区教育联系实际参与新型城镇化进程，既是社区教育的使命所在，也是拓展社区学校功能的契机使然。

其一，拓展实施功能，转换各自优势：乡镇社区学校提高社区教育能力，适当侧重于社区教育课程的设置；街道社区学校提高职业教育能力，适当侧重于技能培训课程的设置；同时兼顾老年教育课程质量的提升，主要通过"三教融合"的方式，做大做强区域终身教育。

其二，培育人力资本，激励学习参与：引导离土农民和农民工认识到获得并提升职业技能对于实现市民化的重要性，社区教育主动适应弱势群体的学习需求，有针对性地组织设置应用型技能培训课程。

其三，提升社会资本，营造和谐氛围：促进农业转移人口的价值观念和行为习惯向进一步社会化转变，社区教育开展相关服务、咨询和培训活动，为他们提供与市民交往和参与社区建设的平台，普及科学健康文明向上的生活方式，共同营造社区生活共同体的和谐氛围。

其四，挖掘培训潜力，拓展培训领域：社区教育不仅要加大生产性岗位技能培训力度，而且要加大服务业岗位能力培训力度，多种类开发第三、第二、第一产业适需岗位能力培训项目。

（四）服务社区治理与社区建设

提升社区民众的公民意识和公民能力，提升社区成员的生活艺能和职业技能，提升社区群众的综合素质和生活质量，共同参与社区建设和社区战略实现，社区教育已成为社区工作的重要组成部分和运行方式之一。针对社区的重点、难点、热点问题和居民日常生活的需要，社区教育开发多种适应需要、化解矛盾的学习计划或项目，参与源头治理和解决社区居民衣食住行等日常生活中的问题与困难。通过社区教育各项活动，壮大社区主流思想舆论，弘扬真善美、贬斥假恶丑，依托重大节庆和社区文化资源，组织开展群众乐于参与的文化活动，丰富社区居民精神文化生活，提高公民道德素质，推进社区文明建设。社区教育在居民学习过程中酝酿社区建设的好主意、好建议、好点子，形成沟通社情民意的有效渠道，拓展社区服务的项目和范围，通过培育学习型团队，社区居民参与社区服务、增强社区治理和社区服务的正能量。

（五）参与大众创业与万众创新

"发挥社区地理和软环境优势，支持社区创业者创业"。街镇社区汇集高校毕业生、农村转移劳动力、城镇困难人员、退役军人等人力资源。街镇社区依托社区学校把创业精神培育和创业素质培训纳入社区教育内容，在创业课程、创业实训、创业创新知识普及等方面整合教育培训资源，同时，搭建汇集创业信息、创业想法、创业"金点子"的平台，使大众创业、万众创新理念在街镇社区深入人心。

（六）打造街镇社区教育品牌项目

标志性、高水平社区教育品牌学习项目是社区形象、社区教育吸引力和社区学校办学成果的重要体现。社区教育品牌学习项目建设，结合街镇社会经济文化发展需要和社区群众学习需求，形成具有社区特色的课程、培训及活动资源，塑造知名的街镇社区学习品牌项目。通过提供终身教育与终身学习的优质服务，更多的社区成员获得更多的学习体验和收获，参与更多的社区教育活动。社区学校的生命力在于坚持以人为本、需求导向，在于坚持社区为根、特色发展。相对于社区教育办学外部环境微观层面的优化和宏观层面的改善而言，社区学校受到社区民众的认可和喜爱，更为重要的是强化社区学校办学的内涵建设，通过社区品格的塑造和服务品质的提升，遍布城乡的众多社区学校将成为街镇社区的一颗颗光彩夺目的瑰宝。

第十章　社区学院农村社区教育管理

以学习型农村建设为导向，走农村教育社区化发展路子，努力建构服务广大农村全体居民的农村社区教育体系，是实现我国农业发展方式转变，解决"三农"问题、走中国特色农业现代化道路的一个重要途径。也是深化农村教育改革的现实选择，是实现城乡教育均衡发展的主要措施，是"基本实现教育现代化、基本形成学习型社会"的根本要求。

第一节　农村社区教育概述

农村教育社区化发展旨在推进学习型社会主义新农村建设，满足农村社区居民多样化的学习需求，提高社区成员的综合素质和生活质量，促进地区经济、社会和教育协调发展，努力形成城乡经济社会发展一体化新格局。

一、农村社区教育定义内涵

（一）农村社区教育含义

农村社区教育体系是一个多元立体的系统。它是在农村县、乡的一定地域内，以农村社区为依托，组织、协调社区和学校的各个方面，充分利用社区内外部的经济、政治、文化等一切教育资源，以农村社区全体成员为对象，对其进行多渠道、多层次、多方面的教育影响活动。它是社区教育事业的重要组成部分，它是以农村城镇建设为背景、新型农村社区为发展载体，针对新型农村社区居民而开展的具有开放性、灵活性以及时代性的社会化教育。

（二）农村社区教育特点

农村社区教育不仅具有社区教育的特征，也有其自身的一些特点。一是农村社区教育的地域性。农村社区教育是在社会主义新农村建设背景下，以新型农村社区为具体载体，并在新型农村社区这一固定范围内开展的社会化大教育，教育资源都来源于本社区；同时，农村社区教育又是为社区服务的，它的教育形式、内容是根据本社区成员教育需求而安排的。二是农村社区教育的教育性，新农村社区教育的最大意义则是为提高农民的知识技能水平，不断为农民带来新的科学知识、注入新的能量，同时还能丰富了农村居民的文化生活，创造良好的学习氛围。通过社区教育提高农民素质，能充分发挥农民在新农村建设中的主体性作用，让农民在快速发展的市场经济中提高自身竞争力。三是农村社区教育的特殊性。农村社区教育对象是各年龄阶段的农村居民，教育内容包括农业技能培训、闲暇教育以及思想教育等，教育形式则要根据农民的生产生活方式和作息时间而选择。无论是对象、形式或内容都要以农民群为主体，符合新农村建设的要求，所以相对于城市社区教育，新农村社区教育具有特殊性。

二、农村社区教育基本功能

（一）社会经济功能

生产力三要素包括"劳动者、劳动资料以及劳动对象"，劳动者则是三要素中最活跃、最关键的因素，此处所说的劳动者并不是单纯的生物意义上的人，而是熟练掌握了一定生产知识和技能的人。在农村经济发展的过程中，农村社区教育具有人力资源保障功能，为农村经济建设培养人才，开发潜在的人力资源。农村劳动者是建设的主体，只有农民素质、技能的提高，才能把新农村建设工作落到实处，而培养有文化、懂技术、会经营的新型农民重要途径则是立足于新型农村社区，大力发展新农村社区教育。同时，2020 年国家统计局发布数据显示，截至 2019 年末城镇常住人口 84843 万人，乡村常住人口为 55162 万人，城镇化率为 60.60%，比上年提高 1.02 个百分点，农村城镇化加快，越来越多的农村人口涌入城市。在农村城镇一体化的过程中，大量的农村劳动力需要掌握必要的知识和技能，才能真正实现从农民到新型市民的角色转变。随着我国产业结构的战略性调整，以信息、旅游、物流、金融为代表的第三产业发展迅速，甚至在部分发达地区第三产业已经开始超过第一、二产业的总和，传统的农业产业受到了巨大的冲击。一方面部分农民离开长期劳作的土地进入其他行业务工，另一方面脱离农作生产的农民又由于自身知识技能不足，或所掌握的技能不能满足其他行业需求，结构性失业明显，这样势必会造成劳动力资源的流失。由于农民教育需求具有特殊性，传统的教育体制与教学任务已经无法满足培养新型农民的需求，所以新农村社区教育的实用性原则，可以根据农民具体的教育需求，以实际操作为主、理论指导为辅，通过这种灵活的方式传授技术能很快被农民运用于实践。

随着时代的变化，科学技术越来越在经济发展中占有重要地位，逐渐成为生产力发展的重要系数，传统的生产力就会演变为"生产力＝（劳动者＋劳动资料＋劳动对象）×科学技术"。在我国农村地区科学技术在经济发展中的贡献率较低，而主要原因是由于农民文化程度较低、思想保守导致科技转化为生产力的转化率较低。农民的科学文化素质必须要与先进的生产力相适应、匹配，才能在新农村建设中把科学技术转变为生产力，因此，立足于新型农村社区，新农村社区教育则是把先进的科学技术转变为实际生产力的重要媒介。通过新农村社区教育，人们能够了解并重视科技的重要性，愿意并能够接受科技知识普及的教育，能把科学知识运用于实践。新农村社区教育的发展模式、教育方法、教育内容能够因地制宜，具有针对性和实用性，是促进农村经济增长方式要由粗放型向现代化集约型转变的重要力量。

（二）社会教育功能

新农村社区教育是社区教育的重要组成部分，它既包含了返璞归真的教育本质——"育人"，更是在广大农村地区开展全民终身教育的重要形式。从微观的角度来看，新农村社区教育具有提高农民素质的功能，主要包括提高文化水平、生产技能以及生活质量等三个方面。由于我国的历史客观原因，传统的小农经济思想、封建迷信以及落后的文化环境仍然对当代农民的衣食住行有一定的影响，甚至阻碍了农村地区的可持续发展，尤其是相对落后的西部农村地区，闭塞的地理环境更加阻碍了西部农村地区对先进事物的吸收。但由于农村人口的较分散，农民教育需求繁多不统一，以及各地区差异较大教育需求不同等原因，要统一的让农民接受教育难度很大。这时，具有开放性、灵活性的新农村社区教育就担负起提高农村人口整体素质的责任，它能够为农民提供继续教育，使他们获得知识和技能以提高生活质量。相对于其他类型的教育而言，新农村社区教育没有明显的阶段性、规格性限制，而更多的是为农村社区所有年龄阶段居民提供各类型指导、服务。例如，新农村社区教育能够为新型农村社区中的青少年开辟校外学习园地，为社区中的成年人提供农业知识普及、职前教育，为社区中的老年人提供养生知识、文娱活动等。简而言之，新农村社区教育就是在新型农村社区中开展补缺性教育、适应性教育和发展性教育，是一个持续的、全程的、动态的过程。总之，新农村社区教育在促进农村地区人口全面发展方面，其作用的广度、深度、影响力是独具优势的。

从宏观的角度来看，农村社区教育需构建终身教育体系，在农村地区实现教育公平的功能。教育公平是教育改革中的必要原则，也是改革中的难点。改革开放后，城市教育事业发展迅速，而农村教育资源的匮乏，教育质量远不及城市水平，造成了许多遗留问题：已过学龄的成年人早年辍学，成年后也无法享受继续教育的机会；同时，也产生了许多新问题：匮乏的农村教育资源无法满足所有学龄少年的需求，教育机会成本的增加使得许多青少年辍学踏入社会。要实现农村地区教育公平，就要建立全民终身教育体系以弥补单一的国民教育体系的不足，新农村社区教育则是在农村地区实现终身教育的最佳物质载体和有效形式。发展适应农民需要的广覆盖、多类别、低成本的新农村社区教育，是在农村地区实现教育公平的重要战略决策之一。

（三）社会政治功能

农村社区教育能够强化新农村社区民主建设，为创建农村基层民主和谐、加强农村政治文明建设有促进作用。历史经验表明，当社会经济发展到一定程度后，社会民主问题往往就越来越重要。新农村社区民主建设是农村基层民主和谐、转变政府执政方式、增强执政能力的重要保证，同时也是衡量农村政治文明程度高低的重要指标。新农村社区教育是农村基层民主和谐发展、实现新农村"乡风文明、管理民主"的重要途径，它通过对新农村社区居民的教育、提升他们参与民主建设的能力和素质，来促进农村基层民主建设，让每个社区成员能够了解并充分行使权利、承担义务，只有具有高素质的农民才能真正实现新农村社区民主建设。具体来看，新农村社区教育主要从以下两个方面发挥功能：首先是对农民传播民主政治理念以及民主法制规范，只有让他们充分了解、认识、认同后，才能使他们真正关心新农村社区发展，做到以主人翁的态度积极参与新农村社区管理、服务，投身于农村基层民主建设；其次，新农村社区教育可以培养民主建设工作人员，通过这些专业工作人员带领农村社区居民，共同促进新农村社区民主建设。

　　农村社区教育能够普及农村法制教育、增强法制观念，为维护农村地区稳定做出巨大贡献。《中共中央国务院关于推进社会主义新农村建设的若干意见》中指出："将加强农村法制建设，深入开展农村普法教育，增强农村的法制观念，提高农民依法行使权力和履行义务的自觉性。"在由于城乡结构差异，农村法制基础较差，大部分农民法制意识淡薄，对自己应该行使的权利、履行的义务都不清楚，使得他们在遇到问题时无法正确维护自身合法权益，甚至会导致农村地区犯罪率上升等社会问题。新农村社区教育采取简单易懂的方式对农村居民进行法制普及教育，居民通过与老师的交流，更能增强他们的法制观念，在潜移默化中营造出一种人人懂法守法、稳定和谐的氛围。同时，新农村社区教育的普法教育能够对农民传达一种"正能量"，引导农民树立正确的世界观、人生观、价值观，并在他们在心中自觉形成良好的道德观与明确的是非观。

　　（四）文化功能

　　首先，农村社区教育丰富了农民的业余文化生活，能够深入群众中推进新农村文化建设。自 2005 年《十一五规划纲要建议》中提出"扎实推进社会主义新农村建设"起，政府推行了一系列的惠农政策，如免收农业税、实施新型农村社区养老保险等，随着国家经济政策不断向农村倾斜，农村经济发展速度加快、规模空前。据国家统计局数据显示：2019 年，农村居民人均可支配收入 16021 元，比上年实际增长 9.6%，扣除价格因素实际增长 6.2%，随着农民的物质生活条件日益富足，农民的精神文化需求也日益增长。但目前来看，农村文化资源缺乏，农民业余生活单调，农民业余时间的活动主要是看电视、棋牌娱乐等，就可能导致一些不良的、不健康的活动乘虚而入，如赌博、封建迷信活动。这时，新农村社区教育，新农村社区教育能够提供了丰富多彩的精神文化生活，例如组织娱乐活动、举行健康和卫生教育活动、提供信息服务等，带给农民文化享受的同时也增强了他们的幸福感。新农村社区教育不仅让农村居民能够提高业余生活质量、放松身心，更能增加新型农村社区的凝聚力，促进了农村社区居民间的交流。

其次，新农村社区教育能够传承与发扬具有农村地区特色的优秀文化。农村地区的优秀文化极具地方特色，是当地农民社会生活经验的凝聚和总结，具有朴素性与抗干扰性，对农村经济发展与农民的行为方式有着重要的影响。优秀文化的传承需要一代一代的纵向接替，也需要地域之间横向的扩散。新农村社区教育能够对不同的农村文化进行甄别选择，保留精华，弃其糟粕与腐朽，给农村居民提供正面的、积极向上的精神食粮；然后再通过总结归纳、化难为易，通过传授、指导等方式让农村居民对优秀文化能消化吸收，甚至在这一过程中实现文化的创新，这就是文化传承与发扬最直接的途径。

第二节　社区学院开展农村社区教育的策略

一、农村社区教育的现状历程

1999 年，我国开始推行社区教育试点，《面向 21 世纪教育振兴行动计划》

中提出："开展社区教育试验，逐步建立和完善终身教育体系，努力提高全民素质。"同年，"全国农村（城郊）社区教育工作会议"召开，农村社区教育越来越受到各界重视。2000 年，我国农村社区教育进入实验时期，在职成教司和中国成人教育协会的共同推动下，首先建立了以创建学习型社会为主要标志的 8 个社区教育实验区。2003 年底，随着第二批社区教育实验区确立，共计 61 个社区教育实验区基本覆盖了各省（市）和计划单列市。到 2008 年，全国已发展了 114 个社区教育实验区，在此广泛发展基础上，教育部同年 2 月确立了 34 个全国社区教育示范区，截至 2020 年，全国社区教育试验区示范区（试验区）超过 200 个。

2010 年《国家中长期教育改革和发展规划纲要 2010-2020 年》规定社区教育新阶段的任务："大力发展非学历继续教育，稳步发展学历继续教育、重视老年教育、倡导全民阅读、广泛开展城乡社区教育，加快各类学习型组织建设，基本形成全民学习、终身学习的学习型社会"，明确了社区教育在我国整体发展和教育规划中的重要地位。随着教育部职成教司于 2013 年发布的《关于推荐第三批全国社区教育示范区的通知》，我国目前共有 82 个社区教育示范区，这些示范区的确立标志着社区教育事业由东部发达地区向中、西部地区蔓延，发展趋势由试点或示范区向周边地区辐射。

在社区教育事业正规化发展的大环境下，新农村建设、农村经济发展以及农民自身发展等客观教育需求的增加，在这一时期，农村社区教育组织也从无到有的发展起来，从之前的"非正式、自发性"向"正规化、有组织"发展，政府发挥了强有力的组织协调作用，统筹规划社区教育资源，农村社区教育组织的管理机构与层级逐渐清晰，农村社区教育相关研究也受到学界的重视。目前，不仅在东部发达地区，中部以及西部地区都纷纷建立起农村社区教育组织，主要包括：县（市）建立社区学院，乡镇（街道）建立社区学校，村（居民区）建立村民（市民）学校，基本形成了以学校为中心的三级办学机构。2006 年，社会主义新农村建设工作的展开，发展新农村社区教育也成为新农村建设工作中的重要部分。在不断的实践探索中，加强新农村物质文明和精神文明建设已成为新农村社区教育的重要目标，即通过新农村社区教育促进新农村经济发展，提高农民整体素质，实现社会主义新农村的全面发展，从而建成全民学习、终身学习的学习型社会。

二、农村社区教育的发展模式

我国各地域经济发展水平不同，因此，发展农村社区教育的客观条件各不相同，不同的农村地区社区教育的需求也不同。经济发展水平是制约农村社区教育发展的最大因素，根据我国经济区域划分，不同的地区有不同的农村社区教育模式。目前，我国农村社区教育发展模式大致分为以下四种：

（一）发达地区——以全面教育型为主的模式

全面教育型农村社区教育是充分利用社区内外的一切资源，采取多种教育形式，实现全民参与教育，构建包括幼儿教育、中小学教育、职业教育、高等教育、继续教育以及老年教育在内的贯穿人一生的终身教育系统，它打破了过去单一的封闭式普通学校教育的模式，渗透到农村生活生产各个领域，延伸到人生的全过程。该模式最大的特点是社会的全面参与，其教育内容涵盖了政农工商文教等各领域，教育对象涉及社区全体成员，教育过程延伸到人的一生。这种全面发展的模式在我国一些发达地区（如北京、上海等地区）已初见雏形，发达地区经济实力雄厚，城镇化水平较高，社区教育基础好、教育资源丰富，城市社区教育不断向周边农村辐射，大力推动了该地区农村社区教育的发展。相对于其他地区来看，发达地区农村人口整体素质较高。同时，全面教育型农村社区教育模式也为农民工提高自身素质、增强社会竞争力提供了有效的途径，让农民工群体能更适应城市发展和市场的需求。

（二）较发达地区——以乡镇成人学校中心型为主的模式

乡镇成人学校是面向农村成人和回乡初、高中毕业生开设的教育培训学校，是加强农村人力资源开发与农村劳动力转移培训的主要阵地，它具有分布广、利用率高、灵活性强的特点。乡镇成人学校中心型模式是以乡镇成人学校为依托，根据本地区产业发展需求开展的具有针对性的社区教育活动，这一模式的农村社区教育在较发达地区发展较为典型。在较发达地区（如天津、江苏、广东等省市），乡镇成人学校普及广，培养模式成熟、教育成果丰富，在现有的成人教育基础上发展农村社区教育，具有投入少、见效快、推广容易等优点。同时，较发达地区的农民目前急需掌握先进生产技术来提高自身竞争力，以适应经济快速发展的环境，因此他们对职业教育、继续教育有着更大的需求，而乡镇成人教育模式社区教育正满足了这种需求。在许多地区已经开展了以成人教育学校为中心的农村社区教育实践，例如：苏南农村以"三教统筹"为目标，逐渐形成了以乡镇成人教育学校为核心的社区教育基地。

（三）欠发达地区——以政府统筹型为主的模式

政府统筹型社区教育模式是在县、乡镇行政区域内，以行政职能管理机构为核心，统一运筹、规划，并全方位启动整个农村社区教育。通常政府会建立相关规章制度，以行政手段促进社区居民的参与，是典型的以行政管理的方式主导农村社区教育发展的模式。这一发展模式在经济欠发达地区较为普遍，是由于该地区农村社区成员更多关心收入的提高、生活环境的改善，缺乏提高自身素质、丰富精神文化生活的意识，以致没有自主学习与自我提升的习惯。这时便需要政府对社区教育进行统筹规划（如建立"县、镇、村"三级社区教育网络），通过行政引导，营造学习氛围，促进当地农民加强学习，坚持物质文明与精神文明相协调的原则。例如，在湖北省武汉市蔡甸区形成了学校与社会结合的"农村社区教育基本格局"，其最大的特点则是以党政为主要领导，以学校为依托，开展社区教育活动。

（四）落后地区——以学校中心型为主的模式

学校中心型农村社区教育模式是指在共建的基础上，以农村学校为主体，学校协调成员单位，为发展教育、加快社区经济建设和为社会进步而形成的社会性组织结构及其活动方式。经济落后地区教育资源匮乏，缺乏全面开展社区教育的必要条件。该发展模式可利用农村现有学校的教育资源开展社区教育，主动向农民提供经济、科技、市场、社会生产生活等方面的服务，让农民掌握先进技术，通过拓展教学任务为农村培养实用型人才。当地学校以"兴学富民"为目标，从单纯普及初等教育发展到面向全体村民，在保证学校普通教育正常开展的同时，兼顾农村扫盲、成人技术传授、技术引进、生产示范等多种功能，最大限度利用现有教育资源。山西省方山县的讫叉咀是吕梁山区典型的贫困村、文盲村，在当地学校的带动下，该村基本实现了每户至少拥有一名初中毕业的初级技术员的目标，全村也成为有名的"精神文明先进村"。

三、农村社区教育的主要内容

尽管不同农村地区社区教育发展模式不同，但都存在一致的目标，即"促进农村社区经济的发展，加强物质文明和精神文明建设"。而农村社区教育内容则围绕发展目标而开展，主要包括以下两大类：

（一）农业职业技术培训

农业职业技术培训是农村社区教育的主要内容，包括耕作技术培训、农业管理培训，通过农业职业技术培训，能提高农民对农业生产技术和新型农业机具的掌握和应用，使得农业科学技术在农村地区最大限度普及。农业科学技术是农业经济发展的重要前提和支撑，也是农业集约化、科学化、可持续发展的重要保障，农村社区教育则是把农业科学技术转化为现实生产力的有效途径，职业技术培训能为农村发展提供全面实用型人才。农民是新农村建设的主体，只有农民切实掌握了先进的农业科学技术，才能在新农村建设中真正发挥主体作用。在江苏省常熟市练塘镇拥有 22 所行政村成人学校和两所乡镇企业骨干学校，年培训社区成员占全镇总人口的 35.4%。同时，农村社区教育还能为剩余劳动力的转移提供服务，把农村剩余劳动力数量优势转化为农村人力资源优势。农村社区教育为离开耕地劳作的农民提供职业技能培训，让他们掌握从事第二、三产业工作必要的技术，也能为在岗农民工提供技术升级、晋升、跳槽等相关培训。农村社区教育不仅优化现有劳动力、开发潜在人力资源，也有利于合理配置产业结构、维持社会稳定。

（二）农村精神文明建设

随着农村经济快速发展和新农村建设稳步推进，农村物质水平的提高必然要求精神文明达到相应的水平，这是实现农村经济可持续发展的内在要求；其次，农民物质生活水平提高，对生活质量与精神追求的要求也在提高，精神文明建设也成为农村社区教育的重要内容。农村精神文明建设内容包括法制建设、思想道德建设、文化建设等方面，通过农村社区教育的引导，能为农村社区发展营造一个民主和谐、祥和文明、积极健康的文化环境。有些农村社区开展了许多培训班，如道德教育班、法制宣传班、家庭伦理班、科普知识培训班、文艺体育培训班等，丰富了社区文化生活，加强了社区思想建设，培育了"富民强村"的社区精神。具有代表性的有江苏省江阴市华西村开办的"精神文明开发公司"，该组织专门负责全村精神文明建设方面的"产、供、销"，并协助当地各企业做好职工的思想政治工作；以三层文化科技楼为社区教育基地，对全村青壮年进行思想政治、法律法规等方面的轮训，全员参训率达92%。

四、农村社区教育开展的主要途径

（一）整合教育资源，搭建社区教育网络

农村社区教育作为一种重要的教育形式，必须得到政府的统筹领导。需要在教育部门引导支持下，社会各界积极配合支持，农民群众广泛参与，才能真正推动农村社区教育的发展。在这种情况下，农村社区教育只是说有了发展的可能，还需要建立起具体的工作机构。因此发展农村社区教育，必须要充分整合教育资源，需要建立起以农村学校为中心的社区教育网络。农村教育资源本来就相对贫乏，因而一定要充分利用农村现有的教育资源，包括中、小学校、老年人活动中心、村民学校及相关的师资等条件，为农村社区教育提供支撑。同时，整合各种社会资源，把有限的资金、设备投入到农村社区学校的建设中，最大限度地发挥其教育功能。

（二）以适应农民教育需求，培养农民学习和发展能力为主要内容

开展农村社区教育，不仅要教育农民，更要培养农民自我学习、终身学习的意识和能力。因此从教育、培养和开发农民的角度思考，农村社区教育的内容至少要包括以下三个方面：

一是现代公民教育和社会闲暇教育，培养具有现代意识的新一代农民。这里主要包括道德教育、社会规范教育、社会闲暇教育，以及社区精神、社区文化、社区生活圈所需要的教育。

二是现代农业生产技术教育，培养新型农民。这主要是生存和发展技能教育的问题，培养适应社会主义新农村建设的新型农民。包括培育农村能人、农业技术员、农业企业家、农村经纪人、农村基层干部等等，这对于提高农民的整体素质，推动农村经济社会发展具有重要意义。

三是人力资源转移的教育，为工业化、城镇化进程提供人力资源服务。自古以来，农村教育均带有一定的"离农"特征，似乎总在为离开农村服务。事实上，工业化、城市化发展，必然有越来越多的农村劳动力要从农村转移到城市，这是社会发展的规律。

因此从进城农民的谋生就业问题、思想观念转变问题、生活习惯适应问题等方面主动开展教育，由此更好更快地适应城市工作、生活，提升农民的社会地位，促进城乡和谐发展。

（三）采取灵活多样的培训和教育方式

由于农村社区的复杂性和农民教育需求的差异性，农村社区教育要针对农村社区实际情况，在教育和培训的形式方面要采取灵活的措施。比如，农业生产的季节性、生产技术的实用性、教育内容的低层次性，等等。这就决定了农村社区教育的形式需要采取集中与分散、日校与夜校、中短期培训与长期教育相结合的形式，并突出分散、业余和短平快的特点。如农业生产技术的培训必须简单、明了、快捷；农忙期间以社区内相关企业培训和老人闲暇教育等为主；对于公民教育、社区精神培育则可以寓教于乐，通过丰富多彩的文娱活动，以农民喜闻乐见的形式进行宣传和教育。

（四）要建立政府支持，多元筹资的经费机制

农村社区教育需要持续的资金支持，因此政府在积极引导、协调的同时必须安排必要的专项经费予以推动其发展。对农村社区来说，筹集社会资金是非常困难的事情，加之农民本身经济收入不高，没有过多的教育消费能力，所以没有政府长期的经济支持，农村社区教育就不可能得到发展。固然，要通过各种方法多元筹资，比如社区内相关企业、农村先富阶层等，但这部分人目前还较少，尤其是能投身社会公益事业的社会能人较少。从当前的农村现实来看，资金的多元化是可能的，但这一比重可能将处于一个较低的范畴。最根本的办法就是进入"社区教育—农村经济发展"互相推进的良性循环，壮大农村集体经济，提升农民教育消费水平。发达地区农村社区教育的发展已经给我们指明了方向。

第三节　社区教育与乡村振兴

一、农村社区教育在促进乡村振兴战略中的作用

（一）乡村振兴战略

乡村振兴战略是习近平于 2017 年 10 月 18 日在党的十九大报告中提出的战略。农业农村农民问题是关系国计民生的根本性问题，必须始终把解决好"三农"问题作为全党工作重中之重。乡村振兴总要求为"产业兴旺、生态宜居、乡风文明、治理有效、生活富裕"。农村要发展，关键在于亿万农民，加强农村社区教育，培养农民振兴发展的主体意识，提升农民的素质水平和致富能力，加强文明乡风培育，让广大农村共享改革发展成果，带领农民朝着共同富裕的目标稳步前进。

（二）巩固党在农村的执政基础

乡村振兴关键靠党的领导，《中共中央国务院关于实施乡村振兴战略的意见》中明确指出，扎实推进党建促乡村振兴，突出政治功能。当前处于乡村振

兴战略实施的关键时期，加强农村社区教育，在教育过程中注重对农村民众的政治教育，加强社会主义核心价值观的传播和教育，从而更好地发挥基层党组织的教育作用。在社区教育过程中，强化干部理论知识学习，优化党组织服务，实现社区教育同基层党建的有机融合。

（三）提升农民致富就业技能

社区教育有效地提升了农民的致富就业技能，从而有助于乡村产业振兴的实现。教育扶贫是脱贫的关键举措之一，通过社区教育，提升农民技能，培育带有区域特色的产业，积极的打造乡村品牌，实现了传统农业的转型升级，提升了农民的收入。随着城市化进程的推进，出现了大量的失地农民，这一部分农民缺乏技能，长期无所事事，生计没有着落。农村社区教育广泛开展农民培训，立足于区域特色，加强农村系列产品的培训，如面塑、丝岩花等，培育农民的致富就业技能，切实提升人民的生活质量。

（四）助力乡村文化建设

农村社区教育助力乡村文化建设，为乡村振兴提供精神动力。农村的协调发展，社会的全面进步，都离不开文明乡风的助推，精神文明的涵育。推进农村社区教育，尊良俗、去低俗、废恶俗，构建美丽精神家园。农村社区教育过程中，多用"育"和"化"的方式和手段，推进移风易俗的进行，同时在教育过程中大力挖掘和倡导优良家风、家训等，切实让文明之风在乡村地区落地生根。为推进乡村文化建设工作，社区积极组织了秧歌队、合唱队、罗孤独等文化团队，开设了农村文化驿站，积极组织文化活动，以活动来助力乡村文化建设。

（五）助力乡村环境治理和生态振兴

农村社区教育有利于优化农村环境，提升人们的生活质量和促进可持续发展。社区农村教育中积极向民众宣传爱护环境和可持续发展理念，积极改进农村人民的观念，提升农村人民绿色生活和可持续生活方式。另外，社区教育中心发挥带头作用，积极领导农村社区居民开展垃圾分类、环境保护等活动，对社区脏乱差环境进行整改，以美化环境，建设美丽新家园。

二、农村社区教育助力乡村振兴战略主要途径

繁荣发展乡村文化，健全现代乡村治理体系，强化乡村振兴人才支撑都是《乡村振兴战略规划（2018—2022年）》中的重要内容。农村社区教育的本质契合了这些内容的要求，可以切实在以下几个方面助力推动乡村振兴战略的实施。

（一）乡村文化建设

乡村振兴离不开乡村文化的繁荣发展。农村社区教育肩负着弘扬社会主义核心价值观的任务，在提高农民思想素质，在农村思想道德建设方面，通过社区教育在农村地区、基层党组织加强农村群众性思想政治工作，采取多种教育、宣传方式弘扬和践行社会主义核心价值观，加强爱国主义、集体主义、社会主义教育。在形式上，可采用农民喜闻乐见的活动，如文艺表演、讲好乡村故事，抓住典型事例，可通过开展文明户、文明家庭、文明乡村等群众性精神文明创建活动。

乡村的文化振兴在于乡村文化品格的提升。"农村社区教育作为一种教育形态，在本质上具有文化传承、文化选择和创新的效用"。农村社区大众通过社区教育提升自身的文化素质，发挥其乡村文化振兴载体的作用。通过农村社区教育活动，将农家书屋、老年人活动室、青少年校外辅导中心、村民学校等整合成乡村社区公共学习空间，做好家庭教育，传承良好家风家训；做好保护、传承、弘扬少数民族文化、民间文化、非物质文化遗产等优秀文化传统，提升文化品质品位；在挖掘培养乡土文化、本土人才，打造文化特色产业村镇等方面发挥其文化传承、文化选择和创新的效用，让农村社区成为传播优秀传统文化、先进现代文化的精神文明建设的阵地。

（二）助力乡村人才储备

2018年《中共中央国务院关于实施乡村振兴战略的意见》明确指出，实施乡村振兴战略，必须破解人才瓶颈制约。《意见》强调了人力资本开发的首要位置，提出造就更多乡土人才。农村社区可利用当地乡镇职教中心、科技馆、文化馆等公共资源服务当地产业发展，采用网络教室、田间课堂等方式，开展成

人职业教育、为农民提供与当地产业相关的技术培训和实践实训，为乡村建设者提供智力支持，培育出专业化人才，培养出当代新型职业农民。农村专业人才的培养和储备是乡村振兴战略实施的主要动力之一，当前农村需要各种各样的人才，并且在新形势下，乡村振兴的发展对人才的需求已从以往单技能向多技能复合型人才方面转变，要求人才具有多面性，既懂技术，又懂经营管理，还要懂销售，这些都为我们进行人才培养和储备提出了新的要求。农村社区教育部门可配合农技部门做好农村社区专业人才队伍培养，密切社区专业户与农业科研部门的联系，培育和引导他们成为有文化、懂技术、会经营的新型职业农民。党委领导、政府统筹的社区教育可让农村社区在地方人才培养上以政府为主导。政府通过招商引资的方式确定产业方向，社区教育机构联合专业培训机构，以企业用工为定向目标的模式提供培训资源。政府在大方向上进行产业布局，企业按照政府产业布局进行投资，农村社区教育把社区成员定向培养成企业所需的专业人才，使之形成良性循环，为当地经济发展提供内生动力。

（三）促进健全乡村治理体系

乡村振兴战略规划在健全现代乡村治理体系方面的要求是建立健全党委领导、政府负责、社会协同、公众参与、法治保障的现代乡村社会治理体制，推动乡村组织振兴，打造充满活力、和谐有序的善治乡村。把农村社区教育融入乡村治理，在农村基层组织建设、培养农村基层人才队伍、促进农村自治、法治、德治建设等方面发挥积极效用。农村基层组织的建设需要大量有文化、懂农村、农业的人才。农村社区教育可发挥其教育引领作用，让农村党员、有才干的农民、退伍军人、大学生村官等人员在政治素养上得到提升，然后将其吸引进村级领导班子，将农村基层干部打造成政治素质过硬、懂农业、爱农村的人才队伍。农村社区教育要主动承担起党的方针政策"宣讲团"和"传话筒"角色，把政治性放在首位，巩固党在农村的执政基础。乡村的现代治理需要确立农民在乡村治理中的主体地位，并使其具有科学的治理理念和意识，具有相应的民主、法治、德治知识和能力。高素质的新型农民是乡村有效治理的关键，其民主意识、法治理念、对政策的理解接受能力、参政水平和能力都是直接影响乡村有效治理的因素。把农村社区教育的开展融入社区的治理项目中，把党员党性教育、村民政治素质教育、民主法治教育、思想品德教育与农村社区的民主政治建设和法制建设有机结合起来，使教育中有治理，治理中有教育，为乡村科学有效治理培养带头人和生力军。

第十一章　社区老年教育管理实务

　　随着我国进入老龄化社会，老年教育供需矛盾日益突出，许多地方出现了老年教育"一座难求"的现象，亟待找到破解的思路和办法。在终身教育理念的普及与国家实施"积极老龄化"战略的推动下，社区学院牵头组织开展的社区老年教育已成为我国发展老年教育事业的形式。社区老年教育因其便捷性、低成本、可及性和灵活多样的教育内容与教学形式，受到越来越多老年人的青睐。同时，社区教育的发展和社区养老服务体系的建设也为社区老年教育的发展提供了新的思路和途径。

第一节　社区老年教育概述

　　社区老年教育，是指在社区中面向老年群体开展的教育活动，它包括社区老年学校教育和借助于社区内有关资源开展的老年教育形式。因此，社区老年教育既是老年教育的重要形式，又是社区教育的组成部分，也是社区养老服务体系不可或缺的一部分。发展社区老年教育，不仅有利于拓展老年教育的途径，而且有利于提高社区教育的服务水平，同时，对于促进社区养老服务体系的发展也具有积极意义。

一、社区老年教育的含义

（一）社区老年教育概念综述

对社区老年教育有关概念与内涵做出科学的界定，是开展好社区老年教育的前提和基础。近几年，我国对于社区老年教育的研究和论述颇多，通过对相关文献的研究，当前国内学者从不同的角度对社区老年教育的概念进行了界定与阐述。王英认为，社区老年教育是在社区范围内开展的，以老年人和准老年人为主体，旨在满足其教育需求，保障其受教育的权利，增强其生存发展能力，推进其社会参与和全面发展，并最终实现老年人和准老年人与家庭、社区、社会和谐发展的为老服务活动。社区老年教育是老年教育的一种特殊组织形式，老年教育应包含社区老年教育。[①] 杨启村则认为，为了提高生活在社区中的老年人的生活与生命质量，对生活在社区中的老年人进行影响教育，促进老年人的社会化的过程就是社区老年教育。社区老年教育作为社区教育的重要组成部分，应包含于社区教育的范畴之中。[②] 从国内学者的研究可以看出，当前社区老年教育的研究主要从老年教育和社区教育这两个教育领域与范畴对其进行诠释与说明。从客观上来说，社区老年教育是实施"积极老龄化"战略的一项重要举措，是终身教育的重要组成环节，我们不能简单地理解为老年教育向社区教育延伸或社区教育对老年教育的涵盖，它有其特殊性和重要地位。

（二）社区老年教育的定义

关于社区老年教育的定义，可以从"社区"与"老年教育"的概念出发进行分析。"社区"是指聚居在一定地域范围内的人们所组成的社会生活共同体。目前，城市社区一般是指经过社区体制改革后做了规模调整的居民委员会内辖区。参考国内学术界对老年教育概念的界定，大体有以下三种：

第一种观点强调老年教育的目标与宗旨，认为"老年教育是以提高老年人的思想道德和科学文化素质，促使受教育者增长知识、丰富生活、陶冶情操、

---

① 王英：《中国老年教育的可及性研究》，载《学术论坛》，2010（8），173—177页。

② 杨启村：《发展社区老年教育，应对人口"三化"高峰》，载《老年教育（老年大学）》，2011（5），12—14页。

增进健康、服务社会为目的所实施的教育活动"①。

第二种观点强调老年教育是终身教育的子系统。从终身教育的角度出发，认为"老年教育是终身教育的最后环节，是人生大教育系统中的一个子系统。它既是成人教育的一种形式，也是终身教育不可缺少的组成部分"②。

第三种观点认为老年教育的内涵界定有广义和狭义之分。广义的老年教育是指影响老年人的知识、技能、身心健康、思想品德的形成和发展的各种有益活动；狭义的老年教育则是指以老年大学和各级各类老年教育机构为主体的，对老年人所实施的有目的、有计划、有组织的教育活动。可见，狭义的老年教育的内涵是对老年教育的主要形式进行的概括。③

根据以上分析，社区老年教育的内涵和外延可以界定如下：所谓社区老年教育，以社区为特定场域，以 55 周岁及以上的老年人群为特定对象，所开展的教育、培训、交流和有组织学习活动的总和。其宗旨和目的是提升社区中老年人的素养和生活质量，丰富老年人的精神文化生活，满足老年人社会交往的需要。它是目前我国老年教育中老年人所占比例最高、覆盖面最大、学习最便捷（家门口就近入学）的基层教育形式。

二、社区老年教育的功能与特征

（一）社区老年教育的功能

第一，促进社区和谐功能。德国学者滕尼斯在《社区与社会》一书中最早提出"社区"这一概念，他将"社区"界定为"具有共同价值取向的关系密切的社会关系和社会团体"。据此，社区应被视为开展老年教育的最佳场所和平台。社区老年教育是一种以社区为依托、面向该社区老年人的教育。居住在社区中的老年人因地缘关系的因素，彼此之间的关系本就比较紧密，对事物的关注度也相对趋同。在社区中开展老年教育，首先，可以帮助老年人实现角色转

---

① 黄耀明：《老年社会工作理论与实践》，吉林：吉林大学出版社，2008。
② 卢明：《城镇老年教育模式问题的研究》（硕士学位论文），天津大学，2009。
③ 段寅雪：《我国城市社区老年教育模式建构研究》（硕士学位论文），江西师范大学，2013。

换，有利于他们调适好社会关系；其次，社区老年教育能够起到帮助老年人增长知识、陶冶情操的作用；最后，社区老年教育能够改善邻里关系和家庭关系，有利于实现和谐社会与学习型社会的目标。

第二，增强社区认同功能。老年人长期稳定地生活在社区，对社区最了解、最有感情，对社区的向心力也最强。同时，社区最贴近老年人，最了解老年人需要什么样的教育，老年教育的学制、师资、场地等问题相对也比较容易解决，而且老年人就近接受教育，容易坚持。从此方面来说，社区能迅速、有效地扩大老年人的受教育面。因此，秉承"以人为本"的教育理念，就应让老年人在家门口、社区、小区就能轻松享受到教育与学习的权利。

第三，健康调适功能。老年人从"社会人"变成"社区人"，逐渐脱离社会活动以后，其社会角色定位发生变化。同时，由于家庭代际结构发生变化，老年家庭角色定位逐渐边缘化，其心理上会不同程度地出现失落、空寂、孤独、抑郁、无所事事的绝望状态。社区老年教育可以为老年提供一个学习交流的场所，帮助老年人调适心态，转变角色定位，增强社会信心，形成新的角色，融入社会发展之中。

第四，学习创新功能。老年人的生理机能衰退，其学习能力有所下降，但由于其既往丰富的工作经验和生活阅历，可以通过社区老年教育，对以往知识进行补充提炼，形成新的知识点，从而使老年人重新参与社会，为社会做出新的贡献。

第五，快乐教育功能。社区老年教育鲜有功利追求，旨在老年人自我价值的体现。社区老年教育提供的丰富多样的课程内容、弹性的学习形式、民主和谐的学习氛围、自由平等的人际交往，可以让老年人放松身心，自由快乐地汲取知识。

（二）社区老年教育的特征

社区老年教育既有社区教育的特征，又有老年教育的属性。除了教育对象的老龄性、教育原则的自愿性等共性特征外，它还有如下几个特征：

1. 社会参与性与福利性

对社会而言，老年人是一个特殊的群体，他们既是社会财富的既往创造者，又是现有社会财富的分享者。因此，社区老年教育有着更多的社会福利色彩。社会各方面和教育机构都应积极参与老年教育资源的组织和提供，为老年人提供各种学习和娱乐的机会。社会福利部门和教育部门都应采取各种方式，广泛参与到老年教育中，从而满足老年人不同的、多样化的学习需求。

世界卫生组织《全球老年友好城市建设指南》详细列举了诸多具体事项，其中包括各级政府在制定社会政策，特别是有关民生和老年政策时，应吸纳老年人参加，让老年人有机会能够为社会政策、方针、计划的制订做出贡献等。[①]依照这一表述，老年人在社区方面的参与性，是指老年人应该成为社区老年教育的办学主体，即成为社区老年教育的组织者、管理者、实施者和推进者。为此，应该充分调动他们的智慧和能力，鼓励他们自主筹划教学的全过程，包括编制教学计划、安排课程、聘请教师、招募学员等。

2. 教育群体的邻里性

社区老年教育是"家门口的教育"，其邻里性包括两层含义。一是交通无障碍。从家到学校方便、快捷，受天气及路况影响小。二是交往无障碍，即传统的友情因素。我国历来就有"远亲不如近邻"的传统，邻里情感常常超过兄弟姐妹、亲戚朋友，往往更直接、具体，是老年人参与学习、热爱学习、坚持学习最重要的社会支持之一。

3. 教育目标的多向性

相对于中青年人群学习是为了知识的充实、技能的提高，从而谋取更好的工作、生活机会而言，社区老年人学习的目的更多的是精神的充实、生活质量的提高和自我完善，其社会功利色彩较淡。同时，老年人有各自不同的文化基础、生活经历、学习需求，老年教育不像其他类型的成人教育一样进行高度专业化的划分和严格标准化的评价，而是注重教育内容的适应性，即侧重教育性、娱乐性和生活化。从社区内老年人的学习意向来看，健康是他们普遍关心的问

---

① 中国老年大学协会编:《中国城市老年教育研究》，北京，高等教育出版社，2010。

题。为此，课程与活动的设置应该更具有享受性和活泼性。

4.组织形式的包容性

由于受到家庭条件、身体情况和个人喜好等诸多因素，以及老年人的年龄特点的影响，社区老年教育的组织管理不宜采取学校教育的高度纪律化和组织化的管理模式。社区老年教育，无论在学习时间、内容上，还是在教学或学习方式上，都应更贴近老年人的特点，充分尊重他们的个性，最大限度地满足他们的需要。具体表现为，社区老年教育，相对于院校式的结构性学习，更多的是实务推展式的非结构性学习，如授课内容可能不求完整的理论体系，但丰富生动、易于实践，对老年人的日常生活有所帮助；班与班之间的上课时间可能有早有晚，但灵活通融，便于操作，老年人可以根据自己的具体状况选择不同的时段参加学习；教学周期可能长短不一，让老年人能够在闲时走进课堂、在忙时回到家庭。

三、社区老年教育的管理体制与组织形式

（一）社区老年教育的管理体制

管理体制是社区老年教育得以顺利实施的根本保证。所谓管理体制，是指运行机制各组成部分的相互关系，一般包括管理权责、组织实施、参与主体、资金、师资保障等。我国目前老年教育的管理模式呈现出多元化形式，导致基层社区的老年教育管理体制也呈现出多元化趋势。具体来说，有如下几个特点：

第一，管理体制多元化。社区老年教育包括三层含义，即"社区""老年"和"教育"，因而在社区老年教育的管理权责方面就出现了三种情况：第一种是把重点放在"社区"上，社区老年教育由地方政府部门直接管理，如天津市的社区老年教育由区长或副区长直接负责和主持；第二种是把重点放在"老年"上，把社区老年教育纳入老龄工作，由全国老龄工作委员会办公室（以下简称老龄委）、老干部部门或民政部门管理，如西安、北京的社区老年教育由各个地方的老干部局负责；第三种是把重点放在"教育"上，由教育部门或者文化部

门管理，如上海的社区老年教育就由教育委员会负责。此外，有的街道还与社区内的企业、学校、医院联合办学，通过共建社区学校开展老年教育。在基层，社区老年教育往往分属于若干个部门或科室同时管理。尽管上述部门对于社区老年教育的发展发挥了重要作用，但由于没有统一归口，缺乏统筹协调，目前我国社区老年教育管理存在政出多门、交叉管理、权责混乱、相互推诿等诸多问题。这种分而管之的格局显然不利于老年教育的发展。从管理的角度来看，社区老年教育的组织实施应采取"政府部门规划—教育部门管理—基层社区执行"的一贯式体制。这种层级制的运行体制凸显出行政主导的特点，老年教育由各级教育部门承担，便于统筹利用各种教育资源发展老年教育。

第二，人员构成多样化。社区老年学校管理人员的构成因地而异，但主要有三种形式：一是公办老年学校全部为在职在编人员或聘用离退休老同志管理；二是企事业单位主办的老年学校除在职人员外，还聘请一部分老同志参与管理；三是民办老年学校以聘用老同志为主管理。

第三，经费来源的差异化。老年学校性质的多元化，造成其办学经费的来源渠道千差万别。既有由各级财政列入预算的公办老年学校，也有政府给予补贴与适当收取学费办学的老年学校；既有老年学校主管部门内部经费安排、政府提供财政定补的，也有企业自筹经费、列入营业外支出的；既有面向社会接受捐赠并适当收取学费的，也有部分自筹、以收取学费为主的。经费来源差异大，五花八门，各显神通。

（二）社区老年教育的组织形式

社区老年教育的组织形式主要有以下几种：

第一种是街道办事处创办的社区老年学校。街道办事处联合社区居委会设立的社区老年学校，是社区老年教育发展的主要形式。其生源主要来自社区内的老人，教师一般来自小区内的退休知识分子。在管理体制上，它隶属街道办事处管理，一般有固定的教学场所、每年一定的经费拨款、专职工作人员，可以有效地保障社区老年学校的稳定办学。

第二种是教育局（广播电视大学系统）举办的社区老年学校。各地教育局依托当地广播电视大学举办的社区老年学校，是老年教育发展的重要形式之一。它可以充分利用广播电视大学的资源，面向社区老年人。由于广播电视大学学科齐全，有较强的师资力量、较好的教学设施、经验丰富的管理干部，加上良好的校园环境，吸引了广大老年人入学。这些社区老年学校隶属教育局系统。

第三种是老龄委、中国老年人体育协会（以下简称老体协）设立的老年学校。这类学校一般具有固定的教学场所，定期开展教学活动。部分社区老年学校教学活动正常，已经形成一定规模。社区老年学校经费较充足，列入财政拨款。

第四种是各级老年大学创办的学区或分校。由省、市、县等老年大学向街道（乡镇）、社区（村）拓展延伸的重要途径就是创办社区老年学校或开办分校。这类社区老年学校由省、市、县老年大学提供业务指导，并在办学理念、师资力量等方面给予支持。

第五种是民政部创办的星光老年之家。星光老年之家是民政部门设立的社区福利服务设施和项目，是专门为社区老年群体建立的活动场所，满足社区老年人日益增长的物质文化需求，组织老年人开展健康保健、心理咨询、文体娱乐、老年教育等综合服务。

第六种是单位自行创办的老年学校。部分单位针对本单位退休职工创办的老年学校，由单位出资，划出固定的教学场所，聘请部分教师，一般不对社会开放。

第七种是民间社团自发组成的老年学校。由民间社团及社会爱心人士组织建设的老年学校，面向区域内的老年人提供教育服务。

第八种是营利性质的老年学校。这类学校主要是指由社会企业与团体采用市场运作行为开办的老年教育培训机构等。

综上所述，现有社区老年教育的组织形式呈现出以下特点：一是各个部门分头设置社区老年学校，多方办学，分属不同单位，彼此之间联系、交流少；二是社区老年学校发展的动力在于重视老年教育的理念，许多社区关注老年群体，创办老年学校，带动了社区老年教育的发展；三是社区老年教育发展不平衡，经济因素制约着社区老年学校的发展，经济发达地区的社区老年教育发展迅速，欠发达地区的社区老年教育发展缓慢。

第二节　社区老年教育的发展现状

我国老年大学开办的初衷是为各地老干部提供学习、休闲的活动场所，属于老年人群的"精英教育"。目前，老年大学群体仍以老干部为主，机关、事业单位和文化教育机构中的退休职工居多，而基层、社区和农村的老年人较少，面向社会老年大众的教育供需矛盾表现十分突出。随着老龄化进程的加快，越来越多的退休老人由"单位人"转为"社区人"，社区组织开展的社区老年教育将发挥越来越重要的作用。

一、发展社区老年教育的作用与意义

社区老年教育是应对人口老龄化的必要选择。我国人口规模大、老龄化进程快，传统的居家养老模式越来越成为家庭和社会的负担。社区老年教育不仅能丰富老年人的精神生活，提高老年人的生命和生活质量，而且是实现积极老龄化的重要途径，因此，社区老年教育将逐渐成为我国养老的重要形式之一。

社区老年教育是构建终身教育体系的重要环节。终身教育是指人们一生所接受的各种教育，包括学校教育和社会教育。当前我国老年人口规模大、数量多，需要灵活的教育形式和丰富的教育内容，但是大多数老年人对教育费用的支付能力较低，而成本较低、经济实惠的社区老年教育能够满足老年人的教育需求，保障老年人的受教育权利，让老年人完成终身教育的最后一个环节。因此，社区老年教育是终身教育体系中不可或缺的重要组成部分。

社区老年教育是构建和谐社会的重要内容。庞大的老年群体，作为桥梁和纽带，上关乎社会的和谐与发展，下关乎家庭的和睦与传承，是促进社会和谐安定的一支数量可观的重要力量，是解决社会矛盾的缓冲器，不可等闲视之。

老年人有自我学习和志愿服务的精神，在构建和谐社区中，老年人可以利用自己的社会经验和生活经验，维护社区秩序，协调人际关系，是社区建设和社会发展中不可忽视的力量。因此，大力发展社区老年教育，全面提高老年人的素质，可以发挥老年人在构建和谐社会中的重要作用。

社区老年教育是对教育本质回归的重要载体。教育的目的是帮助个体进行完整的自我认知和自我成长。老年教育的价值观不同于普通教育和职业教育的"功利性"价值观，老年教育是以"人本位"为价值观的教育，是不受现实功利主义影响的教育。社区老年教育的目的是提高老年人的生命和生活质量，是老年人个体生命发展的重要媒介，是对教育本质的回归。

社区老年教育推动老年人顺利实现社会化。首先，社区老年教育缓解了老年人因社会角色的变化所产生的低落情绪。通过各种教育活动，有助于老年人适应新的角色，实现角色转换。其次，社区老年教育可以让老年人更好地了解新的知识，了解年轻人的生活方式，减少代际冲突，促进老年人与其家庭成员的沟通。同时，通过开展各种形式的老年教育活动，可以给老年人提供相互交流的平台，有助于老年人调适好社会关系，尤其是与社区同龄群体之间的关系；最后，社区老年教育通过健康教育讲座，基于老年人自身的生理和心理特征，以及老年生命形态的特性，可以培养老年人正确的生死观、价值观。

二、社区老年教育的现状

（一）社区老年教育发展迅速

当前，从全国情况来看，各地政府日益重视老年教育，加强对老年教育工作的领导，纷纷将老年教育列入政府工作日程，纳入社会事业发展规划计划，推动老年教育的工作重心逐步下移，促进城乡基层社区老年教育的快速发展。

第一，社区老年教育工作日益得到政府重视。根据调查，在我国多数地区，特别是老龄化程度比较高的地区，当地政府重视社区老年教育工作的程度也较高。

第二，社区老年教育的办学条件逐步得到改善。多数社区老年学校都有固定的教学场所，老年教育教师队伍数量稳定提高，办学经费稳中有升。

第三，社区老年教育的形式不断丰富。不少地方创新载体与途径，采取多种多样形式，把课堂教学和自主学习结合、传统学习和网络学习结合、知识学习和实践活动结合、学习社团和分散学习结合，提高了社区老年教育的参与率和覆盖面。

第四，社区老年教育工作发展较快。随着老年教育的工作重心下移，社区老年教育异军突起，成为解决老年教育供需矛盾的有效途径。

第五，社区老年教育所占体量不断扩大。中国老年大学协会调查报告指出，近年来，老年教育的工作重心逐步下移，城乡基层老年教育得到发展。在59711所老年大学和老年学校中，城乡基层（乡镇街村社区）办的老年学校为53937所，约占办学总数的90%。在校老年学员为4266284人，占老年学员总数的62.9%。2019年，从福建老年学校学员的分布情况来看，乡（街）老年学校、村（居）学习中心有学员799110人，占全省学员总数的78%。更新近年数据可以看出，社区老年教育因其成本低、效益高，将成为未来老年教育发展的重要方向。

第六，社区老年教育体系格局基本形成。经过多年的实践与探索，我国一些先行地区基本形成了以区县老年大学为龙头、街道老年学校为骨干、居委会教学点为基础的社区老年教育网络。区县老年大学的办学条件较好，办学规模不断扩大，在社区老年教育中发挥了样板、引领、指导作用。同时，社区老年教育的先行地区已经初步形成了党政统筹领导，多个部门主管，公办为主体，民办为补充，社区老年教育机构为骨干，老年人学习社团、远程网络学习、养教结合、老年志愿服务等多种形式相结合的社区老年教育发展新格局。

（二）社区老年教育制度和载体不断创新

各地通过制度创新和载体创新，实现社区老年教育创新发展，努力在总量上有较大发展，结构布局上推进普及，并注重激发内生动力。

第一，制度上的创新。首先是以评估促进建设，推动社区老年教育机构建设和服务能力提升，促进社区老年教育管理水平提高。其次是探索建立老年人终身学习成果认定制度，建立老年人的学习账户，通过老年教育的证书与文凭体系，鼓励老年人可持续学习，激发老年人的学习动机与学习积极性。再次是创新老年人学习测评方式，不再采用传统的考试、答题等方式，而采用提交作品、体验式学习等方式进行。最后是建立激励机制，通过评比来激励老年人及老年教育单位。

第二，载体上的创新。首先是在以居家为基础、社区为依托、机构为支撑构建的社会养老服务体系中，将社区老年教育作为养老服务的重要内容，提供现代科技、养生保健、传统文化、娱乐健身等方面的教育服务。其次是积极引导"老有所学"向"老有所为"转变，通过志愿者队伍的组织，将社区老年人的人力资源充分发挥，创设服务平台，服务老年教育。最后是利用远程教育手段提供更加便捷的社区老年教育，采取线上线下相结合的、有组织的学习形式，通过各级各类终身学习网络平台丰富的学习资源提供学习支持的帮助。

第三，途径上的创新。社区老年教育改变了传统意义上的教育形式，着力探索公寓老年人学习、社团老年人学习、老年人游学、教育与养老相结合等新路径，从教学形态上也出现了从课堂讲授到体验式学习，健康、娱乐和活动相结合的新型模式。

第三节　社区老年教育的途径与策略

老龄人口在社会人口结构中占有非常重要的地位，老年人问题解决的好坏直接关系到全社会的稳定和发展，具有不可忽视的战略意义。建设和完善社会养老服务体系势在必行，老年教育的发展是至关重要的一环。社区老年教育是依托社区开展的，包含老年学校、活动中心、学习社团、居家入户等多种形式的，为老年人服务的教育活动的总和。在现阶段，以社区建设和社区教育发展为契机，构建社区老年教育体系是切实可行的策略之一。

一、当前社区老年教育存在的主要问题

通过对我国社区老年教育的现状与问题方面的研究，可以看出，我国社区老年教育发展地区差异较大，发展形势不完善，教育资源配置不合理，利用率较低，这些问题都阻碍了社区老年教育事业的长期发展。

第一，对社区老年教育存在模糊认识。目前，相当一部分领导、群众，甚至一些老年人，不太重视老年教育，把它视为可有可无、可做可不做的事情。还有一些明显的认识误区就是，有的认为老年大学就是老年教育，有的甚至把老年教育等同于老干部教育，有的有意无意地把社区老年教育变成围墙内教育，变成少数人的教育，有的偏好抓提高，热衷于锦上添花，忽视雪中送炭。这就造成了老年教育中的不公平现象，偏离了老年教育的包容性、普惠性的本质特点。

第二，社区老年教育的覆盖面较窄。当前我国参与社区老年教育的主要是年龄较低、身体状况良好、受教育程度高、有较高经济来源的老年人。究其原因，一是当前的社区老年教育形式主要以锻炼身体与健康娱乐为主，不适应高龄老年人的需求；二是老年人受教育程度高低的不同，导致其老年生活的选择方向不同，受教育程度高的老年人对生活质量要求高，而受教育程度低的老年人追求的是传统的"天伦之乐"；三是经济拮据的老年人支付社区老年教育费用的能力不高，其参与教育的积极性也相对较弱。

第三，社区老年教育的内容和形式比较单一。从教学场地来看，社区老年学校的教学场地和基本教学设施还不尽人意，"有校无址""有校无地"状况十分普遍，硬件设施和教学环境差，无法提供良好的教育服务。很多地方的社区老年教育主要以宣传栏和广播形式为主，宣传一些保健知识，互动性不强，无法调动老年人的积极性，不能满足社区内老年人教育需求的多样性和差异性。另外，社区老年教育目前还处于开发摸索阶段，缺乏系统的教育体系，因此，普遍存在教学内容和教学形式单一的问题。

第四，社区老年教育的专业服务水平不高。首先，由于老年教育发展的时

间比较短，人们对老年教育还存在模糊认识，很多社区没有教师队伍，管理人员也是身兼数职，无法针对老年人开展适宜的教育活动。其次，社区老年教育开展的时间不长，其管理制度体系也不健全，管理人员忽视老年教育对象的异质性与需求的多样性，对老年人真正需要的教育内容没有做系统的规划，尤其是对丧偶、空巢的老年人。最后，在组织教育活动时，没有充分利用社区内外的各种资源。

第五，社区老年教育的发展资源短缺。社区老年教育的建设和发展离不开对社区内外资源的有效利用，不仅要注重对物力、人力和财力资源的有效利用，而且要重视开发社区的文化建设、管理效能、社区归属感和社区教育参与度。首先，社区老年教育的发展缺乏法律、法规、制度方面的保障。其次，我国社区老年教育处于起步期，教学组织、实施、经费使用等还在探索实践阶段，缺乏科学、系统的指导。再次，当前我国的社区老年教育普遍没有专项的教育经费、单独的教学场地和专门的师资队伍。最后，社区老年教育的管理和服务人员在对教育活动的组织和实施方面缺少全面、专业的培训，服务意识不强、专业素质不高，这严重制约了社区老年教育的发展步伐。

第六，社区老年教育布局很不平衡。我国的老年大学基本集中在地市级与县（区市）级，这两级老年教育的优质资源相对集中；而在面广量大的农村地区，老年教育机构显著偏少，无法满足老年人就近接受教育的需求。从东部和中西部地区相比来看，东部地区的社区老年教育发展较好，中西部的社区老年教育发展较差，而且相当部分地区没有建立老年学校，即使现有为数不多的老年教育机构，也存在校舍简陋、设备不足、课程和学习内容不丰富等问题。

二、实施社区老年教育的途径与策略

在实施积极老龄化战略和构建终身教育体系的进程中，老年教育问题已成为社会普遍关注的焦点。社区在老年教育方面所具有的阵地、师资等优势，是开展老年教育、提高社区凝聚力、促进老年人生命质量提升的有效途径。

（一）以观念为导向，深化认识，准确定位

社区是老年教育发展的沃土。要推进社区老年教育的发展，首先要深化思想认识，以观念为先导，对发展模式进行准确定位，形成统一的发展共识。

第一，重视发展社区老年教育。党的十七大和十八大都重申了"发展远程教育和继续教育，建设学习型的社会"的要求。2010年颁布的《国家中长期教育改革和发展规划纲要（2010—2020年）》则明确强调，要重视老年教育，把老年教育正式纳入"大教育"范畴。党的十九大报告强调，要"积极应对人口老龄化""完善终身教育体系""加快建设学习型社会""大力提高国民素质"。基于此，应当转变社区老年教育无足轻重的观念，认识到社区老年教育是构建终身教育体系的组成部分，高度重视社区老年教育的发展，推动全民学习。

第二，走出认识误区。有很多人对老年教育存在一定的认识误区，认为老年教育就是保健教育、娱乐教育，而没有体会到老年教育的真正意义。基于此，应当大力宣传社区老年教育的基本功能和重要作用，转变对于老年教育的传统认识，认识到"老有所学"是社区老年教育的核心，社区老年教育是为了让更多的老年人享受受教育的权利，进而认识到保健娱乐只是老年教育的一部分，而非全部，从而走出认识误区，更好地推动社区老年教育的开展。

（二）以阵地为中心，整合资源，优化环境

社区是建设学习型社会的基本单元，拥有大量的社会资源。因此，开展社区老年教育，就需要充分发挥当地社区教育中心阵地的优势，以社区教育中心为平台，因地制宜，整合相关社会资源，大力营造共建共享的社区老年教育环境。

第一，改善办学条件。争取政府的资金投入，加快社区老年教育的硬件建设与设备更新，改善办学条件。例如，建设社区老年教育中心、图书馆、书画室、棋牌室、琴房、健身房、安装电梯、改善多媒体教室、更新电教设备等，营造温馨怡人的学习环境，给老年教育的开展提供阵地保障。

第二，加强师资和志愿者队伍建设。依托社区内的教育资源，广泛开展社区老年教育，并通过长期的教育实践和优胜劣汰，逐渐建立起一支满足老年人多元化需求的师资队伍和志愿者队伍，其中既有专家、大师、有专长的能手，更有热心公益事业的社区人士和有志愿服务精神的院校大学生等，为老年人提供多元化的教育和服务。同时，还可以不定期聘请专业人士开设贴近生活的专业课程，丰富教学内容，增加老年人的生活常识，提升生活质量。

第三，优化外部环境。良好的办学外部环境对于推动社区老年教育的发展具有重要的作用。因此，社区应加强宣传教育，提高社会各界对于社区老年教育的重视程度和支持力度，优化办学的外部环境，提高社会共同发展社区老年教育的积极性。

（三）以活动为载体，丰富内容，广泛发动

对于社区老年教育的开展，活动是重要的载体。因此，将老年教育融入社区中，需要以教育活动为载体，丰富教育形式，广泛发动老年人积极参与，形成多层次、多渠道、多形式的社区老年教育，推动老年教育有效地融于社区教育之中。

第一，开办社区老年学校（学习中心）。社区老年学校（学习中心）是开展社区老年教育一种基本的、重要的教学组织形式。据此，社区应以社区老年学校为中心，从丰富老年人的生活质量、增加他们的生活乐趣的角度进行课程设置，对老年人进行专业的培训和指导，使老年人在寓教于乐的氛围中老有所乐、老有所学。

第二，开展远程老年教育。远程教育是一种新型的、高效的教育模式，使人们足不出户就能接受到优质的教育。在社区老年教育中，可以积极地利用现代信息技术，创办网络资源平台，开设老年人远程教育，免费进行电视授课和网上学习。社区可利用星光老年之家、社区的居委会等组织注册收看，老年人也可在家进行自主视听学习。同时，社区和老年人协会还应对远程教育的学员进行指导和管理，确保学习的效率和质量。

第三，强化文体社团建设。对社区的文体社团和各类学习组织进行强化，结合社区老年人的兴趣特点，开办党建研究小组、读书会、英语班、书画班、舞蹈班、声乐班、京剧班、球类班等多种形式的教育活动，丰富文化载体，提高老年人的文化水平。

（四）以制度为保障，完善机制，联动发展

要有效地开展社区老年教育，制度是重要保障。针对当前社区老年教育管理机制不够健全的问题，可以根据老年教育的特点，通过调动各方面的积极力量，完善相关机制，形成社区老年教育多方联动发展的局面。

第一，统一组织机构。结合本社区的实际情况，建立统一的社区老年教育组织机构或体系，明确牵头负责人、分管人员，划清职能界限，理顺各职能负责人之间的关系。同时，建立社区老年教育领导小组，负责管理和协调推进老年教育社区化，由此形成统一的职能机构，为社区老年教育提供强有力的组织保障。

第二，统一发展规划。有了统一的组织机构，还需要有统一的发展规划作为支撑。国内目前在开展老年教育方面之所以会出现无序的局面，其原因在于缺乏统一的发展规划。因此，社区应当建立统一的教育协调小组，并在协调小组的统一部署下，调查摸清本社区老年教育的实际情况，然后制定统一的发展规划，有序地发展。

第三，强化内部管理。充分发挥基层政府的指导作用，建立组织，协调关系，结合社区教育的实际，建章立制，建立起社区老年教育激励、约束机制，实现教育资源共享的可操作化。加强对老年教育的管理，使其科学化、规范化，着力提升社区老年教育的效率。同时，及时更新师资队伍的"血液"，形成稳定的师资，努力提高老年教育的质量和办学水平。

第十二章　社区学院的学习激励与绩效评价

第一节　社区学院的评估与督导

对社区学院社区教育工作的督导和评价，是社区学院科学发展不可缺少的重要环节。按照社区学院绩效管理的"决策、执行、监督"相协调的行政管理要求，社区教育的创新与发展，只有决策和执行是不够的，对决策和执行情况必须严格监督，对社区教育发展水平和办学质量必须开展科学、有效的监督和评估。

一、社区教育督导概念与定位

社区教育督导是政府依法对社区教育工作进行监督、检查、评估、指导的行政行为；是对社区教育履行教育职责进行监督、对社区教育经费投入、使用、管理及教师队伍建设的情况进行监督检查，并对社区学院的重大问题进行调研和专项指导，以此促进社区教育现代化。简而言之，对社区教育机构的督导职能，就是促进其职责与功能的统一。

（一）社区教育督导的实质

按照国家教育部颁发的《教育督导暂行规定》，社区教育督导具有以下特性。

1.社区教育督导工作具有行政指令性。督导关系不是以被督导者的自愿为基础建立的。督导活动，是社区教育督导机构或督学运用同级政府或社区教育行政部门授予的行政权，对下级政府、社区及有关单位的社区教育工作进行的检查、监督和指导。这是一种国家监督，它不仅受到国家行政权力的支持，而且是自上而下的，以领导与被领导的关系为前提进行的。由于要制止被督导者的错误或不当，没有一定的指令性不行，尤其是当被督导单位出现违犯国家方针、政策、法规的行为，督导机构或督学要求其限期改正时，更需要具有行政指令性。但是，由于社区教育活动是满足市民学习需求的教育活动，受多种因素制约，因而指令性行政行为的作用范围往往非常有限，通常情况下督导机构或督学对被督导单位所提出的意见和建议都是指导性的，就这种意义而言，社区教育督导工作的行政指令性实际是有限的指令性。

2.社区教育督导工作具有执法性。作为行政监督的社区教育督导工作，其内容主要是对下级政府、社区及有关单位对有关法规、政策和方针的实施情况进行监督、检查与指导，具有明显的执法性。这主要表现在社区教育督导机构与人员在依法进行督导活动时，在编制督导评价指标时将有关的政策法规的内容和精神纳入其中，以引导被督导者给予重视并加以贯彻，达到及时发现并纠正违法行为、确保政策法规得以有效实施。

3.社区教育督导工作具有权威性。社区教育督导的权威性，与行政监督一样，来自其凭借的职权和法纪。为了实现对被督导者的检查、督促与指导，教育督导机构或督学需要拥有比被督导对象更高的权威。但在新的教育管理体制下，越来越强调被督导对象的自主发展，因此社区教育督导活动也就越来越强调督导人员不能仅依靠职权去影响被督导者，更要依靠个人所具有的知识、品行、人格魅力、领导艺术等来树立自身的权威性。

（二）社区教育督导的特征

基于新时期社区教育督导的基本原则，以现代教育管理理念反观现代教育督导职能的转变，社区教育督导在职能上呈现出以下新的特征。

1.引导性：强化对发展方向的引导作用。社区教育督导部门是政府进行督导评价的最主要机构，其基本职责就是督导检查政府、社区各有关部门对国家颁布的一系列社区教育政策、法律、法规的实施情况，同时根据国家社区教育目标对社区等有关部门社区教育工作的质量进行督导评价。对督导对象而言，社区教育督导工作事实上起到了一种引导的作用，引导被督导者按照科学发展观要求制定发展目标。

2. 主体性：肯定督导对象的主体性发展地位。在社区教育督导活动中，要想使被督导者积极参与、主动配合，就必须肯定督导对象的主体性发展地位。在社区教育督导的整个过程中，都必须以被督导对象为中心，督导前应与被督导单位共同制定督导方案，督导过程中应该与督导对象共同探讨存在的薄弱环节，督导后要积极反馈督导意见。使被督导者变被动应付为主动参与，形成良性互动，实现督导目标。

3. 层次性：面向全体，但承认不同区域间的层次差异。任何事物的存在状态都是呈正态分布的，各地的发展水平也会有不均衡和优劣之分。对此，在社区教育督导过程中必须有清醒的认识。在制定社区教育督导评价标准时，要承认不同区域间的层次差异，能根据不同区域发展水平制定不同的标准，改变过去缺乏针对性的"一把尺"现象，提高督导评价的效度和信度。

4. 发展性：推动被督导单位自主性、个性化发展。社区教育督导的最终目的是促进被督导单位自主发展，因此社区教育督导就不能强制被督导单位按照某种标准接受督导评价，而是应当引导被督导单位走个性化发展之路。这就要求督导人员在督导前就必须深入研究被督导单位状况。在此基础上，通过制定有效的督导方案、评价标准，有针对性地提出切实可行的发展目标，实现被督导单位自主的个性化发展。只有这样，教育督导才能真正起到促进被督导单位发展的作用，真正体现出督导的"指导"功能。

5. 拓展性：通过对社区教育督导工作认识的不断加深，实现督导观念和方式的转变，对社区教育督导的方向更加清晰，对教育督导问题更加明确，教育督导的认识的范畴亦应有进一步拓展。社区教育督导要自觉完成"由督投入向督社区教育公平、督教育量转变"，"由社区教育扩展型向内涵型发展转变"，"由关注对象'政府、社区'向关注受教育者转变"。

二、社区教育督导实务

社区教育督导工作是社区学院发展建设中的一项延展性、探索性的综合管理新举措。如何做实、做细、做得有效，是当前社区教育督导起步阶段所要考虑并付诸行动的一个中心问题。根据我国目前先进地区相关区县已经开展的督导工作初步经验，在当前，要切实做好下列有关方面的社区教育督导实务工作：

（一）配备专职督导人员

县（区）级以上教育督导室应当配备专职或专业的社区教育督导人员，其主要职责是：负责制定社区教育督导的规划或计划以及社区教育督导行动实施方案，拟定相关的社区教育督导工作的参照标准，具体负责与组织实施社区教育督导工作以及撰写相关的督导工作报告。倘若督导人员临时"拉郎配"，就不利于社区教育督导工作的有效开展，不利于提高社区教育督导的质量和水平。

（二）社区教育督导的主要内容与任务

根据我国社区教育发展现状，当前开展社区教育督导实务工作的主要任务与内容包括：

1. 研究社区教育在当地推行学习型社区（社会）建设与社区发展过程中所发挥的功能、职责和作用。

2. 研究、总结社区教育体制、模式与机制问题的督察与发展现状，并提出相关建议。

3. 掌握社区教育与社区学校规范化、制度化与网络化建设的状况。

4. 掌握社区教育经费多渠道投入与教育资源开发利用整合共享的状况及其效果；

5. 掌握社区学校、场地、设施设备的水平状况及其使用情况。

6. 掌握社区不同群体教育培训工作的开展情况及其效果效应。

7. 掌握社区教育专兼职教师、管理者与志愿者队伍建设情况、经验，并提出进一步发展的建议。

8. 掌握社区教育课程开发、教材建设的情况和水平状况，并提出发展建议。

9.掌握社区教育与社区学校实施数字化、网络化教育培训与推进自主网上学习的发展水平、状况与效果效应。

10.掌握社区开展多类型、多形式主题学习（教育）活动的状况与效果效应，特色创新、品牌打造等。

11.按照同级政府或教育行政部门或上级督导部门要求开展其他方面社区教育督导工作。

（三）社区教育督导的形式与程序

社区教育督导的基本形式主要分为综合督导、专项督导与随机性日常工作督导：

1.综合性社区教育督导，是指有计划地对某个区县、街道乡镇或一个部门、一所社区学校的社区教育工作进行全面督导。

2.专项性社区教育督导，是有计划地对社区教育某项或几项社区教育工作进行督导。综合督导与专项督导，可定期或不定期地交错进行。随机性日常工作督导，是根据工作需要随机对社区教育某个方面或某项工作进行专项督导。此项督导可以由督导部门进行，也可以由单位自行进行内部自我督导。

3.开展社区教育督导要按照一定的程序进行：

（1）选择与确定督导项目及形式，向被督导单位发出督导通知，让其有准备地接受督导。

（2）指导被督导单位进行自查自评，并在规定时间内上报自查自评报告。

（3）督导部门审阅自评报告，确定督导工作的重点与方式。

（4）组织实施督导评估工作。

（5）向被督导单位反馈督导意见，并征求被督导单位的意见。

（6）向被督导单位发出督导意见书，并责令被督导单位在规定时间内提出整改意见报告。

（7）视情况可以对整改情况进行回复或复查，拿出具体建议。

（8）向同级政府与教育行政部门和上级督导机构发出社区教育督导报告书。

总之，认清加强社区教育督导工作的重要性，把社区教育督导的各项实务工作做实做细，才能有效推进社区教育督导工作。

三、社区教育评估

社区教育评估指标体系内容的界定事关社区教育评估的成败与效能。社区教育评估指标体系必须充分体现教育部关于社区教育的导向性意志和具体要求，同时又要能适应一定时期，不同地区的社区教育发展的实际。它蕴含着刚性的原则但又不是僵化的教条，它应当是一个动态发展、与时俱进的体系。它应当有利于积极推进社区教育，有利于加快构建和完善终身教育体系，有利于形成终身学习、全民学习的公共资源平台，促进学习性社会的形成。一般来说，社区教育评估指标体系应当包含如下基本内容：

（一）社区教育评估体系构建原则

1.以学习者为中心原则

学习者是任何形式教育开展服务的根本依据。以学习者为中心原则是所有教育教学活动所应该遵循的基本原则之一，对于社区教育而言也不例外。相较于我国以往开展的一些教育教学活动，以学习者为中心的理念还比较落后，并没有得到足够的重视。构建基于政府目标考核的社区教育评估指标体系，必须要求我们坚持以学习者本身为中心的原则来制定相关指标体系，否则建设社区教育评估指标体系的初衷就会与学习型社会的理念背道而驰。

2.以政府为抓手原则

建设基于政府目标考核的社区教育评估指标体系牵涉到方方面面的内容，覆盖范围极广，尤其是作为行政主管部门，需要充分地发挥政府的职能。以政府为抓手主要指的是在行政部门的统筹管理之下，积极地为民办机构提供便利，给予民间组织一定的发展空间，并对其进行指导与监管。当下，由于社区教育发展受到政策、资金、制度等一系列问题的影响，基层民间组织参与普及程度还不高，这就需要各级政府行政部门利用政策工具对社区教育的发展进行规划与引导，充分发挥政府的抓手作用，确保社区教育的良性健康发展。社区教育具有一定的公益性，政府在财力、政策资源上的持续投入，是发展社区教育的重要保障。因此，建设社区教育评估指标体系，必然要以政府为抓手，基于政府目标考核之下进行。

3. 以地方特色为依据原则

学习型社会环境下社区教育的发展要依据地方特色为根本，评估指标的内容、结构、影响因子等方面应充分结合当地的实际情况，根据不同地区发展规划和需要来展开。切不可一成不变，人云亦云。简单来说，构建基于政府目标考核的社区教育评估指标体系要立足于区域产业特点和人的实际需求。

4. 以科学性为导向原则

社区教育评估指标体系应能反映社区教育发展的真实状况和体现社区教育发展的内涵。因此，样本的数据质量就显得尤为重要。样本的数据来源要尽量做到准确、有代表性；指标在制定方面要有科学依据，充分考虑其精准性、时效性、可操作性，避免同质化以及形式化的内容。

5. 以可行性为目标原则

社区教育评估指标体系在以科学性为导向原则的同时，还必须考虑其实施的可行性，即对所选取的指标在居民认可度及技术层面的可操作性。明确指标体系的出发点和核心点，对一级、二级指标的选择和权重分配进行优化。在技术层面上，对所选择的计量方法要尽量做到通俗易懂，不宜过偏过难。

（二）评估体系构建的框架与内容

1. 组织保障体系

一是管理机构与组织。四级网络体系构建情况；社区教育服务指导机构建设情况、开放大学系统建设情况、跨部门建立社区教育工作委员会情况、协调管理联席会议制度情况。

二是机制建设。各级党政主要负责人在社区教育工作中所承担的角色；各级政府年度社区教育专项工作计划、总结，并纳入县（市、区）年度整体工作计划情况；发展规划和目标责任制度；乡镇（街道）、村（社区）社区教育机构设置情况；对下级社区教育机构工作协调统筹、业务指导、进程安排、过程监督、总结评价等督导制度；完备的社区教育制度（经费、人员、场地、设备等标准），档案制度、表彰奖励制度、财务管理制度；社会团体（教育文化群体、企事业单位）参与社会教育相应的制度规范等。

三是经费保障。社区教育经费的投入标准、人均经费，明确的财政投入及立支标准情况；其他用于社区教育的专项经费情况；明确的经费筹措渠道；民间资本投入情况；所属辖区内百姓自主经费投入情况（图书及电子资料购买、参与活动的投入等）。

2. 队伍建设

专兼职教师、管理者队伍、社区教育志愿者队伍建设情况（占常住人口百分比）、社区教育机构中人员配备情况等。辖区教师、管理人员综合素质情况；社区教育师资队伍接受培训和继续教育情况；人力资源库（智库）建设情况等。

3. 阵地建设

辖区内社区学院、社区教育中心、居民学校的建设情况（占地面积、活动场所面积、教育教学设备净值等）；各类教育、文化、数字化场所基本情况；居民对学习地点和场所的满意度情况；省级社区教育示范区建设情况，省级标准化社区教育中心建设情况，标准化居民学校建设情况；各类社区教育基地（社区学习苑、名师工作室、文化游学、工业游学基地、老年学习体验区，养教联动基地、青少年校外教育活动场馆、爱国主义教育基地、社会主义核心价值观教育基地、就业创业教育基地、农科教基地）建设情况。

4. 教育活动与创新项目

辖区内各部门协同开展社区教育活动情况；学习型组织创建情况；教育惠企、教育惠民、教育扶贫项目建设情况；社区文明程度情况；辖区内居民参加各类社区教育活动和培训的情况。从业人员继续教育年参与率、城市和农村居民社区教育活动年参与率、老年人年参与率情况。终身学习网络覆盖率情况；特色资源的建设情况，地方特色资源整合情况；居民对学习资源的满意度情况。地方特色品牌项目的建设与开展情况，大型社区教育活动、特色活动举办及居民参与情况等。品牌项目创立情况；全民终身学习活动周开展情况。

第二节　社区教育学分积累与转换制度

学分银行在实施过程中能够帮助学习者自主选择学习地点、学习时间以及学习内容，并以学分储备模式来实现不同兑换功能，将学习成果转化为学分并储存到学分银行当中，待其储存到一定程度便可兑换为资格证书、学历以及学位证书。因此，作为非学历教育之一，社区教育在实行学分银行时，要充分发挥学分银行基本功能与作用，从而促进社区教育的发展。

一、终身教育学分银行概述

（一）学分概念界定

所谓"学分银行"是一种模拟或是借鉴银行的功能特点，对不同类型学习成果通过学分进行认证、积累和转换的模式，使学习者能够自由选择学习内容、学习时间和学习地点，积累到一定学分，通过一定的标准体系，实现学分在不同教育形式间的相互转换的一种管理模式。

终身教育学习成果认证、积累和转换制度是一个体系，是以学习成果为单元，促进各级各类教育之间沟通和衔接，为搭建终身学习"立交桥"做准备。为实现终身教育学习成果认证、积累和转换制度体系建设的核心是架构学分银行制度，本课题是基于学分银行建设视角基础开展试点研究。

（二）终身教育学分银行发展概况

终身学习从20世纪60年代中期开始，成为联合国教科文组织及其他有关国际机构大力提倡、推广的理念和行动。1994年的罗马"首届世界终身学习会议"，使终身学习成为世界范围的共识。在终身学习理念的推动下，许多国家和国际组织都积极探索，实践符合构建终身学习体系目标要求的新型的学习制度。学分银行就是在终身学习理念推动下，在不同类型教育间（包括不同形式学历教育、非学历教育的不同课程），以学分认定、累积和转换为主要内容的一种新型的学习制度和教育管理制度。

　　韩国是最早提出学分银行概念的国家，其创建初衷是面向未能上大学的人提供高等教育服务。之后，世界上许多国家借助于学分银行制度，对不同类型学习成果进行认证、累积与转换。如，"欧洲学分互认体系（ECTS）"，承认学生以往在欧洲不同大学获得的学分，允许学生在任何时间、以不同背景入校，提高学位和学历认可；加拿大汤普森河大学的开放学习学分银行，其目的是"通过建立学分银行机制，评价和记录非正式学习获得的知识和技能的学分，同时颁发基于学分的资格证书"。

　　我国 2010 年颁布的《国家中长期教育改革和发展规划纲要（2010—2020年）》提出，要促进各级各类教育纵向衔接、横向沟通，搭建终身学习"立交桥"，为学习者的学习需求提供多次选择机会，满足个人在终身发展中对学习多样化的需求；同时，提出建立学习成果认证体系，建立学分银行制度等观点。2015年，国家提出建立个人学习账号和学分累计制度，以畅通继续教育、终身学习通道。2016 年，《教育部关于办好开放大学的意见》提出，要建设"学分银行"，实现学习成果积累和转换。上述战略性的观点，充分凸显了学分银行的价值、地位。近年来，我国的学分银行实践分别从国家层面、区域层面、学校层面及企业层面等展开，并取得了阶段性的实践成果。以国家开放大学为代表的学分银行探索实践，设计出国家层面的学分银行制度框架，开通了"学银在线"平台。区域层面的学分银行建设，如，上海市、江苏省、浙江省的终身教育学分银行的实践，主要目的在于搭建终身教育"立交桥"，通过学习成果认证体系，促进区域内各级各类教育的衔接与贯通。其中，浙江省在《关于启动浙江省终身教育学分银行服务体系建设的通知》中，提出"建设地方特色终身学习项目，探索终身学习成果认定积累制度和终身学习激励机制"，鼓励各级电大、社区学院积极参与试点探索和实践探索。

二、学分银行在社区教育的应用

（一）学分银行促进社区教育服务功能性提升

社区教育主要以服务社区居民为目的，由政府部门主持并管理。社区教育主要涉及以下几方面特征，第一，公益性特征，社区教育有政府部门主办，以公益性形式来服务于社区群众居民。第二，自主性特性，社区教育不存在严格性考核和准入制度，社区居民可以自愿依照需求来获取教育。第三，开放性特征，社区教育对象并非单一化主体，其主要由妇女、孩子、老人等组成，不同主体都可以平等享有社区教育资源。第四，多样性特征，社区教育涉及不同形式教育，社区居民可以依照自身需求来获取相应教育资源。综合社区教育特征，在实施学分银行时能获得更多帮助，同时，学分银行制度通过开放性和学分累积性模式来确保学位和学历证书申请模式有效实施，因此，学分银行不仅能够帮助居民提升学习动力，从而促进自身身体素质、创新能力、发展能力、职业能力提升，同时有效促进社区教育服务功能提升。

（二）学分银行有利于促进教育公平

由于整个社会对文凭学历重视度较高，而国内社区教育对技能培训比较重视，对社区居民精神生活非常注重，导致非学历教育和学历教育衔接出现问题。同时，社区教育属于服务性教育的一种，不属于精英教育范畴，因此，在发展社区教育过程中会注重实现社区居民终身教育，并为其创造一个良好的受教育环境，以终身教育平台为基础，为社区居民提供专业化技能培训，保障其能够获得一技之长。而由于社区教育并非强制性教育，人们可以通过自身需求来完成学习，并没有专业化毕业和考核要求，对此，学分银行能够为其提供一种学分认可模式，从而保障学员获取社区教育的公平性，同时将社区教育公平性进行有效落实。

（三）学分银行有助于全民终身学习

将学分银行制度应用到社区教育当中，通过开发性学习方式以及学习对象多元性，使得社区居民能够根据自身需求和各方条件来选择学习方式、学习时间以及学习内容,同时可以对鉴定和考试进行自主性选择,并对个人学业程度和学业目标进行灵活调整。通过学分银行将社区居民学习成果以学分形式进行储存,并反映居民受教育时间和程度,并且社区居民可以依照自身需求来转换学分,进而实现学习成本和学习时间降低同时能过为学业提供指导。防止因学历教育导致学习压力和功利因素出现,从根本上促进居民学习热情和终身学习欲望的产生,从而有效推动全面终身学习。

三、社区教育实施学分银行的策略

（一）搭建分模块学分标准,丰富学分兑换形式

首先,在终身学习背景下,社区教育主管部门要以技能和知识培训为基础,实施分模块学分标准,并依照社区教育基本特征划分教育模式,其中主要分为休闲文化教育、技能培训教育以及学历培训教育,针对不同教育模块特征来设置学分标准。例如社区居民参加一次娱乐互动、一次培训、一次读书活动或一次讲座能够得到多少学分,而社区居民可以根据依照个人需求要选择不同模块,待完成学习任务后在学分银行卡中储存相应学分,只要学分数量达到一定标准便可以得到相应证书。其次,社区教育主要以非正式学历模式为主,因此在学分获取方式上难以实施统一,对此,社区教育可以依照教育特点来实现学分兑换形式的多元化,以部分转换和完全转换两种方式满足居民需求。同时,社区居民获得的积分在兑换学历证书同时,可以利用多余积分来兑换物质奖励,例如读书卷、生活用品等,从而实现需求性和制度性积分兑换模式的融合。

（二）加强学分银行管理软件优化程度,进一步创新学分银行制度

首先,要想优化社区教育学分银行制度顺利实施,要对学分银行管理软件进行优化,完善不同信息传递、储存、记录以及批准等功能,特别是学分传递功能,要确保不同社区教育之间能够数显学分灵活性传递与兑换。各级管理部门及劳动技能鉴定机构要对社区教育学分累计兑换、专业证书认可以及课程设置建立服务系统,从而保障学分银行制度在社区教育当中顺利实施。其次,在实施

学分银行制度过程中，不仅要遵守学分银行制度规划与标准，同时要依照学区教育基本特征进行专业性规划与设计，从而保障学分银行能够适应并融入社区教育当中，为学区教育发展提供支持与动力，同时为社区教育质量提升奠定坚实基础。

四、终身学习卡制度

（一）终身学习卡概念与界定

学分银行可以为学习者终身学习的情况进行登记，建立学习者学习账户，配发一张终身学习卡，陪伴学习者一生，纪录其所有的学习经历。终身学习卡模拟银行卡，既有存储学习者个人身份等信息，又存有个人终身学习的全部信息，是学习者终身进步的真实与动态的写照。它是学习者实现不断学习，记录学习过程实时化和标准化的介质与载体，使学习管理机构可以在第一时间掌握和跟踪学习者动态学习信息。

学习卡进行实名注册后，可以随时随处登录终身学习平台来选择并学习自己喜欢的课程。也可以到社区学院，就近的社区学习点参加线下课程学习体验，所有所学课程信息记录学习卡中。学习者通过线上、线下学习，学习行为通过课程测试，成绩好或者点击频率高，还能凭学习成果获得相应的奖励。

（二）终身学习卡的实践和推广

建立终身学习卡制度可以有效激发市场机制活力，鼓励多元主体参与到社区教育工作中。借助终身学习卡设立居民终身学习账户的一个用途，就是为学习者的终身学习提供强有力的财政支持保障。这些经费由政府统筹，并监管各级终身学习支持服务中心使用，其来源渠道多样，既有政府财政投入，又有社会捐赠以及单位支持等，实现教育经费的合理有效使用，提高经费使用效益。

当前，我国多地也在探索终身学习卡制度，通过建立个人学习账户和发放终身学习卡的方式记录成人学习成果。浙江省慈溪市为鼓励市民终身学习，搭建了终身学习网这一平台，市民要通过注册申请进入从而建立个人账户，同时向市民发放学习卡万张，学习卡储存有个人的身份信息和学习信息。通过这样一种方式鼓励市民学习，社区教育机构可以参照这种方式对学习者发放终身学习卡，记录随时随地的学习成果，包括学习者所修的课程、已获得的学分等。开通统一的网站，学习者通过注册建立学习账户后，可申请选课，也可通过个人账户查询自己的学业成果，当个人账户显示所修课程以满足相应院校学位学历的要求时，成人可通过网上申请兑换，有关部门审核通过后，学习者可以到学位学历发放处领取相应的证书。学习账户由管理员统一管理，负责审查账户信息的真实性和可靠性。上海市开放大学也提出构建"学分银行"的构想，向市民发放终身学习卡，学习卡具有累计的功能，记录市民参与的各种学习活动，鼓励终身学习。是一个以学生为中心的系统，是一个针对建立在学习结果和学习过程的透明性基础上的学分积累和学分转换系统，旨在方便对认证、学习单元和学生流动性的规划、传授、评价、认可和验证，被广泛地使用在正规的高等教育中，也适用在非正规的高等教育中和终身学习活动中。建立成人学习者个人的学习账户充分体现了社区教育以学习者为中心，让成人自主进行注册登记，有自主查询自己学习成果的权利，学习卡的累计功能也促进成人学习者在终身学习活动中的积极性和主动性。

第三节　社区教育的绩效与评价

一、社区教育绩效评价指标的含义

所谓评价指标就是评价因子或评价项目。绩效评价是指运用科学、规范的标准、方法和程序，对组织或个体的业绩、效率和实际效果做出尽可能准确的评价。绩效评价是绩效管理的核心，通过对被评价对象进行科学的绩效评价，鼓励和促进个体与个体、部门与部门、组织与组织之间的竞争，有助于公众监督，还可以诊断和发现被评价对象的问题并提出针对性的改进措施，从而推动工作效率和服务质量的提高。

二、社区教育评价的内涵与意义

社区教育评价以社区教育工作为基础，以一定的指导思想，社区教育现状和发展趋势为基础，对过程进行客观，公正的评价和正确的导向。社区教育评价是社区教育过程中不可或缺的一环，是研究社区教育效果的重要途径。社区教育评价的意义非常深远。首先，社区教育评价是正确理解和评估社区教育的过程和有效性。科学评价社区教育是否有效，目的是否实现，计划是否正确和实施。其次社区教育评价是实现教育工作人员对社区教育过程控制的需求。教育人员为了有效掌握和控制社区教育过程，我们必须及时了解社区教育信息反馈，社区教育评价是反馈信息的好方法之一。没有科学的社区教育评价，就没有全面和系统的信息反馈，不可能有效地控制教育人员的社区发展。可以看出，社区教育评价是社区教育的基本环节，是实现社区教育目的的有力保证。

三、我国社区教育评价指标体系研究

社区教育评价要客观，准确，有效地促进社区教育的健康发展，必须有一个完整，科学，有效的实施评价指标体系。社区教育评价指标体系的优劣与社区教育评价的成败有关。社区教育评价指标体系必须充分体现出政府教育主管部门对于社区教育的导向性要求，同时又要能适应一定时期，不同地区的社区教育发展的实际。它应该是一个动态的发展，应有利于积极推动社区教育，有利于加快建设和完善终身教育制度，有利于形成终身学习，普遍学习公共资源平台，促进学习型社会的形成。

2007 年，张群等人对我国社区教育评价指标体系做了系统的分析研究，认为相对完整科学的指标体系应当包括 5 大范畴，内含 24 个具体小项。

2010 年教育部办公室下发的《关于印发＜社区教育示范区评估标准＞（试行）的通知》（职教成厅 [2010]7 号）将评价标准分为领导与管理、条件与保障、教育培训与学习运动、社区教育成效和特色与创新 5 个方面。

2012 年余善云以"统筹城乡"为视角，构建了"五个维度一体化"社区教育评价指标体系。

2013 年张安强在参考我国社区教育示范区评估指标标准后，以义乌社区教育为例，建立了我国县域社区教育评价指标。

2017 年，河北省教育厅印发教育系列标准及评估指标体系。

四、社区教育社会评价的实施策略

（一）推行多元性评价主体

评价主体的多元性，是指评价主体来自社会不同层面和不同领域，涉及范围比较广泛。对于社会评价主体认识，一直存在各种不同的理解。有学者认为，社会评价的主体是社会力量，与自我评价主体、教育行政部门评价主体、专家同行评价主体相区别，"是一个能代表或表达大众社会意识及需要的组织、群体或学术团体"，"社会一般群众的评价是社会评价的基础"。也有学者认为，社会评价主体一种是纯粹民间的、非官方性质的、有一定权威的社会组织或团体，另一种是既有教育行政一面、又有社会代表性的半官半民的评价组织。上述观点表明，社会评价特别强调由第三方评价机构作为评价的主体。同时，社区教育又是一项与社会各个方面（包括学习者）利益密切相关的教育活动，他们都可以对社区教育进行评价。笔者认为，社区教育社会评价需要形成多元主体组成的协同评价机制，这个机制是指在政府委托下社会各方参与的独立评价体系。

第一，多元主体是指具有权威性的第三方评价组织或机构，这些组织或机构虽然接受政府委托，但完全独立地对社区教育活动进行评价，收集数据真实，评价结果既可以作为政府决策的依据，也可以作为团体和个人的参考。

第二，多元主体还指社区中的利益相关者，如社会管理部门、街道、学校等，这些部门为社区和民众利益的代表，他们对地区社区教育的评价更为客观，具有一定的参考价值。

同时，他们作为社区教育参与者，社会评价有利于鼓励他们支持和参与社区教育的主动性和积极性。

第三，多元主体又可以指作为评价对象的教师、志愿者和学习者等，他们是社区教育的直接参与者和受益者，评价最为直接，但评价有一定零碎性和弥散性，需要通过大量的取样分析进行判断。此外，还有很多社会因素可以作为评价的主体，这主要取决于各地不同的情况和不同的需求。

（二）强化实用性评价标准

所谓评价标准的实用性，是指社会评价更强调社区教育的实用价值，这种价值是以现实需要为依据的。一般而言，教育的需要包括社会需要和个人需要，社会需要有政治需要、经济需要、文化需要以及和谐需要等等，而个人需要也有职业发展需要，成就需要、娱乐需要等等。由于教育的价值是由教育活动满足社会和个体需要的程度来决定，不同需要会使评价者对教育活动产生不同的判断。比如我们开设的社区教育课程，在政府评价中可能被认为是优秀课程，但在社会评价中却可能是不受欢迎的课程。此外，对于社区学校、社区教师以及社区教育项目的评价，都会出现这种"两极化"的评价结果。这说明，评价"特别要将群众的意见置于重要位置，赋予较大权重，因为群众对社区教育的体会最深、感受最直接，也最有发言权"。因此，社会评价反映了社会评价者对社会和个体需要和愿望的把握，社会评价实用性的本质是倡导以需求为导向的社区教育理念。

当然，社会评价标准强调实用性，并非表明社区教育只讲实用不讲内涵，关键是如何体现具有实用价值的社区教育内涵。近年来，随着我国社区教育的不断发展，社区教育内涵建设也在全面展开，主要集中在社区学校标准化建设、社区教育队伍专业化建设、课程和资源的规范化建设等，这些本来是社区教育自身建设所必需的基本内容，但从社会评价的视角，这些建设与社会现实需求仍存在一定距离，与社区教育的根本宗旨存在一定偏离。

比如，社区教育内涵建设存在学校化倾向，常常用普通教育的标准来衡量社区教育；社区教育内涵建设存在正规化倾向，过于强调课程和资源的规范性；

社区教育内涵建设还存在课堂化倾向，过于强调课堂教学、课程教学及教学过程等。其实，这些都是社区教育发展过程中需要尽快调整的问题。因此，需要在社会评价视域下，引导社区教育新的取向，把内涵建设与社会需要紧密结合，从而提高社区教育的实效性。

（三）运用综合性评价方法

社会评价方法是实施社会评价的具体形式和做法。社会评价既可以运用常规的评价方法，更要考虑自身的特殊性和对社区教育的针对性，充分发挥社会评价的优势和特点。"建立教育评价的立体网络，则可以扬多种评价形式之所长，规避一种评价形式之所短，形成各种评价形式的互补，充分发挥各种评价形式的综合和互补效应"。从评价的特殊性出发，社会评价方法首先应符合独立性原则，就是评价的过程、结论均不受教育行政部门意识的影响；二是可行性原则，就是社会评价的方法具有可操作性，虽然社会评价涉及面更加广泛，但整个评价过程应简便易行；三是高效性原则，就是社会评价在不过多增加评价手段的前提下，比一般评价能获得更有价值的结果，从而体现其更高的效率。此外，考虑到社区教育评价在范围、对象、内容等方面的复杂性，社区教育社会评价需要进一步创新方法，不断拓展评价的新途径。

1.运用基于多元主体特点的评价方法

在这种方法中，评价小组成员组成既包括第三方中介机构，也包括利益相关者、学习者等。其中，中介机构可以作为评价的组织与牵头方，而所有多元主体均处于平等的位置，而且利益相关者、学习者等对评价过程和结果具有决定权而不仅仅是参与权。从这个意义上看，多元主体评价方法比政府评价等更具有广泛的代表性，可以充分体现学习者在社区教育中的主体性。虽然多元主体共同参与会增加评价的难度，甚至意见难以统一，但能充分反映社会各方的真实意见。

2.运用分散与集中相结合的评价方法

一般来说，社区教育的范围并不局限在学校，教育活动分布在整个社区，办学形式包括学校式、活动式、团队式、项目式等等，既有正式学习也有非正式学习，既有实体化学习也有网上学习、移动学习等等。同时，教学对象来自不同社区、不同层面、不同方面等。显然，社会评价不可能像学校评价那样在时间和空间上高度集中，因为集中评价难以顾及社区教育的不同形式和不同对象，而过于分散的方法在操作上也不现实。因此，采取分散与集中交替的评价方法不失为一种好办法，通过对不同形式、不同对象在点和面上的分析，可以得出比较全面的评价结论。

3.运用案例分析进行判断的评价方法

社区教育评价不仅范围开放、对象广泛，而且形成的结果具有抽象性，因此，可以运用典型案例分析的方法来解决这些问题。在社区教育评价中，"案例不同于一般的例证，也不是所有的故事或事件都是案例，案例只是那些具有重要价值和指导意义的典型事件。"案例分析有助于简化评价过程，通过典型案例的分析可以抓住案例的主要特征、剖析案例的复杂结构，并从特殊到一般推而广之，从而对社区教育评价结果做出典型的概括和形象的描述。

五、建立社区教育绩效评价的内容、形式、步骤、方法

（一）社区教育绩效评价指标的主要内容

1.组织管理。主要指社区教育工作有明确的指导思想、目标和实施要求，明确专人负责。

2.基地建设。主要包括社区教育资金有保障，有一定数量的设施设备和教育教学场地。

3.内涵建设。主要包括社区教育制度建设、社区教育队伍建设、信息化建设和社区教育档案管理。

4.工作绩效。主要包括对社区居民开展素质教育、普法教育、技能培训、各种咨询活动、文体活动及其产生的社会影响。

（二）绩效评价的基本形式

社区教育绩效评价主体是上级教育主管部门，评价对象是所属社区教育中

心、街道（镇）相关部门。评价基本形式主要有三种：一是通过专项检查和调研进行。由上级社区教育主管部门牵头组织对社区教育中心社区教育工作职责落实情况进行检查和调研，从而作出客观的评价；二是通过社区教育工作会议进行。定期召开社区教育工作会议，总结工作、交流情况，并由此对该社区教育中心工作情况做出评价；三是通过网络进行。各社区教育中心通过网络定期对各社区的社区教育工作情况进行收集、整理和加工，定期编制社区教育工作信息，从而掌握社区教育工作情况，上级教育主管部门通过网络信息对其社区教育工作进行评价。

（三）评价的基本步骤

1. 制定标准。根据社区教育工作职责提出总的指导思想和原则，结合社区实际，制定既切实可行，又便于操作的评分标准。二是定量与定性考核相结合，以定量为主。定量就是按照考核体系由考核的标准、量化的要求和规定的分值，逐项考核；定性考核就是采取民意测评等方法，对定量考核结果进行验证，确保考核能准确地反映各单位社区教育工作的整体水平。

2. 组织考核评价。按照公正性原则、量化性原则、简单易行性原则，对社区教育工作责任制的落实情况进行综合评价。上级考核评价与本单位自查考核相结合，在本单位自查考核的基础上，上级组织开展检查考核，定期考核与不定期考核相结合。平时加强调研和信息的收集、整理，了解掌握情况，每年开展全面检查考核。这样才能强化社区教育工作目标的过程管理，使考核评价结果具有准确性。

3. 通报结果。及时向相关部门通报考核评价的情况，反馈考核评价的结果，同时，不断修改完善工作绩效评价体系的考核评价方法和内容，确保评价工作更趋科学合理。

4. 表彰奖励。在工作绩效考核评价的基础上，开展社区教育工作先进集体、先进个人表彰活动，进行精神和物质双重奖励，进一步鼓励先进、弘扬正气，推动社区教育工作的深入开展。

（四）评价具体办法

1.分数评定法。运用分数评定方法，对社区教育工作成果进行评分。即在每项指标内容上确定一个基础分，按照社区教育中心的实际工作情况给予一定的分值。最后得分由每项内容的分数相加构成。这种考核方法的优点是比较直观和客观，正面激励大，缺点是基础分和给予分不易确定。

2.等级评定法。在每项考核内容中都将评定分设为A、B、C、D若干个等级，或者设定为优秀、良好、合格、不合格。这种评定方法操作相对简便，但每项内容评定的等级受人为的主观影响较大。

3.标准等级评定法。这是对一般工作进行量化考核时运用得最多的一个方法，我们认为也可以将其运用到社区教育工作的量化考核工作上来。这种考核方法的步骤是：首先，确定社区教育工作量化考核指标体系中各方面的权重。比如，设定计划性工作权重为1，制度建设工作权重为1.2，工作绩效权重为1.5等等；其次，详细划分每项测评内容的等级及分数。如将计划性工作情况分为A、B、C、D四个等级，每个等级相应分数为90分、80分、70、60分；最后，量化成绩由每项的分数乘以权重再相加得到。这种评定方法的优点是各项测评内容计入了权重，社区教育中心明确自己的努力方向和重点，这样的成绩具有公正性和客观性，缺点是各项测评内容的权重不易确定。

案例：

福建省开展终身教育督学督导文件汇总（终身教育部分）

一、福建省人民政府办公厅转发省教育厅关于开展创建"教育强县"工作意见的通知（闽政办〔2010〕13号）其中附件：福建省"教育强县"督导评估内容：1000分中终身教育占比80分，其评估内容为：

第五大点：终身教育运行机制基本形成

1.终身教育保障机制形成。终身教育管理体制完善，管理机构健全，各相关职能部门职责明确，齐抓共管，形成有效协调、指导、推动终身教育的运行机制，为终身教育提供政策、经费支持和组织保障。

2.终身教育计划落实。制定终身教育发展规划，明确终身教育年度目标和工作计划，将终身教育纳入精神文明创建工作的评估内容，认真实施，整合教育资源，为社会成员提供灵活多样的终身学习形式，社区教育学习场所和社区教育队伍建设有成效。

3.终身教育活动形式丰富。制订终身教育活动管理办法，积极拓展社区教育活动形式，广泛开展学习型机关、学习型单位、学习型家庭等各种学习型组织的创建活动。开展终身教育表彰活动。

4.积极发展成人教育。成人教育机构、中职学校广泛开展面向城乡劳动力的各类教育培训活动。重视扫盲教育，15～50岁青壮年人口文盲率控制在1%以下，成人文盲率控制在6%以下。新增劳动力受教育年限达13年。

二、福建省人民政府教育督导办公室关于印发县级人民政府教育工作督导评估办法和标准（修订）的通知（闽政教督办〔2017〕13号）明确100分中，终身教育占比3分。具体评估指标见下图：

A级指标	B级指标	C级指标
A3.结构与发展（22分）	B19.终身教育（3分）	C43.运行机制（1分） (1)制定终身教育发展规划，建立考核激励机制（0.3分）。(2)县级终身教育促进委员会各成员单位以及其他相关部门职责明确，工作落实，运行有效，配备终身教育专门管理人员（0.3分）。(3)建立终身教育师资库、志愿者库，定期开展终身教育队伍培训（0.4分）。
		C44.社区教育（1分） (1)社区教育学习网点覆盖60%以上乡镇、40%以上村（居）（0.5分）。(2)积极开展各类社区教育活动，社区教育参与率城区达到60%，农村达到40%（0.5分）。
		C45.继续教育（1分） (1)由县级职教中心统筹区域内培训资源，举办劳动力转移、产业工人和新型职业农民等培训（0.5分）。(2)中职学校每年开展职工继续教育人次绝对数不低于在校生数（0.5分）。

三、福建省人民政府教育督导办公室对对设区市级人民政府履行教育职责督导评估标准（闽政教督办〔2018〕32号）（终身教育部分）

督导评估内容	督导评估要点	具体观测点	等级标准		
			A级	B级	C级
三、各级各类教育发展情况	12.发展继续教育、终身教育情况	（27）发展继续教育、社区教育、老年教育等终身教育	继续教育、终身教育（社区教育、老年教育）纳入国民经济和社会发展规划；继续教育、社区教育、老年教育办学资源保障与激励机制完善；采取措施推进学习型城市和学习型组织建设，工作扎实开展，成效明显；终身教育经费纳入财政预算。	继续教育、终身教育（社区教育、老年教育）纳入国民经济和社会发展规划，工作有推进，成效较好；终身教育经费基本有保障。	继续教育、终身教育（社区教育、老年教育）有一项以上未纳入国民经济和社会发展规划；或继续教育、社区教育、老年教育办学资源保障与激励机制没有落实，工作成效一般；终身教育经费投入不足，达不到常住人口人均1元的标准。

参考文献

[1] 陈乃林，张志坤. 社区教育管理的理论与实务 [M]. 北京：高等教育出版社，2009.

[2] 陈乃林，杨向群. 现代社区教育理论与实验研究 [M]. 北京：中国人民大学出版社，2006.

[3] 厉以贤. 学习社会的理念与建设 [M]. 成都：四川教育出版社，2004.

[4] 黄云龙. 社区教育管理与评价 [M]. 上海：上海大学出版社，2001.

[5] 叶忠海. 社区教育学基础 [M]. 上海：上海大学出版社，2000.

[6] 沈光辉. 转型发展中的社区教育问题研究 [M]. 北京：中央广播电视大学出版社，2016.

[7] 杨应崧. 各国社区教育概论 [M]. 上海：上海大学出版社，2000.

[8] 林振春. 台湾社区教育发展之研究 [M]. 台北：师大书苑有限公司，1999.

[9] 邱建新，陆军. 社区教育的嬗变 [J]. 扬州大学学报（高教研究版），2001（3）：31-35.

[10] 高耀辉. 浅谈用网络教育构建终身教育体系基础 [J]. 北方经贸. 2001（02）.

[11] 张晓山. 中国乡村社区组织的发展 [J]. 国家行政学院学报. 2001（01）.

[12] 曲竹蓉. 论乡（镇）成人学校在社区教育中的地位和作用 [J]. 中国成人教育. 2000（04）.

[13] 徐勇，徐增阳. 中国农村和农民问题研究的百年回顾 [J]. 华中师范大学

学报（人文社会科学版）.1999（06）.

[14] 朱明.试论社区教育对学校教育的影响 [J].教育探索.2000（06）.

[15] 朱宝树.转型时期的农村人口城市化与非农化滞后问题分析 [J].中国人口科学.2000（04）.

[16] 陆天池，张嘉巽.社区教育、终身教育及教育现代化 [J].常熟高专学报.1999（06）.

[17] 张培.社会治理创新视阈下社区教育发展研究 [J].成人教育.2016(09).

[18] 杨琦.助力区域经济发展特色社区教育初探 [J].赤峰学院学报（汉文哲学社会科学版）.2019（12）.

[19] 曹颖.社区教育观念的内涵与误区 [J].安徽广播电视大学学报.2019（04）.

[20] 韩娟.改革开放以来广东社区教育发展的回顾与展望 [J].广州城市职业学院学报.2020（01）.

[21] 孙萌.改革开放以来我国社区教育功能定位探析 [J].鲁东大学学报（哲社版）.2020（02）.

[22] 丁海珍.教育现代化视域下社区教育发展的路径选择 [J].职教论坛.2020（03）.

[23] 赵小段，李志雄.阻抗与动因：社会学理论视角下社区教育发展解析 [J].继续教育研究.2020（04）.

[24] 欧俊.基于治理体系现代化视域下社区教育发展的思考 [J].冶金管理.2020（13）.

[25] 王少华.社区教育品牌建设研究 [J]..中国成人教育.2020（12）.

[26] 王连喜，熊建辉.]我国社区教育政策的回顾与展望 [J].职教论坛.2020（07）.

[27] 吴盛雄，周洪珍.老年教育融入社区教育的路径及模式与策略研究——以福建省为例 [J]..河南广播电视大学学报.2014（03）.

[28] 张蕾.职业教育与社区教育相融合的管理机制研究 [J].中国成人教

育 . 2014（13）.

[29] 王珂 . 终身教育体系下我国职业教育和社区教育互动发展探析 [J]. 新疆职业教育研究 . 2014（02）.

[30] 杨里平 . 论学校职业教育与社区教育的沟通 [J]. 职业技术教育 . 2003（25）.

[31] 张炳坤，丛佩华 . 中心城市社区教育资源整合与优化研究——兼论广州市社区教育资源的整合与优化 [J]. 广州城市职业学院学报 . 2008（04）.

[32] 刘莉，张爱文 . 社区教育：远程教育的新挑战 [J]. 中国远程教育 . 2007（12）.

[33] 陈乃林 . 参与社区教育是电大教育发展的重要走向 [J]. 中国远程教育 . 2007（02）.

[34] 王卫东 . 学习型社区建设的现状与改进策略：以广州市为个案 [J]. 北京师范大学学报（社会科学版）. 2006（01）.

[35] 张振助 . 构造 21 世纪社区工作者素质教育工程——对"无锡市社区工作者素质"的调研报告 [J]. 教育发展研究 . 1999（05）.

[36] 叶忠海 . 学校和社区的沟通——上海城市社区教育研究 [J]. 教育发展研究 . 1999（03）.

[37] 拉里·范戴因，张祥麟 . 社区学院——美国高等教育的新浪潮 [J]. 外国教育动态 . 1980（01）.

[38] 樊立华，袁向军 . 老年教育模式及发展趋势研究 [J]. 教育探索 . 2013（03）.

[39] 范素钦 . 老年教育纳入社区建设的实践与思考 [J]. 石油政工研究 . 2013（01）.

[40] 牛楠森，马金东 . 我国社区学院发展的政策分析与建议 [J]. 成人教育 . 2014（04）.

[41] 高明鸣 . 广东省社区教育课程体系标准初探 [J]. 管理观察 . 2020（04）.

[42] 冯素华 . 论新时代背景下的社区教育课程建设 [J]. 才智 . 2019（23）.

[43] 钱旭初，蔡廷伟 . 社区教育课程观与课程体系的构建——基于社区教育的文化特征 [J]. 成人教育 . 2018（08）.

后记

本书是福建省教育厅 2019 年终身教育重点研究项目"福建省终身教育体系构建的路径与机制研究"（项目编号：JZ190005）的研究成果。项目源起于福建省教育厅落实《福建省终身教育促进条例》，推动区域终身教育工作特色创新发展，围绕福建省终身教育的工作实践和理论研究，立项一批重点建设项目，通过理论与实践紧密结合，达到相互促进、共同提高。作为终身教育领域一线的管理和实践者，我切身感受到近年来福建省终身教育工作所取得的成效和进展，其间，不管是在政府的推动力度，还是办学机构的参与广度上，都发生了巨大变化。但也要清醒看到要建立终身教育的长效机制，满足城乡居民个性化、多样化的终身学习需求，还需长期不懈地努力和奋斗。

本人常常在工作之余、出差旅途中与专家、同行探讨终身教育工作的推进想法和思路，深入思考终身教育体系构建的途径与策略，并时时请教国内终身教育知名专家沈光辉教授。这些悉心指导和帮助，让我进一步清晰终身教育体系构建的研究方法、研究思路和技术路线，并利用业余时间开始了本书的编写。

在本书的编写过程中，我参考、引用了陈乃林、叶忠海、沈光辉、宋亦芳等专家学者的观点和有关内容，以及国内关于社区教育、老年教育的众多资料，他们有的来自互联网，有的来自正式出版物，本书中均有注明，对于这些专家学者，在此一并感谢。

本书的出版得益于我的好友张雄先生的大力支持。此外，在本书的编写过程中，还得到福建省教育厅职业与成人教育处，终身教育服务中心全体同仁的支持和配合，也得到课题资金的资助，在此一并表示感谢。

由于时间仓促，作者水平有限，书中错讹之处难免，敬请诸位专家和广大读者批评指正。

吴盛雄

2020 年 11 月于福州左海